AF306295

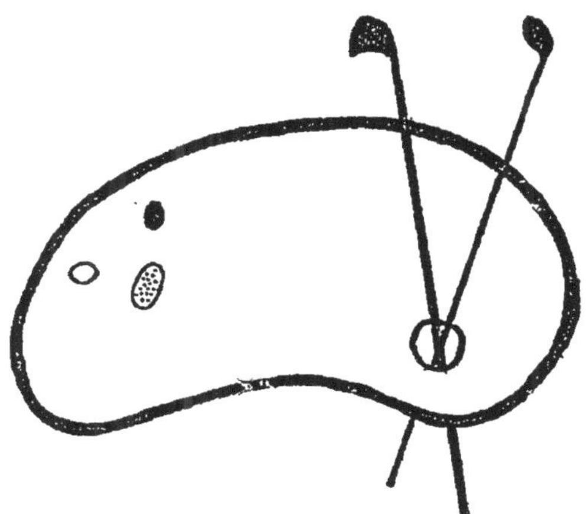

DEBUT D'UNE SERIE DE DOCUMENTS
EN COULEUR

BIBLIOTHÈQUE SOCIOLOGIQUE INTERNATIONALE
Publiée sous la direction de M. RENÉ WORMS
Secrétaire-Général de l'Institut International de Sociologie.

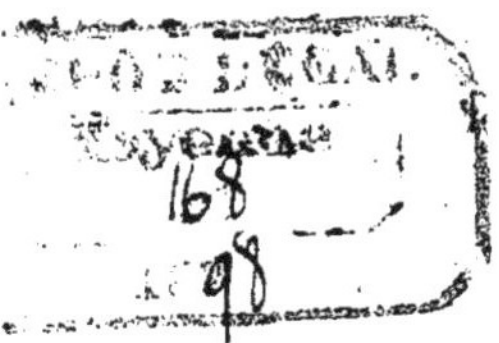

ÉTUDES

DE

PSYCHOLOGIE SOCIALE

PAR

G. TARDE

Membre de l'Institut International de Sociologie.

PARIS

V. GIARD & E. BRIÈRE

LIBRAIRES-ÉDITEURS

16, rue Soufflot, 16

1898

V. GIARD ET E. BRIÈRE, ÉDITEURS, 16, RUE SOUFFLOT, PARIS

BIBLIOTHÈQUE SOCIOLOGIQUE INTERNATIONALE

Publiée sous la direction de M. RENÉ WORMS

Secrétaire-Général de l'Institut International de Sociologie

Cette collection se compose de volumes in-8°, reliure souple (1).

Ont paru :

RENÉ WORMS : *Organisme et Société.* . . . . 8 fr.

PAUL DE LILIENFELD, ancien président de l'Institut International de Sociologie . *La Pathologie Sociale.* . . . . 8 fr.

FRANCESCO S. NITTI, professeur à l'Université de Naples, membre de l'Institut International de Sociologie : *La Population et le Système social.* . . . . 7 fr.

ADOLFO POSADA, professeur à l'Université d'Oviedo, membre de l'Institut International de Sociologie : *Théories modernes sur les Origines de la Famille, de la Société et de l'Etat* . . . . fr.

SIGISMOND BALICKI, associé de l'Institut International de Sociologie : *L'Etat comme organisation coercitive de la Société Politique.* . 6 fr.

JACQUES NOVICOW, membre et ancien vice-président de l'Institut International de Sociologie : *Conscience et Volonté Sociales.* . . 8 fr.

FRANKLIN H. GIDDINGS, professeur à l'Université de Colombie (New-York), membre de l'Institut International de Sociologie : *Principes de Sociologie* . . . . 8 fr.

ACHILLE LORIA, professeur à l'Université de Padoue, membre de l'Institut International de Sociologie : *Problèmes Sociaux Contemporains* . . . . 6 fr.

MAURICE VIGNES, chargé du cours d'économie politique à l'Université de Gren. . . *La Science Sociale d'après les principes de Le Play et de ses continuateurs.* 2 volumes. . . . . 20 fr.

M.-A. VACCARO, membre de l'Institut International de Sociologie : *Les Bases sociologiques du Droit et de l'Etat* . . . . 10 fr.

LOUIS GUMPLOWICZ, professeur à l'Université de Graz, membre de l'Institut International de Sociologie : *Sociologie et Politique.* 8 fr.

SCIPIO SIGHELE, agrégé à l'Université de Pise, associé de l'Institut International de Sociologie : *Psychologie des Sectes.* . . . . . 7 fr.

G. TARDE, membre de l'Institut International de Sociologie : *Etudes de Psychologie Sociale.* . . . . 9 fr.

MAXIME KOVALEWSKY, ancien professeur à l'Université de Moscou, membre de l'Institut International de Sociologie : *Le Régime économique de la Russie.* . . . . 9 fr.

Paraîtront successivement :

C. N. STARCKE, privat-docent à l'Université de Copenhague, membre de l'Institut International de Sociologie : *La Famille dans les différentes sociétés.*

JULES MANDELLO, chargé de cours à l'Université de Budapest, membre de l'Institut International de Sociologie : *Essai sur la Méthode des Recherches Sociologiques.*

(1) *Les volumes de la collection pourront aussi être achetés brochés avec une diminution de 2 francs.*

Laval. — Imp. Parisienne L. BARNÉOUD et Cⁱᵉ.

ÉTUDES

DE

PSYCHOLOGIE SOCIALE

Autres Ouvrages de M. TARDE

Les Lois de l'Imitation, 1 vol. in-8 de la Bibliothèque de philosophie contemp. 2e édition (1895. Félix Alcan, éditeur) . **7 fr.50**

La Logique sociale, 1 vol. in-8 de la Bibliothèque de philosophie
contemporaine, 2e édition (1898, Félix Alcan, éditeur). **7 fr.50**

L'opposition universelle, 1 vol. in-8 de la Bibliothèque de philosophie contemporaine (1897, Félix Alcan, éditeur). . . **7 fr.50**

La Criminalité comparée, 1 vol. in-12 de la Bibliothèque de philosophie contemp. 4e édition (Félix Alcan, éditeur). . **2 fr.50**

Les Transformations du Droit, 1 vol. in-12 de la Bibliothèque de philosophie contemp. 2e édition (Félix Alcan, éditeur) . **2 fr.50**

La Philosophie pénale, 1 vol in-8, 4e édition (Storck et Masson,
éditeurs) **7 fr.50**

Etudes pénales et sociales, 1 vol. in-8 (Storck et Masson, éditeurs) **7 fr.50**

Essais et mélanges sociologiques, 1 vol. in-8 (Storck et Masson, éditeurs) **7 fr.50**

Les Lois sociales, esquisse d'une sociologie, 1 vol. in-12 de la
Bibliothèque de philosophie contemporaine (1898, Félix Alcan,
éditeur) **2 fr.50**

BIBLIOTHÈQUE SOCIOLOGIQUE INTERNATIONALE
Publiée sous la direction de M. RENÉ WORMS
Secrétaire-Général de l'Institut International de Sociologie.

XIV

ÉTUDES

DE

PSYCHOLOGIE SOCIALE

PAR

G. TARDE

Membre de l'Institut International de Sociologie.

PARIS

V. GIARD & E. BRIÈRE

LIBRAIRES-ÉDITEURS

16, rue Soufflot, 16

1898

AVANT-PROPOS

Les études, très diverses d'objet mais très similaires de principe, dont ce volume est le recueil, ont déjà paru en majeure partie dans plusieurs publications périodiques. Le plus complet désordre, je l'avoue, a présidé à leur groupement, et j'aurais à m'excuser de cette bigarrure, si elle n'était intentionnelle, comme propre à dissimuler peut-être ou à faire supporter l'uniformité du point de vue général qui leur est commun. Je crains bien que, après m'avoir reproché d'être trop désordonné, le lecteur ne me reproche à la fin d'être trop systématique. Mais il m'est aussi impossible de concevoir un esprit humain sans système qu'un corps humain sans épine dorsale.

G. T.

Avril 1898.

LA SOCIOLOGIE

I

La sociologie est en ce moment à la mode; elle a succédé à la psychologie dans les prédilections et les préoccupations spontanées ou suggérées du public sérieux, voire même du public léger; et ce rapprochement n'est pas pour déplaire à ceux qui, comme l'auteur de cet article, entendent par sociologie la psychologie collective tout simplement, si tant est que la chose soit simple. Mais, s'ils n'ont pas à s'étonner de cette vogue, de ce succès réputé inattendu, peut-être ont-ils à s'en inquiéter. Il n'est pas difficile de prévoir que, sur cette science naissante et déjà un peu bruyante, au nom naguère proscrit, maintenant inscrit en tête de tant de livres et de revues, vont se précipiter les esprits aventuriers, *conquistadores* de cette Amérique, et plus propres à la ravager qu'à l'explorer. D'autres dangers encore sont à redouter pour elle : sa complexité, son indétermination apparentes, les espérances et les craintes qu'elle suscite, les passions sociales qui attendent d'elle une solution à leurs ardents problèmes; et aussi, chez ses théoriciens les plus désintéressés, les plus indifférents à ses conséquences pratiques, l'excès même de l'amour qu'elle leur inspire et qui les conduit à l'élever si haut parfois qu'ils lui font perdre terre. L'heure est donc venue, ce semble, de délimiter avec précision ce nouveau champ d'études, de montrer comment il a été cultivé jusqu'ici et comment il doit l'être, ce qu'on y a cherché et ce qu'on y a trouvé et les fruits que promet vraiment sa culture.

Quand un enfant vient au monde, dans les contes de nos aïeux, toutes les fées s'assemblent autour de son berceau et chacune lui fait don d'un talisman, grâce auquel il fera des miracles. A présent quand une science vient au monde ou commence seulement à annoncer sa venue, il y a toujours un certain nombre de philosophes qui font cercle autour d'elle, lui apportant chacun sa méthode à suivre avec l'assurance du plus grand succès si elle en applique les règles avec persévérance et ponctualité. Comme si c'était surtout d'une méthode, d'un programme de découvertes, qu'une science à faire a besoin ! Mais c'est en découvrant précisément, et à mesure qu'elle découvre, qu'elle apprend sa meilleure manière à elle de découvrir ; si ce n'est peut-être pas là la dernière chose qu'elle découvre, au moins n'est-ce pas une des premières. Ou plutôt chaque chercheur a sa méthode à lui, individuelle et presque intransmissible, et du concours de ces méthodes diverses, de leur conflit souvent, résulte l'avancement de la science. Ce qu'il faut, avant tout, pour faire pousser une nouvelle branche de savoir, c'est un bourgeon éclos quelque part, on ne sait pourquoi, ici ou là, autrement dit une *bonne idée* qui sera son germe et ira ensuite se développant en vertu d'une logique cachée. Mais, une seule bonne idée ne suffit pas, et il est nécessaire que plusieurs se soient succédé et combinées. La première idée, ici, est née dès le moyen âge, à Florence ou à Venise ; elle a consisté à soumettre les faits sociaux, et d'abord une faible partie d'entre eux, au nombre et à la mesure. Le premier sociologue, sans le savoir et sans le vouloir, a été le premier statisticien, qui a donné l'exemple de regarder les sociétés à l'envers pour ainsi dire, par leur côté quantitatif et nombrable, non à l'endroit par leur côté qualitatif et incomparable. Une science en effet, a pour objet essentiel des quantités, des choses semblables qui se répètent et les rapports, répétés eux-mêmes, de ces quantités dont les variations en plus ou en moins sont corrélatives.

On a dû commencer par nombrer de la sorte les choses dont le caractère de similitude était le plus manifeste, les marchandises de même espèce, les pièces d'argent ou d'or. Ainsi s'est formée, par degré, à l'usage des économistes, l'idée de Valeur, qui avait sur l'idée du Droit, propre aux juristes, — sur l'idée du Bien, propre aux moralistes, — sur l'idée du Beau propre aux esthéticiens, — sur l'idée même du Vrai, telle qu'elle est conçue par les théologiens et les philosophes autoritaires comme une chose qui est ou n'est pas, sans degrés intermédiaires, — l'avantage d'être une vraie quantité sociale dont la hausse et la baisse sont d'observation quotidienne et ont un mètre spécial, la monnaie. Telle a été, à côté de beaucoup d'infériorités évidentes et vainement palliées, la supériorité du point de vue économique sur le point de vue juridique, artistique, moral, théologique, métaphysique, pour l'observation scientifique du monde social. L'économie politique a beau faire assez mauvais visage maintenant à la sociologie sa fille; celle-ci n'aura pas l'ingratitude d'oublier que ce sont les économistes qui, en faisant prévaloir à la longue leur manière de voir malgré la résistance obstinée des juristes et des moralistes notamment, ont préparé le terrain pour les constructions des sociologues. Ils ont eu le grand mérite d'indiquer la vraie voie à ces derniers qui ont eu

le tort le plus souvent de s'en écarter. Ils ont découvert
ou cru découvrir les lois de la valeur, les lois de la production, de l'échange et de la distribution des diverses
valeurs, et en ont parlé comme le physicien parle des
lois de la production et de la communication des forces
motrices, c'est-à-dire comme de lois applicables en tout
pays et en tout temps, en toute société réelle ou possible. En cela, leur prétention a été éminemment scientifique, car il n'est de science qu'à la condition de formuler des lois de cette envergure. Ils ont fondé une
sorte de physique sociale étroite et précise, comme
d'autres, longtemps après eux, avec un succès moins
durable, avec plus de largeur apparente et moins de
profondeur réelle, ont essayé de constituer une physiologie sociale. Mais n'anticipons pas. La société, telle
qu'ils la concevaient était, non un organisme, mais, ce
qui est bien plus clair, un système astronomique dont
les éléments librement enchaînés, gravitant chacun à
part en sa sphère individuelle, n'exerçaient les uns sur
les autres que des actions extérieures et à distance. L'insuffisance de cette conception aurait pu être dissimulée
plus longtemps encore si elle ne s'était bornée inutilement à n'être que la statique des sociétés ; car il lui aurait été permis, sans abdiquer son caractère mécanique,
de se risquer à esquisser l'évolution sociale. Rien n'em-
pêchait de concilier avec la notion très juste de la constance et de l'universalité des lois fondamentales l'idée
non moins nécessaire d'un déroulement de phases, notion que les juristes, ces grands adversaires des économistes, ont puisée dans le développement historique du
Droit romain et qu'ils auraient pu leur enseigner bien
avant les transformistes darwiniens.

L'économie politique n'est pas née seulement de l'idée

d'introduire la numération et la mesure dans les faits sociaux, mais encore de l'idée d'y importer la méthode de comparaison. La jonction en elle, pour la première fois, de ces deux bonnes idées l'a rendue féconde entre toutes les autres sciences dites : « morales et politiques ». On pourrait la définir l'industrie comparée ; et, à cet égard, elle a sa place marquée dans un groupe de sciences-sœurs, la grammaire comparée, la mythologie comparée, la législation comparée, l'art comparé, la politique comparée. Seulement il est à remarquer que, dans les sciences ou demi-sciences ainsi dénommées, le caractère vraiment scientifique est bien moins accentué qu'en elle, à des degrés divers, faute de ce cachet de précision numérique qui la distingue, et parce que les règles qu'elles dégagent confusément des faits ne parviennent pas à s'en détacher comme en elle, mais y restent asservies et les résument plutôt qu'elles ne les expliquent. Toutefois, comme cette imperfection n'est sans doute que passagère, ces disciplines diverses ont toutes concouru, comme la gymnastique économique de la pensée, à l'avènement de la science sociale ; et celle-ci doit compter autant de sources distinctes dont elle est le fleuve, qu'il y a eu de bonnes idées successives par lesquelles d'heureux rapprochements ont été hasardés et inaugurés entre des langues, entre des religions, entre des corps de lois, entre des arts, entre des gouvernements, considérés jusque-là comme hétérogènes.

Autre bonne idée, malgré l'abus qui s'en est fait et s'en fait encore : celle d'utiliser les récits des voyageurs parmi les barbares et les sauvages, soit pour étendre le domaine des comparaisons précédentes, soit surtout pour nous renseigner sur la préhistoire des civilisés, en partant de l'hypothèse souvent vérifiée, pas toujours, par les fouilles des archéologues, que les états où maints sauvages s'arrêtent sont des phases que les peuples progressifs ont traversées. On sait avec quelle fureur les sociologues anticipés et précipités du xviiie siècle, Montesquieu en tête, se sont jetés sur les anecdotes et même les contes bleus des voyageurs, mais plutôt pour se délasser des historiens classiques et élargir dans l'espace leur notion de l'humanité que pour reculer dans le temps l'histoire humaine. Il était réservé à notre siècle de tenter, avec un bonheur inespéré, ce recul infini.

II

Et tout le monde sentait bien, dès le début de ce siècle, que le moment était venu de condenser en une vivante synthèse les fragments épars de la science sociale, étrangers les uns aux autres sous le nom vague de « sciences morales et politiques » et encore plus étrangers au groupe harmonieux des sciences de la nature. Il s'agissait de mettre fin à leur double incohérence, en les coordonnant entre elles pour les incorporer à la science universelle. Mais les tentatives faites en ce sens devaient rester stériles jusqu'au jour où apparaîtrait une idée maîtresse propre à lier en gerbe ces épis dispersés. Dirons-nous que cette idée a lui le jour où Auguste Comte a formulé sa fameuse loi des trois états théologique, métaphysique et positif, que le développement de l'humanité serait assujetti à traverser, sous n'importe quel aspect qu'on le considère ? Une polémique à ce sujet s'est élevée entre Stuart Mill et Littré. Le premier niait que le grand fondateur du positivisme eût amené la sociologie au point où l'on peut dire qu'une science est véritable-

ment constituée. Pour Littré, cette constitution de la
sociologie par Comte résultait suffisamment de la loi en
question. Qui des deux avait raison ? Stuart Mill, je le
crains. Peut-on dire que la biologie était constituée dès
l'époque, assurément très antique, où l'on a su que tous
les êtres vivants sont soumis à la *loi des âges* et passent
tous sans nulle exception par des phases successives
d'enfance, de jeunesse, de maturité et de vieillesse, à
moins qu'une mort violente n'interrompe leur carrière ?
Encore cette loi des âges est-elle tout autrement générale et profonde que la loi des trois états.

Il est vrai que celle-ci, en revanche, était infiniment
plus difficile à découvrir, en ce qu'elle a de vrai, que
celle-là. Si notre vie, comparée à celle des autres animaux terrestres, était d'une telle brièveté relative qu'elle
ne nous permît pas de les voir tour à tour naître, croître,
vieillir et mourir, le savant qui le premier, par une suite
d'inductions basées sur des observations et des recherches érudites, découvrirait la fréquence, puis l'universalité de cette succession de phases dans le monde animal, serait admiré à bon droit comme l'auteur d'une
généralisation large et féconde. Sa loi des âges ne serait-
elle pas réputée l'un des fondements de la physiologie ?
Nous sommes, nous individus humains, par rapport aux
sociétés humaines, ce que l'homme, dans mon hypothèse, serait par rapport aux vies animales. Aussi ac-
corderions-nous volontiers que le principe de Comte est
une des lois constitutives du monde social s'il était d'une
portée aussi générale et d'une vérité aussi certaine que
son auteur l'a cru. Malheureusement, l'application en est
restreinte au développement intellectuel des sociétés, non —
sans exception même dans ce domaine et ne s'étend pas
à leur développement, ni économique, ni esthétique.

On ne voit pas que les transformations des langues soient expliquées de la sorte, ni les transformations des religions dont toutes les phases restent enfermées dans le premier des trois états. Comment donc Littré a-t-il pu prétendre que, en formulant une loi si vague et si incomplète, Comte rendait à la sociologie précisément le même service qu'avait rendu à la biologie Bichat en découvrant les propriétés élémentaires des tissus vivants ? Ce sont ces propriétés élémentaires des tissus sociaux, comme le faisait observer Stuart Mill, qui manquent absolument à l'œuvre, d'ailleurs si considérable, du Maître de l'école positiviste.

M. Spencer a-t-il été plus heureux quand, ramassant une très antique métaphore, il l'a développée, précisée, —poussée à bout — jusqu'au jour où il en a reconnu l'insuffisance, — et classé, parmi les corps vivants, les corps sociaux ? Dirons-nous que cette thèse de l'organisme social est une des bonnes idées dont la science nouvelle ne pouvait se passer et que, à titre d'échafaudage au moins, elle a eu sa fécondité ? Je crois qu'elle a été simplement un pis aller décevant, une branche de salut, mais pourrie, à laquelle se sont raccrochés ceux qui ont jugé ne pouvoir pas sans elle jeter un pont entre la *nature* et *l'histoire*. Aussi doit-elle disparaître dès qu'apparaît quelque autre conception propre à naturaliser en quelque sorte l'humanité. Ce n'est point en comparant les sociétés aux organismes, c'est en comparant les sociétés entre elles, sous leurs divers aspects, linguistiques, religieux, politiques, etc., que la science sociale s'est fondée. Au dernier congrès international de sociologie qui a eu lieu à Paris en juillet 1897, cette question a été traitée à fond et s'est terminée par la déroute complète de l'*organisme social*. Nul n'a pu indiquer un seul progrès qui aurait été suscité en science sociale par cette manière de voir, et l'on aperçoit sans peine les erreurs dangereuses qu'elle y a introduites ou suggérées : la tendance à se payer de mots, à substituer aux réalités des entités, telles que l' « âme des foules » ; le besoin d'assujettir le développement social à un enchaînement unique et tyrannique de phases, comparable à la série embryonnaire ; enfin l'inintelligence des côtés les plus vraiment sociaux des sociétés, langage et religion, qui n'ont rien d'analogue dans l'être organique et, par suite, le penchant ou à les amoindrir ou à les éliminer de la sociologie. On s'explique, dès lors, la protestation quelque peu méprisante des historiens de race, même philosophes, contre la science nouvelle qu'on leur présente sous cet aspect.

Ne considérons donc cette soi-disant théorie que comme une tentative avortée, un essai malheureux de classification. Tout au plus peut-on accorder à M. Espinas que, l'organisme social écarté, il reste encore place pour un certain *vitalisme* social ou plutôt pour un certain réalisme national, et que la réalité de la « vie sociale » n'est point douteuse. Soit, mais il s'agit de savoir ce qu'on entend par là : cette « vie sociale », n'est-ce qu'une résultante des vies individuelles en rapports sociaux, ou est-ce autre chose ? Dans le premier sens, ce n'est qu'une expression poétique ; dans le second, une idée mystique.

Auguste Comte a émis une très belle loi sur la hiérarchie des sciences, qui, si elle était vraie sans exception, justifierait pleinement l'appui demandé par la sociologie à la biologie. De l'arithmétique à la science sociale, en passant par la mécanique, la physique, la chimie et la science des êtres vivants, toutes les sciences, à ses yeux, s'étagent dans l'ordre de la simplicité et de la généralité décroissantes de leur objet, les plus basses

ayant l'objet le plus simple et le plus général. Il suit de
là que chacune d'elles doit s'appuyer sur la science
immédiatement inférieure et non celle-ci sur celle-là
puisque celle-ci étudie les réalités élémentaires dont
celle-là embrasse les groupements plus complexes. Par
exemple, la connaissance de la chimie est indispensable
au physiologiste, tandis que le chimiste, même quand il
s'occupe de composés organiques, peut se passer de
connaître l'histoire naturelle. Or, cela est certain, mais
à une condition : c'est que les réalités successives, objet
des sciences successives, se superposent comme des
terrains géologiques dont le supérieur plus récent n'a pu
être formé que par une transformation ou une combinaison des terrains antérieurs et inférieurs. Supposons
pourtant que, à une certaine élévation de cette stratifica-
tion scientifique, il jaillisse des faits tout nouveaux comparables à ces sources chaudes des hautes montagnes
qui, traversant toutes les couches placées en-dessous,
montent de plus bas que la plus basse des couches solides du sol. Admettez que l'apparition de la conscience,
du moi, dans le monde vivant le plus élevé, soit une
source merveilleuse de ce genre, est-ce que la science qui
s'occupera de ce phénomène irréductible aux phénomènes environnants et précédents, et nullement engen-
dré, mais seulement conditionné par eux, pourra être
regardé, quoique la plus haute, comme ayant un objet
plus complexe et plus spécial que celui de toutes les
autres ? Il se peut fort bien, au contraire, que, révélant
une réalité cachée, la plus simple peut-être et la plus
grande de toutes, cette science, la psychologie, ait plus
à apprendre à ses sœurs inférieures qu'elle n'a de lumière à attendre d'elles, Et ce serait précisément aussi
le cas de la sociologie si l'on avait des raisons de penser

que le phénomène social, tout psychologique en ce qu'il
a d'essentiel, est lui-même plus général qu'il n'en a l'air.

Et, de fait, n'en aurait-on pas quelques raisons assez
spécieuses ? N'est-ce pas en assimilant les organismes
aux sociétés, et non les sociétés aux organismes, qu'on
a jeté le jour le plus clair ou le moins obscur sur le grand
secret de la vie ? Conçu comme une association de cellules ou comme une fédération de sociétés, de colonies
cellulaires, le corps vivant devient pour la première fois
pénétrable aux regards de l'homme. La théorie cellulaire
bien mieux que la sélection naturelle nous met sur la
voie des explications de l'énigme vitale. La sélection naturelle est classée maintenant parmi les clefs de la vie,
mais elle n'apparaît plus à personne comme un passe-
partout. Son efficacité principalement négative, sa vertu
éliminatrice des variétés nuisibles, épuratrice de l'espèce, n'est plus contestée, mais on lui reconnaît de moins
en moins une puissance vraiment créatrice. Ce sont les
essais malheureux d'interprétation du progrès historique
par la sélection sociale qui mettent à nu l'insuffisance de
ce principe et son caractère négatif. Ni sous sa forme
belliqueuse, en effet, ni sous sa forme commerciale ou
industrielle même, la concurrence sociale n'a suffi à susciter une seule de ces inventions capitales qui sont la
condition nécessaire des renouvellements humains. Est-ce
à la fureur séculaire des batailles qu'est due la découverte de la poudre à canon ou de la dynamite ? Est-ce à
l'âpreté au gain des flotilles de marchands phéniciens ou
vénitiens se disputant les mers pendant la suite des
âges qu'est due la découverte de la boussole ? Est-ce à
la rivalité effrénée des industries concurrentes qu'est due
l'invention de la machine à vapeur ? Pas le moins du
monde. Les guerriers, les marchands, les industriels au-

raient pu continuer à se combattre encore pendant des
milliers d'années, tout leur effort à ce point de vue eût
été vain, s'il ne s'était trouvé çà et là quelques chercheurs,
les moins batailleurs des hommes, depuis les chimistes
ou alchimistes de l'antique Egypte jusqu'à nos Lavoisier
et à nos Pasteur, depuis Archimède jusqu'à Papin et
Watt, depuis les bergers de la Chaldée jusqu'à Newton
et Lavoisier, curieux, passionnés, qui, peu à peu, ont ar-
raché à la nature quelques-uns de ses secrets et se les
sont transmis de distance en distance. Il n'est pas un
progrès industriel ou militaire même qui soit né directement d'une bataille ou d'une rivalité commerciale ou qui
n'ait pour père quelqu' étranger au monde de la haine
et de la guerre, demeuré inconnu jusqu'au jour où il a
fourni aux combattants et aux concurrents des armes
décisives. Les guerres, sans doute, les luttes de tout
genre, les conflits haineux de passions ou d'intérêts appellent à leur secours l'esprit d'invention quand il est
né quelque part et a fait ses preuves, et leur appel l'ai-
guillonne puissamment, mais ce n'est pas elles qui l'ont
enfanté. Combien de fois, plutôt, ne l'ont-elles pas tué
dans son germe ! Il a eu la paix, l'amour, la confrérie
familiale ou professionnelle pour berceau, le culte désin-
téressé de la vérité ou de la beauté pour âme, et pour en-
gin le génie servi par la fortune qui a fait se rencontrer
des idées de diverses provenances dans un cerveau assez
bien doué pour deviner leur convenance, pour opérer
leur fécondation réciproque, entremetteur pour ainsi
parler de leur mutuel amour. Et pour vérifier cette idée
dans l'étude même qui nous occupe n'est-il pas clair que
ce n'est pas aux polémiques journalières de la presse sur
les questions sociales que les sociologues doivent de-

mander les idées constitutives de leur science, mais bien plutôt à des méditations solitaires?

Une idée excellente qu'il faut se garder de confondre avec la métaphore de l'organisme social a été l'étude des *sociétés animales* sous le rapport de leurs analogies et de leurs différences avec les sociétés humaines.

Elle a été faite et bien faite par M. Espinas ; il est seulement fâcheux que son livre qui a ouvert une voie si féconde n'ait pas eu de continuateur. Il est à croire aussi que s'il refaisait aujourd'hui son ouvrage, il y marquerait plus nettement la distinction entre les pseudo-sociétés animales des espèces très inférieures où la solidarité des individus, si individus il y a, est toute physiologique comme dans un polypier, et les véritables sociétés de nature psychologique comme la nôtre, qui sont le privilège des vertébrés ou des insectes supérieurs. Un polypier n'est pas plus une société que ne l'est une fleur de synanthérée. Il n'y a point, en effet, de société végétale, et pourquoi ? Ce n'est point qu'une plante, prise séparément, ne puisse être une société, si nous supposons, — hypothèse comme une autre, après tout — que ses cellules sont animées d'une sensibilité propre qui leur permet de se reconnaître entre elles et de se saisir ; mais encore une fois, c'est là le mystère de la vie ; et, d'ailleurs, même à ce point de vue, le végétal ressemblerait à un Etat qui n'aurait nulles relations internationales avec ses voisins. Ce sont précisément ces relations internationales, c'est-à-dire inter-organiques, qui sont l'objet de la science sociale.

III

Il s'agit maintenant d'utiliser toutes ces bonnes idées

que nous venons d'énumérer, de les faire s'entre-pénétrer et s'entr'éclairer lumineusement, de mettre le feu pour ainsi dire, à cet immense fagot de documents que les voyageurs et les historiens, les statisticiens et les archéologues, les naturalistes et les psychologues ont apportés de tous côtés et rassemblés à l'usage des sociologues. Il le faut ; et le temps presse ; car ce besoin si général aujourd'hui et si intense, de prendre conscience des lois de la vie sociale, au lieu de se borner à leur obéir comme autrefois, révèle un besoin non moins profond d'action collective, consciente et réfléchie. Avant de se réformer et de se refondre *délibérément*, la société cherche à se comprendre. Avant de progresser, et pour être bien sûre de progresser en se transformant, ne doit-elle pas posséder un « mètre du progrès » ? Le malheur est que la science naissante, outre les germes de discordes qu'elle porte dans son sein, se heurte à toutes sortes d'objections extérieures. Ses adversaires sont de trois sortes : —les uns nient qu'il y ait matière à science dans les faits sociaux, domaine du libre arbitre. D'autres y voient matière non à une seule science digne, par sa précision et sa généralité, et malgré sa nature hautement distinctive, de prendre rang parmi les sciences de la nature, mais bien à plusieurs sciences vagues et n'ayant rien de naturel, très avancées du reste, prétendent-ils, et jusqu'ici désignées sous le nom de « sciences morales et politiques ». D'autres enfin, et nous n'allons répondre —qu'à ces derniers, accordent qu'il y a là une science à construire un jour, mais beaucoup plus tard, quand l'histoire, l'archéologie et la préhistoire auront achevé leur œuvre, fouillé tout le sol et le sous-sol historique et préhistorique, dit « leur dernier mot » enfin.

A ce compte, quelle est donc la science qui aurait

jamais vu le jour ? L'astronomie, par exemple, a-t-elle
attendu pour se risquer à naître que le firmament fût
sondé jusqu'en ses dernières profondeurs par le plus perfectionné des télescopes ? Heureusement non. Perfectionner de plus en plus les instruments et les méthodes
d'observation, accumuler même de plus en plus les observations, passé un certain degré, est si peu le plus sûr
moyen de faire avancer une science que, si la loi de
Newton n'eût pas été découverte avant les derniers per-
fectionnements télescopiques, ils eussent peut-être contribué à retarder plus qu'à favoriser l'apparition de ce
principe fondamental. En effet, à mesure que les mouvements périodiques des planètes étaient tracés plus exactement avec les multiples et bizarres perturbations qui
surchagent leur ellipse d'un luxe de dentelures, il de-
venait plus difficile de soupçonner que ces ellipses et ces
perturbations, ces règles et ces exceptions, étaient les effets
d'une même et unique cause, la répétition d'un même et
unique fait. Si quelqu'un avait émis cette conjecture, on
n'aurait pas manqué de la repousser au nom de la méthode scientifique la plus élémentaire. Il en est ainsi de
la sociologie. Se persuader qu'avant d'oser émettre une
théorie propre à la constituer, il est nécessaire d'attendre
que les érudits aient jeté leur dernier coup de sonde
dans le passé et les Schliemann leur dernier coup de
pioche en Grèce ou ailleurs, c'est dire que Képpler, Galilée, Newton et aussi bien tous les astronomes théoriciens de leur époque, leurs collaborateurs obscurs, se sont
trop pressés de fonder l'astronomie.

On confond ici deux choses très distinctes : les lois des
sociétés et les « lois de l'histoire » Cette confusion est
facilitée par l'acception élastique du mot *loi* dont tout le
monde abuse. Il y a, si l'on veut, deux sortes de lois ;

les lois de la production ou plutôt de la reproduction des phénomènes et les lois de leur évolution. Les premières sont, par exemple, les lois de la mécanique, de la chimie, de la physiologie générale. Les secondes régissent ou sont censées régir la mise en œuvre des premières dans certaines circonstances déterminées : telle la théorie de la nébuleuse de la Place ou l'évolutionnisme de Hœckel. Celles-ci, plus complexes que celles-là, doivent donc les suivre et non les précéder. En astronomie, on a eu la loi Newtonienne, et d'abord les lois de la mécanique rationnelle, avant la théorie de la nébuleuse. En biologie, rien, il est vrai, n'a été trouvé de comparable au principe de l'attraction universelle, mais beaucoup de lois de causation, sous le nom de propriétés des tissus, ont été découvertes, longtemps avant la loi de la sélection naturelle qui elle-même n'est pas une pure loi d'évolution, mais une nouvelle loi de causation plutôt. Les lois, si lois il y a, de *l'histoire* biologique, il faut les demander aux successeurs de Darwin.

Malheureusement les Darwin et les Hœckel de la sociologie sont venus avant ses Bichat. De Bossuet à Auguste Comte, en passant par Vico, Montesquieu, Hegel, on ne voit que génies, fort célèbres du reste, occupés à embrasser d'un même regard et à faire contenir dans une même formule le cours entier du fleuve de l'histoire sans avoir paru se soucier préalablement d'étudier son *hydrostatique.* Cette prétention est déjà hasardeuse ; mais qu'est-ce auprès de l'entreprise de M. Spencer et de tous les évolutionnistes nouveaux qui, comme lui, avant d'avoir cherché les lois générales applicables aux faits élémentaires de la vie sociale, ont cru formuler les principes explicatifs de ces phénomènes les plus compliqués et tracer le cours non seulement de l'histoire réelle, ou

plutôt de toutes les histoires réelles, car ils distinguent
avec raison plusieurs grandes séries historiques indépendantes, mais encore de toutes les histoires possibles ?
C'est bien là, en effet, la visée des sociologues de cette
école ; et loin de la leur reprocher, je les loue d'avoir
en ceci reconnu implicitement, explicitement vaudrait
mieux, le caractère essentiellement universel de toute
loi scientifique, qu'elle soit de causation ou d'évolution.
Quand le maître soumet les transformations sociales à
sa loi générale de la différenciation intégrante, du gain
de matière et de la perte de mouvement ; quand les disciples réglementent avec plus de rigueur encore et en
détail les transformations de la langue, de la religion,
du Droit, de la politique, de l'art, de la morale et, par
exemple, légifèrent que les idiomes sont assujettis à
passer du monosyllabisme à l'agglutination, puis à la
flexion et enfin à *l'analytisme,* ou que la famille va de la
promiscuité au matriarcat puis au patriarcat etc., est-ce
que, par ces formules ou par d'autres, ils ne cherchent
pas à exprimer et ce qui s'est passé dans toutes les sociétés connues ou inconnues et ce qui se passerait aussi
dans toutes les sociétés, je ne dis pas imaginables mais
réalisables ? Les lois de l'évolution ainsi conçues, qu'il
s'agisse des changements de l'Univers extérieur ou des
vicissitudes du monde humain, diffèrent profondément
de la *philosophie de la nature* ou de la *philosophie de
l'histoire* entendue à la façon de Schelling ou de Hegel,
de Condorcet ou d'Auguste Comte lui-même, qui ont refait à leur manière l'histoire universelle de Bossuet. Pour
eux comme pour le grand transformiste épiscopal du xviie
siècle, l'histoire naturelle ou humaine est un même et
unique drame dont les espèces ou les nations successives
sont les acteurs et [qui, par un chemin prédéterminé, court

d'une première scène merveilleuse ou mystérieuse à un commun dénouement et ne doit ni peut être joué qu'une fois. Pour les évolutionnistes de notre temps, elle est une multiplicité de drames, mais de drames semblables au fond, et susceptibles de représentations nombreuses.

A ce point de vue, les lois d'évolutions cessent de s'opposer aux lois de causations ; comme celles-ci, elles règlent la reproduction des phénomènes, seulement de phénomènes tout autrement complexes. Par là il devient clair que prétendre régler les faits composés quand les faits élémentaires n'ont pas encore été légiférés, c'est une erreur dangereuse. Et cette erreur en suppose une autre, on ne peut plus grave ; celle de penser que, si nulle loi d'évolution historique, telle qu'on la conçoit, comme universellement applicable, ne parvenait à résister au démenti des faits, si toute règle de cette sorte venait à être rongée et pulvérisée par les exceptions survenantes, ou se trouvait réduite à n'exprimer qu'une probabilité plus ou moins haute, la sociologie ne serait plus qu'un vain mot. Presque toutes les publications sociologiques semblent faites pour accréditer cette opinion erronée contre laquelle il importe de protester tout d'abord. C'est une question de savoir si, malgré la diversité des circonstances accidentelles et des tendances natives, les sociétés, quand elles se mettent à marcher, car la plupart sont stationnaires, suivent des routes à peu près parallèles, des routes qui se répètent comme en chacune d'elles leur pas ; et cette question peut-être résolue par la négative, (je n'affirme pas le moins du monde qu'elle le soit) sans qu'il s'en suive que la science sociale est impossible. Autant dire qu'il n'y aurait plus d'astronomie ni de mécanique possible parce qu'il serait démontré que la théorie de la nébuleuse de la Place n'est point généralisable et que les formations stellaires observées en divers point du ciel paraissent lancées dans des voies divergentes, irréductibles à une seule formule. J'avoue que cela ne me gâterait point du tout le spectacle du ciel étoilé, de penser que le firmament n'est point le déploiement immense d'une désespérante monotonie ; et pour la même raison, il ne me déplairait point, en lisant l'histoire, d'y voir un perpétuel imprévu jaillissant de la complication de causalités régulières, la liberté née de l'ordre, la fantaisie du rythme, la broderie du canevas.

On s'est donc égaré en se persuadant que, pour fonder la science nouvelle, il fallait commencer par remonter jusqu'au point de départ de toutes les histoires humaines et n'omettre aucune de leurs phases et que tout était perdu si on laissait échapper un anneau de cette chaîne. De là l'importance exagérée prêtée parfois à des récits de voyageurs où à des fouilles archéologiques qui méritent toujours d'arrêter l'attention du sociologue, mais jamais au point de lui laisser croire que la possibilité de la science dépend de leur résultat. Sans dire avec Stuart Mill qu'il suffit d'être psychologue et logicien pour être en état de devenir sociologue, on peut dire que la première chose à faire est d'analyser bien soigneusement l'état social quelconque où l'on se trouve pour y découvrir des hypothèses, qui, vérifiées plus tard ou rectifiées par des comparaisons suffisamment étendues avec des sociétés étrangères, apparaîtront enfin comme les principes élémentaires de la sociologie.

Les économistes seuls, je le répète, ont eu l'intuition de cette nécessité méthodique. Leur mérite éminent a été de chercher des lois de causation applicables à leur domaine, et de constituer par elles, par la loi du moindre effort, par exemple, ou de l'offre et de la demande, ou la théorie de la rente, une économie politique abstraite, supérieure et nécessairement antérieure aux économies politiques concrètes. C'est qu'en effet, Auguste Comte a eu raison de remarquer que, en tout ordre de faits, il existe deux sortes de sciences, l'une abstraite et l'autre concrète, une astronomie abstraite, par exemple, législatrice de tous les astres possibles, et une astronomie concrète, appliquant les lois de celle-ci aux astres réels. Il ajoutait que la même distinction est applicable à la sociologie. Mais il n'a fait ainsi que généraliser ce que les économistes avaient déjà pratiqué dans leur sphère. Dans une mesure inégale, leur exemple a été suivi, et le côté religieux, le côté linguistique, le côté juridique, le côté moral et politique, le côté esthétique des sociétés, ont été tour à tour étudiés suivant la méthode comparative par des savants qui sont parvenus à extraire de leurs rapprochements multiples bien des remarques d'une portée très générale, parmi lesquelles il en est qui méritent assurément le titre de lois. La condensation, la mutuelle pénétration de toutes ces sciences partielles, est ce qu'il est permis d'appeler la sociologie abstraite. Il eût appartenu à Comte d'établir ses fondements ; mais, contrevenant à sa remarque relative à l'antériorité de la science abstraite sur la science concrète qui lui correspond, c'est une sociologie concrète qu'il nous a esquissée dans ses ouvrages si fourmillants d'aperçus profonds. Or, que serait la théorie de la lune ou de Mars si la loi de l'attraction Newtonienne était encore ignorée ? Et comment faire une théorie de l'histoire romaine ou de la civilisation arabe si l'on ne possède pas une clef d'explication sociologique universelle ? Montesquieu a fait un chef-d'œuvre d'anticipation sociologique dans *Grandeur* et *décadence des Romains* ; mais à vrai dire, c'est une poussière d'aperçus

pénétrants et sans lien, une poussière brillante et multicolore, qu'il a jetée aux yeux du lecteur charmé.

Il faut donc condenser et synthétiser les lumières partielles allumées par la grammaire comparée, la mythologie comparée, l'économie politique et les autres sciences
sociales, qui chacune à part ont émis ou balbutié des lois ;
des lois bien imparfaites le plus souvent, il faut l'avouer,
et toutes à refondre par la vertu même de cette synthèse.
Mais la première condition d'une bonne synthèse, c'est
une bonne analyse. Analysons ces lois, et nous verrons
sans peine, tout d'abord, que leur trait commun est de
porter sur des faits généraux, c'est-à-dire sur des faits
semblables qui se répètent ou sont considérés comme susceptibles de se répéter indéfiniment. En cela, elles ressemblent à toutes les lois naturelles ; et en cela elles diffèrent des récits historiques qui, biographie individuelle
d'un homme ou biographie collective d'une nation, ou
d'un groupe ou d'une série de nations, roulent toujours
sur le singulier, le *sui generis*, l'unique en soi. L'objet
de ces histoires a beau être composé de faits généraux,
c'est par la singularité de sa combinaison, destinée à ne
jamais plus se revoir, qu'elles l'envisagent. Au contraire,
quand le singulier apparaît dans les sciences sociales,
aussi bien que dans les sciences de la nature, c'est comme
formé par la rencontre de faits généraux, c'est-à-dire de
similitudes et de répétitions, qu'on l'y considère.

Les racines verbales, les désinences, les formes gram-
maticales, et les combinaisons de ces éléments dont s'occupe le linguiste, sont choses qui ont été répétées des
milliards de fois, par des millions de bouches, et avec
une exactitude vraiment merveilleuse si l'on compare à
la pérennité d'une langue la fuite rapide, le renouvellement incessant des générations qui l'ont parlée, qui, par

leur fugitivité même, ont soutenu sa permanence, par leur diversité son identité. Les mythes, les rites, les dogmes, dont s'occupe la science des religions, ne sont pas choses moins abondamment, moins régulièrement répétées et transmises à travers les âges et les races. La jurisprudence traite de relations juridiques qui se reproduisent tous les jours, toujours les mêmes pendant des siècles. On a dit qu'il n'y a pas deux procès exactement pareils; c'est vrai, mais comme il est vrai qu'il n'est pas deux familles qui se ressemblent ; cela n'empêche pas les questions de droit soulevées par un procès ou les relations de droit qu'il implique, d'être, envisagées une à une et séparément, identiques aux questions et aux relations de même espèce soulevées et impliquées dans une foule d'autres procès. L'économie politique traite de productions et de consommations, c'est-à-dire d'actes incessamment reproduits avec une fidélité souvent séculaire. L'Esthétique a pour objet l'emploi original par l'artiste et le littérateur, de rythmes, de procédés, de recettes d'art, de coups d'archet, de coups de pinceau identiquement répétés depuis des siècles.

Considérés à ce point de vue, par ce menu détail essentiel, les sociétés ne présentent pas moins de répétitions précises, de séries régulières et identiques d'actes et de faits, que le monde vivant ou le monde physique même. Par suite, au même titre que ces deux derniers aspects de la réalité, elles se prêtent à l'application du nombre et de la mesure, qui permettent d'élever au rang de lois scientifiques des considérations générales. Et remarquons-le, l'avantage ainsi obtenu de pouvoir traiter scientifiquement les phénomènes sociaux aussi bien que les phénomènes naturels n'est acheté de la sorte par aucune confusion établie entre ces deux ordres de faits dont

la démarcation reste fort nette, ni par le sacrifice de la
personnalité humaine aux exigences d'une conception
toute naturaliste des sociétés. Nous pouvons en voyant
les choses sous cet angle, laisser de côté la *vexata quœstio*
du libre arbitre, car que l'on soit déterministe ou non,
on ne peut nier le conformisme nécessaire de l'homme
social en chacun des actes élémentaires de sa conduite,
si originale qu'en puisse être la combinaison ; on ne peut
nier qu'il n'imite à chaque instant ses semblables contemporains où passés et on est forcé d'admettre les séries
régulières, les rayonnements réguliers d'exemples successifs qui découlent de là. La sociologie s'est heurtée
jusqu'ici, et non sans motif, à la conscience morale qui
repoussait le despotisme de ses formules et se sent
étouffée dans le défilé de phases rigides, uniformément
enchaînées, où la plupart des sociologues condamnent
l'évolution humaine à passer. Mais c'est parce que ces
philosophes n'ont pas aperçu l'ordre élémentaire, le mode
de répétition fondamental présenté par les faits sociaux,
envisagé comme imitatif essentiellement, qu'ils se sont
crus obligés d'imaginer un ordre complexe et arbitraire,
un assujettissement supposé des grands phénomènes
d'ensemble, vagues et confus, de l'histoire, à se répéter
identiquement suivant une marche souverainement
réglée on ne sait par qui ni pourquoi. Ils ont dû, je le
répète, imaginer cela, puisqu'ils n'est pas possible de
constituer une science, de formuler des lois, sans admettre des faits qui se répètent et qui en se répétant
donnent lieu à des généralisations ; faute de généralisations réelles et précises, il faut bien recourir à des
généralisations confuses et imaginaires.

Or, c'est par ces lois d'évolution uniforme, tout imprécises qu'elles sont, que la personnalité humaine, en son

caractère individuel et sa réalité bien à elle, est mortellement atteinte, tandis qu'elle respire à son aise dans les
larges horizons de développement que lui laissent les formules relative à l'imitation, malgré leur précision relative. Mais, même à cet égard, les faits sociaux, nous
allons le voir, ne se présentent pas sous un aspect qui les
isole absolument, et, par leurs variations caractéristiques,
comme par leurs répétitions caractéristiques, ils peuvent
être comparés aux variations et aux répétitions spéciales
des autres étages de la réalité universelle.

IV

En effet, il y a, en tout ordre de faits, à faire une première grande distinction, admise au moins à titre pro-
visoire; celle *des choses qui s'y répètent et des choses
qui ne s'y répètent pas*. Et ce n'est pas seulement dans
les sociétés humaines, par l'action, nous dit-on, de la liberté humaine, — mais peu importe — que l'imprévu,
le divers, l'individuel, jaillit à chaque instant de la ro-
tation monotone des uniformités; c'est aussi dans le
monde vivant et le monde physique. Bien mieux, ici
comme là, le divers paraît être l'aboutissement, la raison
d'être, la fleur terminale de l'uniforme.

Les révolutions régulières des astres, les ondulations
uniformes de l'éther, les applications infiniment et im-
mensément répétées des lois de la mécanique céleste
dans l'étendue et la durée, à quoi aboutissent-elles? Aux
particularités distinctives de chaque système solaire, et
dans chacun d'eux, aux caractères propres des soleils,
des planètes, et des comètes qui les composent, à la géo-
graphie propre des surfaces planétaires avec leur dé-

coupure tout à fait unique en continents et en bassins
de fleuves dissemblables, d'un pittoresque achevé, — à
leur géologie propre avec une stratigraphie de terrains
tout à fait spéciale vraisemblablement — et à leur mé-
téorologie propre avec des états du ciel aussi fugitifs que
nos états d'âme. Et les répétitions vitales, les pulsations
égales du cœur, les inspirations et les expirations de
l'air, les oxydations et les désoxydations alternatives des
tissus, la prolifération des cellules toutes pareilles en
chaque tissu qui s'accroît, le renouvellement de ces cellules dont les générations se suivent et se ressemblent
identiquement et se passent de l'une à l'autre le dépôt in-
tact de leurs formes spécifiques, à quoi cela vient-il
aboutir aussi? A l'individu vivant distinct et caractérisé,
qui n'a plus été, variation éphémère d'un type immortel.
Maintenant, si l'on considère à part dans l'être vivant, le
système nerveux, à quoi aboutissent les vibrations similaires qui parcourent chaque nerf, qui s'accumulent régulièrement dans certains ganglions, qui de ces ganglions se transmettent mécaniquement à des centres céré-
braux et s'y transforment non moins invariablement en
sensations et en idées? A des états d'âme originaux, à
des peintures sur la rétine ou à des empreintes sur le
tympan, à des combinaisons de timbres et de sons, de
couleurs et de figures, de perceptions, de notions, de
désirs, qui n'ont plus apparu et vont disparaître. La remarque sera d'autant plus vraie et plus facilement véri-
fiable qu'elle s'appliquera à des états d'âme saisis dans
toute leur réalité concrète, point de rencontre en même
temps de toutes les actions de la nature extérieure et de
toutes les influences du milieu social, carrefour multiple
où se croisent pour la première et dernière fois mille
forces physiques et mille courants historiques, des cou-

rants d'idées, de sentiments, d'exemples quelconques, de coutumes et de modes, qui sous la forme des mots d'une langue, des rites d'un culte, des procédures d'un droit, des mœurs nationales ou locales, marquent à leur sceau l'âme individuelle et reçoivent d'elle en retour une empreinte nouvelle.

Ainsi, à tous les étages de la réalité, les choses qui se répètent se montrent à nous comme la tige dont les choses qui ne se répètent pas sont la floraison et l'épanouissement. A cet égard, l'étage supérieur ne se distingue nullement des deux autres. Avons-nous même le droit de dire que, à mesure qu'on s'élève, l'importance des choses non répétées va grandissant par rapport aux répétées ? Non, pas même. Rien de plus important, à coup sûr, que les caractères par lesquels les corps célestes diffèrent entre eux, en poids, en volume, en figures, en compositions chimiques, en couches géologiques, en répartitions géographiques des continents et des mers, des chaînes de montagnes et des vallées, en météores : diversités qui conditionnent toutes les autres et sans lesquelles un système solaire, ou plutôt le ciel tout entier, serait le déploiement d'une platitude immense. d'une accablante et stupéfiante monotonie. Ce serait vraiment avoir trop bonne idée de nos petites originalités à nous, animaux humains, parasites de l'écorce terrestre, que d'attribuer à nos traits corporels, à notre physionomie, plus de valeur qu'à la mappemonde, ou bien de nous persuader que le plus singulier de nos états d'âme ou le plus élevé dépasse en merveille ce grand spectacle étrange dont notre rétine ne se lasse pas, je veux dire le pittoresque étoilé du firmament, ce grandiose étalage du désordre divin, à défaut duquel une belle nuit serait quelque chose d'aussi ennuyeux à contempler que l'illumination symétrique d'un monument public.

Pouvons-nous dire seulement que les originalités physiques ont une nature et une origine plus accidentelles, plus superficielles, moins profondes, que les originalités vivantes et surtout pyscho-sociales? Non plus. C'est une erreur spécieuse de croire que, en n'importe quel ordre de faits, la similitude, l'ordre, l'invariabilité est au fond, et la libre diversité à la surface seulement. Si tout ce qui est fondamental nous paraît devoir être indifférencié, c'est en vertu de cette illusion de la distance qui estampe à nos yeux tout lointain. Il ne m'est point possible de réfuter en quelques mots une conception aussi répandue et aussi profondément enracinée que celle-là ; je ne puis qu'indiquer en passant sa fragilité. Spencer n'a fait que donner une formule magistrale à ce préjugé capital, comme à quelques autres, quand il a exposé sa prétendue loi de l'*instabilité de l'homog*. Il y a été conduit par le besoin de concilier avec l'hypothèse d'éléments identiques régis par des lois invariables le phénomène embarrassant des hétérogénéités dont la réalité fourmille. Suivant lui, donc, l'homogène initial et fondamental, d'où il part comme tout le monde, est un état d'équilibre instable, et, si peu qu'il soit ébranlé, il va se bouleversant avec une rapidité toujours croissante. Le malheur est qu'on se voit obligé de postuler un premier ferment de différence, petit levain qui aurait suffi à produire la différenciation universelle ; mais la production de ce germe lui-même reste inexpliqué et inexplicable ; et ce qui est purement gratuit, c'est de penser que cette différence *minima* perdue primitivement, par hypothèse, en une mer de similitudes ambiantes, y ait fait souche au lieu de s'y noyer. En effet, n'est-ce point l'*instabilité de l'hé-*

térogène qui est le fait frappant de l'univers ? Est-ce que
l'on ne voit point partout les incohérences aller se coordonnant, le chaos se faisant monde, le divers s'assimilant ? Et où voit-on l'indifférencié, qui nulle part n'existe,
aller se différenciant ? En fait, quand nous nous trouvons
en présence d'une réalité qui se rapproche des données
de l'hypothèse ici combattue, quand, par exemple, nous
voyons circuler dans une même substance relativement
homogène, dans un fil de fer, une même force, l'électri-
cité, est-ce que la merveille du téléphone ne nous prouve
pas à quel degré inouï de complications et de rapidité
de répétitions peuvent atteindre les faits physiques élémentaires sans qu'il s'y produise d'altération sensible ?
Cette reproduction instantanée d'une parole humaine,
avec son timbre et son accent, ce qui suppose un enche-
vêtrement prodigieux de chaînes d'ondes à travers des
centaines de lieues, est quelque chose de tout aussi surprenant que la transmission héréditaire, par un ovule
fécondé, des caractères spécifiques d'un animal ou d'une
plante, et montre que ce n'est point de la complication
même des répétitions qu'il faut attendre la production
des nouveautés phénoménales. Quand on voit toutes les
lois naturelles consister en une discipline rigoureuse,
comment pourrait-il se faire, si ces lois essentiellement
niveleuses s'appliquaient à des éléments identiques entre
eux, que de cette combinaison de l'uniforme et de l'iden-
tique jaillît l'exubérante diversité des phénomènes ? Physiques ou vitales, donc, mentales ou sociales, les différences qui éclosent à la claire surface des choses ne
peuvent parvenir que de leur fond intérieur et obscur,
de ces agents invisibles et infinitésimaux qui s'allient et
se disputent éternellement et dont les manifestations régulières ne doivent pas plus nous faire croire à leur

identité que le sifflement monotone du vent dans une
forêt lointaine ne doit nous faire croire à la similitude
de ses feuilles, toutes dissemblables, toutes diversement
agitées.

Mais je viens de dire qu'il faut distinguer les choses
qui se répètent et celles qui ne se répètent pas. Il est
temps de faire remarquer maintenant que celles-ci même
aspirent à se répéter et que quelques-unes, privilégiées,
y parviennent. Si les variations naissent des répétitions,
les répétitions procèdent toujours des variations qui.
mieux adaptées que d'autres aux nécessités de leur milieu, se propagent et se généralisent. Il importe, en tout
ordre de faits, de rechercher et de définir nettement le
vrai rapport des variations et des répétitions, de l'individuel et du général. On peut poser ce principe : tout ce
qui est individuel ne parvient pas à devenir général, —
mais tout ce qui est général a commencé par être individuel. Ce principe est aussi vrai en physique et en biologie qu'en science sociale ; mais il est plus facile de le
vérifier dans cette dernière science que dans la seconde
et dans la seconde que dans la première. Cela tient à ce
que. en physique, en chimie, en astronomie, nous ne
remontons que par conjecture au commencement des
choses : nous sommes bien persuadés que la lumière
d'une étoile quelconque, à présent répandue en milliards
de vibrations similaires dans l'immensité, a commencé
par être, au moment où cette étoile est née, une étin-
celle jaillie en un petit point de l'espace ; nous supposons bien que, en admettant même que la matière soit
éternelle, ses formes particulières, l'oxygène, l'azote,
l'hydrogène, n'ont pas toujours été, et que chacun de ces
corps, aujourd'hui disséminés dans tous les globes célestes où ses molécules répètent identiquement depuis

des siècles les mêmes mouvements périodiques, a dû
commencer par naître quelque part d'où il est allé se
propageant, comme naît quelque part exceptionnellement, dans le laboratoire d'un de nos chimistes, un corps
nouveau, inédit encore dans toute la nature, qui bientôt,
s'il est utile à nos besoins, se vulgarisera sur toute la
terre. Nous conjecturons cela, je le répète, et nous
sommes même forcés de le conjecturer, mais notre observation ne nous montre point la confirmation palpable
de nos hypothèses. En biologie, déjà, nous sommes plus
heureux : nous ne pouvons plus douter ici qu'une espèce animale ou végétale, maintenant reproduite en
exemplaires innombrables sur un ou plusieurs continents, n'ait commencé par se former en un canton
étroit, en un coin du sol, où, née n'importe comment par
fixation d'une variété individuelle, d'une anomalie féconde, fruit d'un croisement par exemple, ou par sélection d'une suite de variétés individuelles accumulées,
elle a suscité une nouvelle harmonie vivante, d'abord
infiniment restreinte, bientôt multipliée à l'iufini. Quoi
qu'on fasse, il faut toujours pour expliquer la genèse
des espèces — à moins d'admettre héroïquement avec
Agassiz que dès le premier jour, les chênes ont été des
forêts, les fourmis des fourmilières, les hommes des
nations, —il faut toujours partir de variétés individuelles,
d'originalités vivantes et exceptionnelles, d'inventions
de la vie, incarnées primitivement en un être à part. Et
ici nous pouvons déjà invoquer quelque peu l'expérience ; car n'est-ce pas de la sorte que les races artificielles de plantes et d'animaux provoqués par l'originalité
de nos jardiniers et de nos éleveurs éclosent et se propagent ?

Ce n'est qu'en sociologie, cependant, que la vérité de

ce point de vue éclate sans nulle ombre ; dans le monde
social, nous voyons souvent naître et sourdre sous nos
yeux ces faits singuliers et capitaux qui sont la source
de tout progrès, je veux dire ces initiatives individuelles,
ces impulsions premières, en un seul mot, ces inventions qui, dues au génie ou à l'ingéniosité d'un homme,
célèbre ou obscur, parfois anonyme, ou à une suite d'inventeurs successifs et collaborateurs parfois inconscients,
vont ensuite se vulgarisant dans un canton, dans une
province, dans un empire, sur le globe entier. Entrez
dans une maison quelconque, appartement parisien,
chaumière rustique, hutte sauvage, dans la tente même
du nomade, vous y verrez des meubles, des armes, des
outils, des ustensiles domestiques, des vêtements, vous
y assisterez à des exercices religieux ou à des travaux
professionnels, manuels ou intellectuels, vous y enten-
drez des conversatious ou des chants, des prières à un
dieu, ou des leçons à des enfants, le tout conformément
à des mœurs, à des coutumes, à des manières, à des
lois qui ont cours dans un pays plus ou moins vaste depuis un temps plus ou moins long. Et tout cela, qui est
maintenant général dans cette région, a commencé par
être singulier et individuel : un érudit pourra vous dire —
assez fréquemment où, à quelle date, a été fabriquée la
première de ces pendules qui sont sur toutes les chemi-
nées aujourd'hui, la première de ces chemises que tout
le monde porte ; il vous dira aussi bien où a été créée
cette race de chiens, de chevaux, de bœufs qui remplis-
sent toutes les écuries et toutes les étables ; quelle est
l'humble origine de tel rite, de tel sacrement, de telle
prière, maintenant à l'usage de millions de croyants ;
de quel canton de la Galilée, de la Grèce, du Latium,
procèdent tel texte de loi, telle maxime de morale en

vigueur dans tout le monde civilisé ; quel est le coin du globe, un petit plateau asiatique, par exemple, où telle racine verbale, telle forme grammaticale, à présent répétée par des millions de bouches qui se la sont transmise fidèlement de père en fils avec une exactitude prodigieuse d'imitation, a été inaugurée on ne sait par qui, mais par quelqu'un certainement, à une époque reculée. Quand il s'agit de créations plus récentes, nous pouvons nommer l'individu qui les a produites, et préciser les circonstances dans lesquelles il les a enfantées. Nous savons qui a lancé dans la circulation tel mot d'argot, telle métaphore réussie ; nous savons quel a été l'auteur ou quels ont été les auteurs successifs de la première de ces locomotives, du premier de ces télégraphes, qui couvrent la terre entière de leur réseau de rails ou de fils de fer ; quelles bouches les premières ont émis ces idées démocratiques, ces idées socialistes, qui sont en train de révolutionner le monde, et dont quelques-unes s'y implanteront à demeure ; et que c'est le cerveau d'un Newton qui, tel jour, a conçu une loi fondamentale de l'univers, à présent éditée à millions d'exemplaires dans l'esprit de tous les hommes tant soit peu cultivés. Il n'est donc point douteux que, socialement, tout ce qui est général a d'abord été individuel ; et, si ce principe a été contesté, très souvent, si même il a été nié avec conviction au profit d'explications superficielles, chimériques, purement verbales, ce n'a pu être qu'à la faveur de notre ignorance fréquente des origines, quand il s'agit d'institutions très antiques dont les sources se dérobent à nos regards dans la brume du lointain passé. Dans dix mille ou dans cent mille ans, il pourra se trouver des archéologues qui, découvrant partout les mêmes débris métalliques de rails, de locomotives, de télégraphes, comme

nous découvrons partout les mêmes vestiges de l'âge de
bronze ou de la pierre polie, jugeront philosophique
d'expliquer ces similitudes par un concours d'agents inconscients, par une action spontanée de l'âme des foules,
du milieu social, ou de tout autre entité, et relégueront
parmi les mythes, la légende d'un Papin, d'un Watt,
d'un Ampère, d'un Edison, simple personnification de
facteurs collectifs et impersonnels, conceptions enfan-
tines d'un individualisme étroit.

Je me hâte d'ajouter, pour prévenir une facile objection,
que sans un concours d'innombrables aides disséminés
dans la foule ambiante, ni l'apparition d'un inventeur, —
ni son succès ne seraient concevables. L'invention la
plus originale n'est jamais qu'une synthèse d'inventions
antérieures ; et sa propagation n'est possible que par ce
qu'elle se présente comme une réponse heureuse à des
questions déjà posées, à des besoins déjà nés. Mais c'est
outrer et fausser cette vérité que de l'exprimer en
disant qu'un homme de génie est la simple résultante
des aspirations ou des besoins d'un peuple et qu'il vient
toujours à son heure. D'une part, il ne suffit pas de l'appeler pour qu'il vienne : il faut que du fond obscur de la
vie, du croisement des variations individuelles qu'elle
suscite, et d'une suite d'heureux mariages, il jaillisse une
variété géniale adaptée au désir populaire. Les Aztèques
et les Incas avaient beau avoir besoin d'animaux domestiques autre que le lama, d'écriture alphabétique, de
bateaux propres à la navigation maritime, ils ont dû se
passer, tout demi-civilisés qu'ils étaient, de ces choses
nécessaires, parce que leur race n'a fourni aucune individualité assez haute pour en concevoir et en réaliser
l'idée. L'empire romain aurait eu le plus grand besoin de
l'invention de la poudre pour repousser les barbares.

D'autre part, le génie vient souvent sans être appelé. Et alors qu'arrive-t-il ? Ou bien il est méconnu, et le germe de la découverte, enfoui quelque part dans quelque bibliothèque, attendra les exhumations de l'avenir, à moins qu'il n'avorte à jamais. Ou bien cet homme que nul n'appelait a le don de provoquer, par son apparition même, l'appel auquel il est censé répondre, le besoin auquel il offre une satisfaction qui, en le satisfaisant, l'éveille ou le stimule. Par exemple, ce besoin de lire des journaux, qui est si tyranique et si universel à l'heure actuelle, d'où vient-il, si ce n'est de l'invention de l'imprimerie qui l'a suscité peu à peu pour le satisfaire de plus en plus ? Sous l'Empire romain, comme l'a montré M. Boissier, il a existé des espèces de journaux manuscrits, mais, précisément parce que cette presse n'était pas susceptible de développement, faute de moyens mécaniques d'édition rapide, la curiosité publique ne réclamait rien de pareil et se tournait ailleurs. Dans ce cas, est-il exact de dire que l'homme de génie est venu à son heure ? Il est plutôt vrai qu'il a avancé (ou retardé) l'aiguille de la pendule et qu'il a fait l'heure à son gré, dans une certaine mesure du moins. Sans doute, un besoin, même le plus artificiel et le plus *luxueux*, n'est viable et durable, il ne compte socialement, qu'autant qu'il a son fondement dans les besoins primitifs de l'organisme, courant fécond dont il n'est jamais qu'un petit canal dérivé, dirigé ici ou là, et porté à des niveaux supérieurs par une série de *norias* pour ainsi dire, d'élévateurs mus par la force de l'éducation et de la culture. Mais cette canalisation et cette sublimation, cette spécification et ce raffinement de besoins fondamentaux, sont susceptibles de mille directions différentes, de mille degrés différents d'élévation ; et ce sont les inventeurs an-

ciens ou nouveaux qui ont été les ingénieurs chargés de
ce travail d'irrigation séculaire. Dans les limites imposées
par les nécessités organiques, les particularités de la race,
et aussi par les ressources du climat, ces ingénieurs ont
joui d'une assez grande latitude, et, si elle est restreinte
pour chaque inventeur nouveau, c'est parce que les inventeurs anciens, oubliés, dont les bonnes idées accumulées sont tombées dans le domaine public, ont déterminé
une impulsion générale, avec laquelle leurs successeurs
doivent compter s'ils veulent réussir. Pourquoi le besoin
de boire est-il devenu ici le besoin de boire de la bière,
ailleurs du vin, ailleurs du thé, du maté, du cidre, de telle
sorte qu'un brasseur qui essaierait d'introduire une
nouvelle et meilleure manière de fabriquer la bière dans
un pays accoutumé au thé ou au vin, un viticulteur qui
découvrirait un nouveau et meilleur cépage dans un
pays habitué à la bière quoique propre à la culture de la
vigne, n'aurait aucun succès ? Demandez-en la cause,
non pas seulement au climat qui a circonscrit dans certaines vagues frontières les diverses cultures, mais aussi
et surtout à l'influence traditionnelle de quelques ancêtres très reculés, de quelques Noë ou de quelques Bacchus régionaux. C'est parce que l'Amérique, avant
l'arrivée des Européens, n'avait pas eu de Bacchus ni de
Noë qu'on n'y connaissait point le vin, même dans les
nombreuses régions où la vigne poussait à l'état sauvage.

Pourquoi le besoin organique de se défendre contre
les intempéries est-il devenu le besoin social de se vêtir
de fourrures ici, ailleurs de lainage, ailleurs de soieries
et de cotonnades, et d'endosser ici le pagne, là le pan-
talon, ici la toge antique, là le burnous ? et pourquoi les
commerçants qui viennent importer chez un peuple de

nouveaux vêtements, doivent-ils se conformer dans une certaine mesure, pour les réformer, aux habitudes des populations, jusqu'à ce qu'ils aient fait naître dans un groupe de celles-ci, comme au Japon, un désir révolutionnaire d'adopter les modes étrangères ? Demandez-le pareillement à cette série d'ingénieux ancêtres, presque tous inconnus, qui ont imaginé et perfectionné par degrés l'art de chasser, et de conserver les peaux de bêtes, l'art d'élever le mouton, le ver à soie, le coton, de carder, de filer, de tisser ; demandez-le aussi à ces coupeurs anonymes du lointain passé qui ont mis à la mode des coupes de vêtement consacrées peu à peu en coutumes nationales. Je sais bien que les diversités du climat ont joué un rôle dans la transformation du vêtement, mais elles n'ont été que les données du problème dont l'ingéniosité des inventeurs a dû chercher la solution, très variable de l'un à l'autre ; et la preuve que ces conditions physiques, indirectement provocantes, n'expliquent rien directement, c'est que l'industrie des Européens est en train de nos jours de substituer sur toute la terre, d'un bout à l'autre de l'Afrique comme du nord au sud de l'Amérique et de l'Asie, ses tissus et ses coupes d'habits à toutes les étoffes et à tous les costumes locaux.

Pourquoi le besoin organique de se divertir, est-il devenu le besoin social ici de jeux de paume, là de gymnastique, ailleurs de tournois, de combats de taureaux ; ou bien le besoin d'entendre des chants d'aèdes grecs et de trouvères français, de la musique sacrée, des mystères, des tragédies classiques, des drames, des comédies de mœurs ? La réponse sera la même, et aussi vraie, avec un degré plus marqué d'évidence. Les prédilections du goût national, en fait de plaisirs publics et en fait d'arts, ne sont que très vaguement provoqués par les sol-

licitations du tempérament et du climat ; et ces provoca-
tions resteraient stériles sans les déterminations précises
qu'y viennent apporter successivement les hommes mar-
quants, les initiateurs admirés, les poëtes et les artistes de
génie. Chacun de ceux-ci en apparaissant, a eu à satisfaire,
même en le modifiant, un goût public déjà établi, mais
établi par qui ? Par ses innombrables prédécesseurs. Et,
pour avoir l'idée de la manière dont ceux-ci ont formé ce
goût, il nous suffit de voir la puissance dont disposent
ces nouveaux génies, connus et célèbres ceux-là, pour le
réformer ou le transformer. On sait à quel point le génie
particulier d'un Shakspeare a influé sur le goût anglais, —
d'un Virgile sur le goût latin, d'un Racine, d'un Lafon-
taine, d'un Molière, d'un Voltaire sur le goût français.
N'est-il pas frappant que les innovations d'un Wagner,
heurtant d'abord les habitudes invétérées de l'oreille mu-
sicale et du jugement esthétique, aient fini par se faire
applaudir ?

Ce qui vient d'être dit des inventeurs, artistes, industriels, hommes d'Etat, qui ont manié, utilisé, canalisé, en
même temps qu'ils l'ont suivi, le grand courant du Désir,
peut être dit aussi bien des inventeurs, ou plutôt des découvreurs, savants, théologiens, philosophes, qui ont
exercé une action pareille sur un autre grand courant,
en partie indépendant du premier, le fleuve de la Croyance.
Quand une découverte est apportée chez un peuple suffisamment intelligent et qu'elle n'y est accueillie, c'est-à-
dire crue, par personne, si démontrée ou si plausible
qu'elle soit, il serait puéril d'expliquer la chose par la
conformation du cerveau de ces indigènes ou la nature
de leur habitat ; cela tient tout simplement à ce que cette
idée nouvelle est jugée en contradiction avec les
croyances déjà assises et consolidées dans l'esprit de ces

gens-là, mais pourquoi y sont-elles ? Parce qu'elles y ont été semées, à des époques plus ou moins anciennes, par quelques semeurs illustres, fondateurs de religion ou apôtres, mystiques découvreurs et manieurs de foi. La résistance longtemps opposée par les nations chré tiennes à la propagation des découvertes de Keppler et de Galilée n'était, au fond, que la lutte de ces découvreurs nouveaux avec les découvreurs anciens, pères de l'église grecque et latine, qui ont fondé et coordonné les dogmes chrétiens. De même quand, dans un monde de savants ou d'hommes instruits, de nouvelles théories scientifiques, même très fortement appuyées de faits, ont peine à se faire accepter, c'est que leurs auteurs sont aux prises avec les auteurs anciens des théories accréditées.

V

Ces exemples pourraient être multipliés à l'infini ; ceux qui précèdent suffisent pour montrer les vrais rapports de l'individuel et du général, des variations et des répétitions dans les sociétés. Ces rapports, nous le voyons clairement, sont les mêmes ici que dans le reste de la nature : d'une part, tout ce qui est singularité individuelle, combinaison nouvelle ne parvient pas à se propager, à se généraliser, mais d'autre part, tout ce qui est répandu et généralisé à un moment donné a toujours commencé par être un fait singulier, comparable à une invention. Et ajoutons que, dans le monde social comme dans le monde vivant et le monde physique, nous voyons les variations qui se répètent former seules le domaine propre de la science, tandis que les variations qui ne se répètent pas, ce qu'il y a de fugitif, d'unique, d'à jamais irretrouvable dans l'expression de la physionomie changeante des choses et des êtres, paysages, portraits, scènes historiques, est l'apanage le plus précieux de l'art, qui a le don de changer en or ce rebut, d'éterniser ces éphémères. Quant à la philosophie, confluent à la fois de la science et de l'art, elle embrasse dans sa complexité souveraine ces deux grandes faces du réel. Voilà donc la sociologie, à ce point de vue, réintégrée sans nulle difficulté dans le chœur des autres sciences ; et, en même temps, affranchie de toute servitude à l'égard de celles-ci, préservée de toute atteinte à son originalité propre. Elle n'a plus besoin de s'asservir à la biologie, de se donner une couleur scientifique en empruntant à celle-ci ses méthodes et ses cadres, son vocabulaire même, en prodiguant les métaphores abusives tirées de l'anatomie ou de la physiologie, en imaginant les transformations historiques des sociétés comme semblables au développement d'un germe qui, à travers un cycle de phases embryonnaires, rigoureusement prédéterminées, parvient à l'état adulte, à la vieillesse et à la mort, après s'être reproduit en un nouveau germe qui suivra le même chemin. Non, il n'est pas nécessaire, pour constituer la science sociale, de concevoir de la sorte l'évolution des sociétés, dont la formule serait comparable à ces itinéraires réglés d'avance que les compagnies de chemin de fer proposent et imposent aux touristes enfermés dans un invariable circuit. Ce n'est pas que je réprouve la méthode d'analogie et de comparaison, dont j'ai fait un grand usage. Mais ici, disons-le en passant, on a mal choisi les termes de la comparaison. L'analogue d'un *être* vivant, qui se reproduit conformément à une formule d'évolution constante, ce n'est pas une nation prise dans son ensemble, ou considérée suivant l'un de ses grands côtés généraux, langage, gouvernement, religion etc. Le pendant social de l'être vivant, c'est une *œuvre* produite par un ouvrier ou même par un artiste, c'est un discours prononcé par un orateur suivant certaines règles de rhétorique, une tragédie classique, une messe, une cérémonie, la fabrication d'une locomotive par une série réglée d'opérations, et son emploi jusqu'à son usure définitive, etc. Ici, il y a enchaînement rigoureux et recommencement indéfini de phases. Mais si l'on cherche la série des *espèces d'œuvres* successives, c'est-à-dire l'enchaînement des inventions successives, d'où chacune de ces espèces d'œuvres est née, c'est à la succession des espèces vivantes qu'il faudra les comparer, à cet arbre généalogique si pittoresque, si irrégulier, si tourmenté, si accidenté, que les paléontologistes ont tant de peine à nous dessiner, et où une certaine direction générale de développement, pénible et tortueuse, ne se démêle qu'à travers des reculs, des complications, des avortements continuels.

Quoi qu'il en soit de ces analogies, est-il donc nécessaire, pour qu'il y ait une science astronomique ou une science géologique ou une science chimique, que l'on conçoive tous les systèmes solaires du firmament comme contraints à traverser les mêmes périodes de formation, toutes les planètes comme forcées d'endosser la même série de vêtements superposés, de couches, de faunes et de flores successives, et toutes les évolutions chimiques de l'univers (s'il en est d'autres, dans l'immensité, que celles dont les substances à nous connues sont les produits sans doute successifs) comme astreintes à se dérouler dans un même ordre ? Ce sont là des problèmes pour la plupart insolubles, en toute rigueur du moins ;

et la solution la plus plausible ne paraît pas celle qui
justifierait les prétentions des évolutionnistes *unilinéaires*.
Du reste, rien ne nous oblige à les résoudre, et nous
savons qu'il y a science constituée en un ordre de faits
quelconques quand nous sommes parvenus à y saisir des
faits généraux liés entre eux, c'est-à-dire des groupes de
faits semblables qui se répètent, groupes qui s'accrois-
sent ou décroissent et dont les accroissements ou les diminutions, susceptibles de l'application du nombre et du
calcul, se présentent comme solidaires les uns des autres,
en rapport direct ou inverse. Ces groupes de faits similaires, qu'est-ce autre chose que des quantités? Quantité,
ce n'est au fond, que répétition et similitude, autrement
dit fait général ; et partout où il y a quantité, il y a
science. Il semble, à la vérité, que la notion de quantité
ne se réalise en son type le plus pur que dans les sciences
physiques, mais peut-être n'est-ce qu'une illusion. En
tout cas, ici comme ailleurs, elle se résout toujours en
répétitions groupées. Le poids d'une substance chimique
donnée, d'un volume d'oxygène ou d'azote, n'est que le
groupe plus ou moins nombreux des molécules similaires
qui le composent ; la chaleur d'un corps consiste dans le
groupe plus ou moins nombreux des vibrations calorifiques plus ou moins volumineuses et rapides dont il est
agité. La vitalité d'un tissu animal ou végétal, du tissu
musculaire, muqueux, etc., est aussi une quantité qui
consiste en une multiplication de cellules toutes pareilles. Enfin, quand la statistique sociale porte sur des
actes ou des produits humains semblables entre eux,
comme elle devrait le faire toujours, et ne groupe pas des
choses hétérogènes, comme elle le fait trop souvent, ses —
courbes revêtent des hausses et des baisses numériques
comparables aux précédentes, et le parallélisme ou l'in-

version de ses diverses courbes ont une signification analogue à celle des corrélations de quantités exprimées par les formules des physiciens ou les remarques des naturalistes.

Toute science suppose donc, avant tout, des quantités, des répétitions, mais des quantités, des répétitions qui lui sont propres, et qui s'ajoutent, comme éléments de ses formules, aux quantités, aux répétitions de la science ou des sciences qui lui sont inférieures. Cela veut dire d'abord qu'il y a un mode de répétition qui est spécial aux phénomènes physiques ; un autre qui est spécial aux phénomènes vivants ; un autre qui est spécial aux phénomènes sociaux. L'autonomie de la science sociale sera donc assurée si l'on montre qu'elle a un mode de répétition bien à elle. — Qu'est-ce que la répétition proprement physique? C'est une périodicité ondulatoire ou gravitatoire de mouvements : l'ondulation, en effet, et la gravitation, sont des successions de mouvements périodiques, de va-et-vient très petits ou très grandioses, peu importe, et de va-et-vient rectilinéaires ou elliptiques qui, malgré la prodigieuse dissemblance de leurs dimensions, peuvent être rattachés les uns aux autres comme deux espèces d'un même genre. Une ligne droite peut être regardée comme une ellipse indéfiniment allongée. Quand une pierre tombe dans l'eau, les molécules d'eau qu'elle touche après s'être enfoncées, remontent au-dessus de leur niveau primitif et continuent longtemps autour de leur position d'équilibre, cette suite d'oscillations verticales qui, sans l'usure du frottement, seraient éternelles ; en même temps, elles propagent latéralement ce mouvement oscillatoire, mais qui va en s'affaiblissant assez vite. Or, une planète qui gravite ne fait aussi qu'osciller, mais oscille elliptiquement autour de son centre solaire, s'enfonçant tour à tour sous lui et remontant au-dessus de lui, sans jamais s'arrêter (parce qu'ici l'usure du frottement n'est pas perceptible); et, pour continuer la comparaison, la gravitation de chaque planète, en même temps qu'elle se poursuit indéfiniment se reflète et se multiplie autour d'elle, dans le mouvement des corps voisins qui reproduisent son image très affaiblie sous forme de perturbations périodiques (1).

Je ne veux pas insister ; cela suffit à montrer qu'il n'est pas téméraire d'embrasser dans une même généralisation les ondulations physiques et les gravitations astronomiques, et qu'il est loisible, pour abréger, de donner le nom d'ondulation aux deux. — Quant aux

(1) Dans son *traité d'astronomie,* Herschell pose le principe suivant, dont il montre les applications dans la solidarité intime qui lie entr'elles les innombrables perturbations des corps célestes de notre système solaire :

« Si dans un système dont les parties sont unies par des liens matériels ou par leurs attractions mutuelles, l'une des parties est maintenue continuellement par une cause quelconque (étrangère au système ou inhérente à sa constitution) dans un état de mouvement périodique et régulier, *ce mouvement se propagera dans tout le système et donnera naissance en chaque partie à des mouvements périodiques* dont les périodes auront la même durée que celle du mouvement originaire, quoique les oscillations ne soient pas nécessairement synchrones ou que leurs instants de *maxima* et de *minima* ne coïncident pas nécessairement. » Cela se vérifie, par exemple, par la comparaison entre la mutation de l'axe de la terre et le mouvement des nœuds de la lune et, plus manifestement encore, dans le phénomène des marées, oscillations dépendantes de la gravitation de la lune autour de la terre.

Les petits mouvements périodiques produits de la sorte par des actions dites perturbatrices, dans le système solaire sont des espèces d'ondes qui dentellent l'onde principale appelée leur orbite. La comparaison est de Herschell lui-même.

Le système solaire au point de vue de ses mouvements peut être considéré comme un enchaînement de mouvements périodiques qui se multiplient et se compliquent indéfiniment.

substances chimiques, substrats de ces mouvements terrestres ou célestes, leurs molécules ne sont elles-mêmes, suivant les hypothèses les plus plausibles, que des mouvements périodiques très compliqués, enchaînements et enchevêtrements d'invisibles ondes retenues en d'infinitésimales orbites.

Et qu'est-ce que la répétition proprement vitale ? C'est la nutrition, par laquelle se reproduisent les cellules des tissus dans chaque individu vivant ; et c'est la génération, par laquelle se reproduisent les individus de chaque espèce. La nutrition n'est d'ailleurs qu'une génération intérieure ; et les deux termes peuvent sans inconvénient se confondre dans ce dernier. — Ce mode de répétition est la caractéristique de l'être vivant ; car on a beau être simpliste et incliner aux explications mécanistes du mystère de la vie, il est impossible de ne voir dans un animal ou une plante qui naît, grandit, vieillit et meurt, et engendre avant de mourir un être semblable voué au même destin, autre chose qu'une onde plus complexe qui croît et décroît et se reproduit en d'autres ondes pareilles. Il y a assurément, dans la génération, quelque chose — nous ne pouvons dire quoi, mais nous le sentons bien — qui n'est pas résoluble en une simple communication de mouvement. Voilà pourquoi la biologie est une science autonome, indépendante jusqu'à un certain point de la physique, quoique les forces physiques, ondes calorifiques, lumineuses, électriques, sonores, vibrations moléculaires quelconques, y jouent un grand rôle, le rôle d'instruments indispensables à des fonctions supérieures.

VI

Maintenant, quelle est la répétition proprement sociale ? Nous l'avons déjà dit : c'est l'imitation ; c'est l'impression mentale à distance par laquelle un cerveau reflète en un autre cerveau ses idées, ses volontés, même ses manières de sentir. S'il vient à être démontré que c'est là, en dépit d'exceptions ou d'objections simplement apparentes, le fait social élémentaire et universel, on ne niera pas, je suppose, l'autonomie de la science sociale, puisque, sans nulle doute possible, l'imitation ne saurait être ramenée ni à la génération, ni à l'ondulation. Ce qui n'empêche pas ces deux derniers modes de répétition, les facteurs vitaux et physiques comme on dit, la race et le climat, d'influer grandement sur la direction des courants d'imitation, et d'avoir ainsi en sociologie une importance considérable, mais auxiliaire et subordonnée.

Il sera facile de prouver bientôt que l'imitation est impliquée dans toutes les relations sociales quelconques, qu'elle est le rapport commun de ces rapports. — Mais disons d'abord qu'on peut classer ceux-ci en un certain nombre de catégories : rapports linguistiques, rapports religieux, rapports scientifiques, rapports politiques, rapports juridiques et moraux, rapports économiques, rapports esthétiques. Et chacune de ces catégories peut être résumée en un couple de mots corrélatifs l'un de l'autre : parler et écouter, catéchiser et être catéchisé, prier et être prié (ici le rapport social est réputé exister entre le fidèle et son Dieu), — enseigner et être enseigné, — commander et obéir — avoir droit sur quelqu'un et être obligé envers quelqu'un — produire et consommer, vendre et acheter, — chanter et entendre chanter, peindre des tableaux et les regarder, composer des vers et les lire, etc. Il y a toujours, on le voit, dualité de l'actif et du passif, car il s'agit toujours, élémentairement, en dernière analyse, de l'action d'un homme sur un autre homme ou sur d'autres hommes qui la subissent, sauf parfois, souvent même, à agir ensuite sur lui réciproquement.

Or, si nous prenons à part chacun de ces rapports élémentaires, nous verrons qu'il consiste en un groupement particulier d'actions mécaniques, physiologiques et psychologiques et (1) que les actes mécaniques et physiologiques ainsi qu'une partie de l'opération mentale sont très différents de l'un à l'autre, mais que, en tous, il y a psychologiquement une commune substance pour ainsi parler, à savoir une croyance ou un désir transmis d'esprit à esprit. La nature de la chose crue ou désirée, c'est-à-dire les sensations en lesquelles elle se résout, diffère d'une catégorie à l'autre, mais le croire, le désirer sont des quantités et des forces de l'âme qui, en dépit de la diversité de leurs points d'application sensationnels, demeurent toujours les mêmes, ne diffèrent qu'en degré et, comme les quantités extérieures, sont susceptibles de parcourir une double échelle de degrés positive ou négative, de zéro à l'infini, sans changer essentiellement de nature. L'intensité de l'affirmation d'une chose peut descendre de la conviction parfaite, à travers tous les degrés de probabilités, jusqu'au doute absolu, puis devenir la négation de cette chose, dont l'intensité s'élèvera peu à peu jusqu'à la conviction de nouveau parfaite, jusqu'à ce qu'on appelle la certitude. L'intensité du désir d'une chose peut descendre de la passion profonde au simple caprice, à l'indifférence, pour

---

(1) Par exemple le *parler* suppose les contractions de la glotte, les mouvements de la bouche et de la langue, les vibrations de l'air combinées avec les fonctions spéciales du cerveau ; l'*écouter* suppose les vibrations de l'air, le bon fonctionnement du tympan, etc.

devenir la répulsion légère, forte, passionnée, de cette même chose.

Il est nécessaire de marquer, dès le seuil de la sociologie, ce caractère si remarquable, qui, dans le champ de la conscience individuelle. réputé le domaine du *sui generis*, de l'unique en soi, de l'incomparable, de la qualité pure, permet de démêler deux réalités homogènes, identiques à elles-mêmes, non seulement d'un état à un autre état du même esprit, mais d'un esprit à un autre. C'est par là, en effet, et par là seulement, que la psychologie peut s'extérioriser et se transformer en sociologie. Si les divers *moi* étaient aussi hétérogènes qu'on le suppose quelquefois, s'ils ne contenaient rien que d'hétérogène de l'un à l'autre, comment pourraient-ils se transmettre et se communiquer n'importe quoi ; et, sans nulle communication, sans rien de commun, comment pourraient-ils s'associer, former un *nous* ? Et en admettant, par impossible, que la juxtaposition de ces *moi* hétérogènes donnât lieu à un groupement d'apparence sociale, quelle science y aurait-il à tirer de l'observation et de la comparaison de ces diverses associations non comparables entre elles, composées de faits dissemblables et sans lien entre eux ? La psychologie collective, donc, la psychologie *inter-cérébrale*, la sociologie, n'est possible que parce que la psychologie individuelle, *intrà-cérébrale*, renferme des éléments, transmissibles et communicables d'une conscience à d'autres, susceptibles de se souder et de s'ajouter entre eux, malgré l'hiatus irréductible des personnes, pour former des forces et des quantités vraiment sociales, courants d'opinion ou entraînements de passion populaire, énergie tenace des traditions ou des coutumes nationales.

Il y a, ai-je dit, en tout rapport social élémentaire,

transmission ou essai de transmission d'une croyance ou d'un désir. Pour s'en assurer, il suffit de jeter un coup d'œil sur la série des rapports énumérés plus haut. Toute parole exprime un jugement ou un dessein, une idée ou une volonté, et tend à persuader ou à conseiller, à enseigner, ou à commander. Il en est ainsi de toutes les variétés religieuses ou scientifiques, politiques ou juridiques de la parole, de l'instruction cléricale ou laïque, et aussi bien de la prière, d'un décret ministériel ou d'un texte de loi. Tout livre, tout journal, est essentiellement persuasif ou impulsif, dogmatique ou impérieux. Tout travail producteur, tout étalage commercial, tend à suggérer un désir de consommation ou d'achat, et même le plus souvent, à faire naître par une insinuation inaperçue et d'autant plus efficace, un jugement porté sur l'utilité du produit offert, une foi plus ou moins inconsciente à une promesse de bien-être dont il est l'expression. Cela est encore plus évident du travail artistique, qui excelle aux irrésistibles suggestions d'une idée ou d'un idéal nouveau, d'une nouvelle conception de la vie, et ne donne pas un coup de pinceau ni un coup d'archet qui ne soit une invitation illusoire à un bonheur nouveau, inespéré, parfait.

Il importait de reconnaître, dès maintenant, ce double fond commun de toutes les âmes, ce double milieu intérieur où elles plongent et qui les traverse incessamment dans leurs continuels échanges. C'est là la dualité psychologique et sociologique fondamentale. Mais, si c'est par le transvasement de ces deux énergies que toutes les communications d'âme à âme se ressemblent, elles diffèrent étrangement par leur forme, grâce à la combinaison d'un élément *sensationnel*, caractérisé, spécifique, avec ces quantités intimes. Une croyance spécifiée en idée, en jugement précis, en désir spécifié, en acte ou en besoin déterminé : voilà ce qui est colporté de conscience en conscience par l'imitation.

Revenons à ce phénomène. Qu'est-ce que l'imitation ? C'est une action à distance d'un genre spécial exercée par un cerveau sur un autre, une empreinte mentale donnée ou reçue qui se propage de la sorte, par un mode de contagion absolument différent de cette transmission de mouvements périodiques qui se produit quand deux substances chimiques sont en train de se combiner, et de cette transmission de phases vitales réglées qui s'opère, quand, d'un ovule fécondé qui se multiplie, sort un être vivant en train de grandir. Cette empreinte mentale a deux caractères : d'abord, elle est une empreinte, une reproduction exacte de l'articulation verbale, du rite religieux, de l'acte commandé, de l'idée enseignée, du procédé industriel ou artistique appris, de la vertu ou du vice inculqués, du modèle quelconque dont elle est la copie, du cliché dont elle est le tirage devenu cliché à son tour ; en second lieu, elle est mentale, spirituelle, psychologique essentiellement. D'où l'impossibilité d'expulser la psychologie de la science sociale, comme on l'a tenté au mépris de toute évidence, et l'inutilité de chercher un fondement autre à la sociologie.

J'ai dit que l'imitation est le fait social élémentaire et caractéristique. Il est temps de s'expliquer sur la portée de cette proposition. Les membres d'une société n'ont pas que des rapports sociaux : les rapports du nourrisson avec sa mère ou des sexes entre eux sont biologiques ; les rapports des individus qui dans une foule compacte se pressent, se foulent et tombent sans le vouloir les uns sur les autres sont mécaniques et physiques. Mais leurs rapports proprement sociaux sont tous imitatifs ou for-

4

més par imitation, et, partout où il y a imitation même
entre des hommes appartenant à des sociétés différentes,
même entre l'homme et les espèces animales domesti-
quées par lui, même entre les individus des espèces animales justement appelées sociables, il y a société ou
commencement de société. Chaque fourmi, chaque
abeille, est dirigée dans ses mouvements par l'exemple
des autres, et elles se règlent ensemble sur un chef : en
tant qu'une impulsion instinctive les meut indépendamment les unes des autres, elles ne forment qu'un agrégat
vivant ; en tant qu'elles se copient, qu'elles suivent docilement, parfois, les initiatives heureuses, j'allais dire les
inventions, de quelques-unes d'entre elles plus géniales
que les autres, elles forment un vrai groupe social. Quand
le chien sympathise avec son maître, quand il reflète ses
douleurs ou ses joies, il commence à entrer en rapport
social avec lui, beaucoup plus que lorsqu'il sert de simple
instrument à ses desseins de chasse. Quand le rapport
d'assistance mutuelle ou unilatérale en effet, existe entre
des êtres, fût-ce entre des hommes, qui n'ont pas entre
eux de similitudes nées de l'imitation, il est insuffisant à
les rendre sociétaires. Si, à mesure que des classes
d'hommes se sont plus nécessaires mutuellement, se
rendent plus de services, elles deviennent plus dissemblables les unes aux autres par l'hétérogénéité des types
qui leur servent de modèle, par le langage, par le culte,
par la conduite et les mœurs, par la nature des travaux
et des goûts, ces classes, en dépit de leur mutuelle utilité
croissante, mais à raison de leur similarité imitative décroissante, tendent à former des sociétés de plus en plus
distinctes. La force et l'étendue du lien social, entre sociétaires, sont en raison du nombre et de l'importance
des types, des clichés, des modèles qui leur sont communs,

c'est-à-dire des inventions, des initiatives individuelles
anciennes ou récentes d'où dérivent pareillement par propagation imitative, leurs façons de parler, même quand
ils se contredisent, leurs façons de prier ou de sacrifier
à leurs dieux, même quand ils s'anathématisent, leurs
façons de travailler, même quand ils se font concurrence,
leurs façons de comprendre le devoir, même quand par
devoir ils s'entre-tuent.

Certainement, dans une société établie, dans la société
même la plus étroite, ceux qui se parlent ne parviennent
pas toujours à se persuader réciproquement, et il y a
beaucoup de personnes qui, au lieu de chercher à en imiter certaines autres, à reproduire leurs coupes de vêtements, leurs gestes, leurs habitudes, leurs expressions,
leurs idées, prennent à tâche de résister à cette contagion ou ne la ressentent même point. Est-ce là une objection à ce qui a été dit plus haut, une exception à la
règle ? Nullement. En tant que ces personnes sont réfrac-
taires à l'imitation de l'une par l'autre, à la reproduction
sympathique de leurs états d'âme, elles tendent à se dis-
socier ; et si, malgré cela, elles restent associées, c'est
dans la mesure où leurs cerveaux, bien qu'ils se refusent
à s'empreindre l'un l'autre, portent l'empreinte des
mêmes cerveaux d'ancêtres ou de contemporains qui
leur ont transmis par coutume ou par mode les éléments
de leur langage, de leurs pensées ou de leurs actions.
L'imitation, dans ce cas, est leur lien social, non pas
direct, mais indirect, et c'est de beaucoup le plus important à considérer. La parenté sociale consiste à avoir
des modèles communs, comme la parenté vitale à avoir
des générateurs communs.

Mais demandons-nous pourquoi deux hommes, deux Européens, deux Français qui ont d'ailleurs un grand fonds

commun de modèles, reproduits dans leurs souvenirs et leurs habitudes en copies innombrables, cherchent et parviennent si souvent à ne pas se copier l'un l'autre. Quelquefois la cause en est dans une répugnance naturelle, d'ordre physique ou physiologique qui est la source de bien des antipathies inexplicables ; ces considérations ne nous regardent pas. Mettons-les à part, et nous verrons que la cause la plus fréquente, et la seule vraiment sociale, qui explique ces cas de non-imitation obstinée, consiste dans l'attrait d'un modèle contraire au modèle proposé, neutralisé par là. La vérité de cette explication est manifeste quand un peuple, à certains moments de révolution morale, se détache de ses traditions et se met à repousser ses anciens usages, à affecter de ne plus porter les costumes de ses pères, de ne plus se modeler sur la noblesse ou sur la cour qui lui servaient d'exemple jusque-là. Ce phénomène s'est vu en France et a été en grandissant de 1761 à 1789. C'est qu'au prestige exemplaire du roi dans tout le royaume, du seigneur dans chaque village, du père dans chaque famille, s'était superposé et peu à peu substitué le prestige non moins exemplaire de nouveaux éducateurs, philosophes, écrivains, et, grâce à eux, celui de modèles étrangers, notamment la rage de l'anglomanie qui a sévi à cette époque avec une intensité inouïe. Toutes les fois qu'une coutume cesse ainsi de se propager, cela tient à l'envahissement d'une mode. Les sources de l'imitation ont changé, l'une a tari, l'autre a jailli, mais le flot a coulé toujours.

On peut voir déjà par là l'erreur des critiques qui ont regardé cette théorie de l'imitation comme propre à faire considérer l'être social comme un automate et à annihiler son individualité. L'enfant, à la vérité, naît presque automate et il ne résiste guère à la suggestion imitative, non plus que le sauvage ; mais, loin de s'enraciner dans son automatisme par l'exercice de l'imitation, c'est à force d'imiter, et d'imiter chaque jour davantage, sur les bancs de l'école notamment, de copier des modèles plus nombreux et plus divers, que d'automate peu à peu il— devient autonome. Son originalité s'alimente de ces copies accumulées, et par le choix de moins en moins forcé, de plus en plus spontané de ces modèles, il se révèle à lui-même sa propre nature distinctive, il la déploie et l'accentue. Le libre examen naît et la libre discussion, par la vertu de la lecture, de *l'application*, de l'étude, de la discipline intellectuelle. Tous les dissidents ont commencé et dû commencer par être conformistes, tous les chefs d'écoles nouvelles par être disciples.

Si la non-imitation volontaire, même persévérante, même haineuse, entre deux compatriotes sociaux, entre deux hommes appartenant à la même civilisation, ne les empêche pas d'être liés imitativement l'un à l'autre par une foule de liens indirects, de modèles traditionnels et coutumiers qui leur sont communs, on serait bien moins fondé encore à m'opposer les rapports de contre-imitation qui se produisent aussi assez souvent entre concitoyens. Certains hommes croient se distinguer.avantageusement de leurs semblables en prenant le contre-pied des exemples ambiants, des idées et des habitudes régnantes ; mais ils ne parviennent qu'à montrer par leurs efforts mêmes, la force de la contagion imitative qu'ils combattent. Leurs paradoxes ne sont que des lieux communs retournés ; leur originalité n'est qu'une banalité renversée. Une image négative n'est pas moins une image.

VII

Autre observation, et très importante ; quand, par suite
de la découverte d'une île ou d'un continent, ou de la
traversée d'un désert, d'une montagne, réputés infranchissables, deux peuples, restés jusque-là étrangers l'un
à l'autre, sont pour la première fois mis en contact, ils
sont souvent surpris des coïncidences que présentent, à
travers des dissemblances profondes, quelques-unes de
leurs institutions. Cela signifie que, sous la provoca-
tion extérieure des mêmes intempéries qu'il fallait combattre, de la même faune, ou de la même flore qu'il fallait utiliser en vue des mêmes besoins de l'organisme humain, certaines inventions, certaines initiatives à peu
près pareilles ont jailli spontanément en ces deux pays
et que, en vertu des lois de l'imitation, elles se sont propagées et généralisées en chacun d'eux. Dira-t-on que
ces similitudes imitatives en ce sens, mais constatées
entre deux pays qui, par hypothèse, ne se sont rien emprunté l'un à l'autre, dont l'un n'a point imité l'autre,
établissent cependant un lien social entre eux, et que
c'est là une objection au principe d'où je suis parti ? Tout
ce que je puis accorder c'est que ces rencontres d'institutions et d'idées, d'ailleurs toujours assez imprécises et
exagérées par les voyageurs, peuvent prédisposer les
peuples qui prennent conscience de ces ressemblances à
à entrer en rapport social, à se souder l'un à l'autre, à se
greffer l'un sur l'autre, mais, tant que ce rapport social
n'aura pas commencé, tant que cette action sociale exercée par l'un d'eux et reçue par l'autre ne se sera point réa-
lisée, par le commerce, par la propagande religieuse, par

un apostolat intéressé ou dévoué qui consiste toujours à importer des exemples, aucune relation vraiment sociale ne les unira. On n'a qu'à se rappeler les traitements infligés aux Aztèques et aux Incas par les Espagnols, malgré toutes les similitudes que ces demi-civilisations américaines présentaient avec la nôtre sous divers aspects. La Chine et le Japon avaient beau nous ressembler industriellement, juridiquement, politiquement même, — sous bien des rapports, nous n'avons commencé à regarder les Chinois et les Japonais comme des alliés possibles, comme susceptibles de former avec nous une société internationale, qu'à partir du moment où nous avons échangé ensemble nos produits, et, avec nos produits, nos exemples.

Ces similitudes non imitatives entre nations indépendantes offrent un sujet très curieux et très vaste que je n'ai pas la prétention d'explorer ici après l'avoir traité ailleurs avec quelques développements, et que je ne puis cependant côtoyer sans y aborder un instant. Elles ont servi de prétexte aux formules d'évolutions sociales que les sociologues naturalistes ont hasardées et qui, d'après eux, seraient toute la sociologie. C'est leur grand cheval de bataille. Aussi la tendance manifeste de ces savants est-elle à grossir, d'une part, le plus qu'ils peuvent, la proportion de ces similitudes spontanées en y comprenant beaucoup de similitudes importées, empruntées, et d'autre part, à réduire le plus possible l'importance de celles-ci jusqu'à dire qu'elles sont sans nul intérêt pour l'historien philosophe et que les premières seules doivent absorber son attention. Ils ont été conduits à cette grave erreur pour avoir négligé d'apercevoir la présence universelle de l'imitation en toute action sociale et sa puissance extraordinaire de propagation. N'était-ce pas aussi

pour avoir méconnu la puissance expansive de la génération, que les biologistes d'avant Darwin regardaient
comme autochtones, comme nées spontanément du sol,
bien des espèces semblables, parce qu'on jugeait impossible *a priori* que les semences eussent franchi les steppes
ou les bras de mer qui les séparaient? Donnez à la génération le temps d'agir, et il viendra un moment où une
espèce aura des variétés disséminées çà et là sur le globe
presque tout entier. Donnez à l'imitation le temps d'agir
et il viendra un moment où une arme, un outil agricole,
un procédé industriel, inventés quelque part — grattoir
en silex, massue, arc — auront fait le tour du monde.
De là, même aux époques préhistoriques où les communications étaient le plus difficiles, la diffusion si remarquable des mêmes débris d'instruments siliceux ou métalliques sur plusieurs continents à la fois. Croire à la
spontanéité de l'invention de la poterie partout où l'on
découvre des vases de terre, c'est une illusion comparable à celle des Polynésiens qui croyaient à leur autoch-
tonie dans chacune de leurs îles.

Et pourtant je viens de parler là d'une invention bien
facile, d'une idée si simple, qu'il semble qu'elle a dû
naître d'elle-même dans la peuplade la plus arriérée. De
fait, elle a dû avoir des centres multiples d'invention,
indépendants les uns des autres. S'il s'agissait d'idées
plus complexes, plus difficiles à concevoir où à exécuter,
cette multiplicité deviendrait moins probable, et dans
certains cas très improbable. Ici l'accident du génie
devient nécessaire pour que l'idée soit conçue et exécutée. Mais c'est précisément ce que ne veulent pas les sociologues qui regardent la marche des sociétés comme
un voyage circulaire, à peu près invariable pour toutes.
Imbus de cette erreur qu'il n'est pas de science sociale

possible sans cette condition, ils ont besoin de tout expliquer par des facteurs impersonnels qui annihilent l'action perturbatrice des grands hommes. Cette action les
gêne visiblement. Eliminer le génie, c'est leur préoccupation manifeste. Nous pourrions nous en désintéresser
si le génie seul, en ce grave problème, était en cause ;
mais ce n'est pas le génie seulement, c'est notre originalité individuelle, notre génialité individuelle à nous tous, —
dont l'efficacité, dont l'existence même sont mises en
question ; car tous, par quelque côté, les plus obcurs
comme les plus célèbres, nous inventons, nous perfec-
tionnons, nous varions, en même temps que nous imitons, et il n'est pas un de nous qui ne laisse son pli, profond ou imperceptible, après avoir vécu, à sa langue, à
sa religion, à sa science, à son métier, à son art. S'il
était prouvé que les grands inventeurs, les grands créa-
teurs de poésie, de mythes, de dogmes, d'arts, de sciences, ont été de simples produits de leur temps, person-
nifications illusoires de forces impersonnelles qui ont
agi par eux, qui sans eux auraient agi aussi bien ; si
cela était vrai, il serait encore plus vrai de dire que notre petite action à nous tous, est une petite illusion,
comme les grandes actions une grande illusion, que nul
de nous n'a servi à rien, que la personnalité humaine
est un leurre. Voilà ce qu'il faut admettre nécessairement, si les véritables et seuls acteurs de l'histoire,
ce sont, non pas des hommes, mais les *facteurs* dont on
nous parle. Et l'on n'échappe à cette conséquence, on ne
restitue à l'indivualité sa vraie valeur et sa vraie raison
d'être, qu'en expliquant l'histoire par un enchaînement
d'initiatives et de répétitions, d'inventions et d'imitations, et en montrant que par le côté imitatif de leur activité, sinon par le côté inventif, les individus humains

sont soumis à des lois susceptibles de formules tout autrement précises que les formules d'évolution religieuse, d'évolution politique, d'évolution morale, d'évolution industrielle, où l'on a tant de peine à dissimuler le côté différentiel, essentiel, caractéristique, des diverses sociétés, pour ne laisser voir que leurs côtés similaires. La théorie de l'imitation — qui implique une théorie de l'invention — ne nous oblige pas à sacrifier ainsi le pittoresque social à la science sociale, et elle permet d'embrasser dans le même point de vue les nombres réguliers de la statistique, qui mesurent les séries ou les groupes d'actes similaires, qui déterminent nettement la sphère de rayonnement des diverses imitations, avec les exhumations de l'archéologie, qui révèlent la filiation des inventions successives et tracent leur arbre généalogique aux irrégulières ramifications.

Nous ne pouvons qu'indiquer en passant cet important sujet des similitudes non imitatives. Ajoutons qu'il est des côtés, et précisément les plus essentiels, de la vie sociale, où elles sont d'une rareté remarquable et d'une nature des plus conjecturales. Entre deux idiomes, toutes les similitudes de grammaire ou de dictionnaire qui n'ont point l'imitation pour cause, c'est-à-dire la transmission de père en fils ou de vainqueur à vaincu à partir d'une même langue-mère, ou bien des emprunts et des importations par mode, sont ce qu'il y a de plus vague et de plus hypothétique. Entre deux arts restés absolument étrangers l'un à l'autre, les similitudes non imitatives sont non moins problématiques, et plus deux arts se développent, plus ils divergent. Enfin, il serait superflu de chercher entre nos sciences européennes et d'autres sciences indépendantes des similitudes quelconques, et pour cause : il n'y a qu'une seule évolution scientifique digne de ce nom, c'est la nôtre. Par suite, il nous est interdit de formuler les lois auxquelles elle serait soumise. Pour avoir le droit de légiférer, il faut pouvoir généraliser, et un fait n'est généralisable que s'il y en a au moins deux exemplaires, et non un seul. Il reste avéré que notre évolution scientifique moderne, c'est-à-dire le caractère le plus éminent des sociétés supérieures, est un phénomène unique et qui, comme tel, échappe essentiellement aux formules d'évolution.

VIII

Résumons ce qui précède. Nous avons écarté les objections qui s'opposent à la construction d'une science sociale. Nous avons montré à quelles conditions elle est possible, et sur quel fondement. Nous avons vu que chacun des grands étages superposés de la réalité se caractérise par la nature des variations et des répétitions qui lui sont propres, et que le rôle spécial de la science est d'envisager ces phénomènes par leur côté répétiteur ; que la physique étudie des faits reproduits par mouvements périodiques, ondulations ou gravitations ; que la biologie étudie des faits physico-chimiques reproduits par génération intérieure ou extérieure ; que la sociologie doit étudier des faits psychologiques reproduits par imitation, et, que dès lors qu'elle a ainsi trouvé son domaine propre de répétition, de numération et de mesure, son autonomie est assurée, sans qu'il soit nécessaire d'imaginer pour elle des formules tyranniques et chimériques d'évolution. Nous avons ajouté que, non seulement par leur forme, mais par leur contenu, les répétitions étudiées par la science sociale diffèrent profondément des répétitions étudiées par les sciences de la nature ; que, comme celles-ci, elles renferment des quan-tités, mais des quantités tout autres, croyances et désirs, susceptibles d'ailleurs, comme les quantités extérieures, de descendre et de remonter une échelle immense de degrés, et de présenter l'opposition, si féconde en mathématiques, du positif et du négatif.

Chaque science a pour objet essentiel des répétitions mais aussi des variations, et elle se caractérise par la nature de celles-ci comme par la nature de celles-là. Je parle des variations viables et fécondes, de celles qui sont le point de départ de nouvelles séries de répétitions : la biologie, notamment, est avide de savoir comment se produisent ces innovations individuelles, ces *adaptations* nouvelles, par lesquelles elle essaie d'expliquer la genèse des espèces. On peut les comparer aux inventions gé-niales d'où procèdent de nouvelles sciences ou de nou-velles industries. Nous avons vu qu'en tout ordre de faits, le général procède de l'individuel, quoique l'indi-viduel ne parvienne pas toujours, ni le plus souvent, à se généraliser. Il n'est donc pas permis à une science de négliger les variations qui font souche de répétitions. Quant à celles qui meurent stériles, mais qui souvent n'ont pas laissé d'avoir leur prix et leur charme, elles sont la proie recherchée de l'artiste, amoureux de tout ce qui a une physionomie accusée, même et surtout fugitive, dans les paysages et dans les visages. Aussi l'historien artiste s'attache-t-il avec passion aux scènes historiques, aux rencontres singulières d'actes et d'acteurs qui ne se sont vus qu'une fois et qu'un instant. L'historien savant ne peut avoir égard qu'aux nouveautés et aux novateurs qui ont introduit dans le monde social des modèles fré-quemment imités. Il n'appartient qu'à l'historien philosophe d'embrasser dans des considérations, à la fois, les vues de l'artiste et les notions du savant et de les concilier ensemble. .

Mais ici il s'agit de science et non de philosophie sociale. La sociologie, délimitée comme il vient d'être dit, doit se poser deux problèmes capitaux : 1° Quelle est la — cause des inventions, des initiatives réussies, *adaptations* sociales analogues aux adaptations vivantes, et non moins obscures dans leur origine que celles-ci ? 2° Pourquoi ces initiatives et non d'autres ont-elles été imitées ? Pourquoi la préférence accordée à tel ou tel modèle, parmi tant d'autres qui n'ont trouvé nul imitateur ? En d'autres termes, quelles sont les lois de l'imitation ?

De ces deux problèmes, le premier ne peut être abordé — et résolu, qu'après le second ; et l'insuccès des systèmes de sociologie qui se sont construits jusqu'ici tient à ce que cet ordre a été interverti. La biologie nous donne ici un exemple instructif : aurait-elle jamais songé à remuer la question de la genèse des espèces avant d'avoir approfondi les lois de la génération, héréditaire ou nutritive ? Pareillement, les lois de l'imitation ne sont pas, certes, toute la science sociale, mais elles en sont le premier chapitre.

Leur recherche a été faite ailleurs et nous n'avons pas à les formuler ici. Il suffira de dire que, à différents points de vue, elles présentent de réelles et précises analogies avec les lois de l'ondulation et celles de l'hérédité ; que, notamment, les exemples élus, comme les ondes physiques non étouffées, comme les variétés ou les espèces vivantes victorieuses, *tendent* à se propager en se multipliant suivant une progression géométrique, attestée par tant de courbes régulièrement ascendantes de nos statistiques. Mais cette analogie n'est pas de celles qui portent atteinte à l'autonomie des phénomènes sociaux, à l'originalité des individus, à la dignité éminentes du monde humain au milieu de la nature. Elle laisse aux hommes, aux peuples, le libre jeu de leurs mouvements propres et se concilie à merveille avec la diversité exubérante de leur évolution toujours imprévue, toujours nouvelle, intérêt passionné de l'histoire. Si l'on comprend très bien l'hostilité non dissimulée des historiens de race contre la sociologie, quand elle se présente à eux comme une simple annexe de la biologie, on ne s'expliquerait pas leurs défiances à l'égard d'une psychologie supérieure et transfigurée, d'une psychologie interpsychique complétée par une logique sociale, à la fois logique de l'idée et logique de l'action, fondée sur les principes élémentaires qui viennnent d'être succinctement indiqués.

LES DEUX ÉLÉMENTS DE LA SOCIOLOGIE (1)

Il est naturel qu'une science naissante s'appuie à des sciences déjà constituées, la sociologie par exemple à la biologie. Il est naturel aussi qu'une science en voie de croissance cherche à voler de ses propres ailes et à se faire son domaine à part. La sociologie grandissante en est là à l'heure actuelle, elle cherche à se constituer *par soi* et *pour soi.* C'est une sorte d'égoïsme, d'individualisme scientifique, utile dans une certaine mesure comme tout égoïsme animal ou humain, mais nuisible à l'individu lui-même au delà du degré voulu. La biologie, la psychologie, ont connu aussi cette tendance séparatiste dont l'exagération les a conduites aux vieux principes du vitalisme et d'un spiritualisme mal entendu.

On sait la stérilité de ces prétentions qui méconnaissent la solidarité des diverses sciences et par suite l'unité profonde de la réalité universelle. Nous avons à redouter pour la sociologie la même dépense de vains efforts ; et je crois apercevoir çà et là des symptômes d'un égarement pareil qui pourrait être désastreux. Tâchons de le prévenir ; cherchons avec toute la précision désirable, mais sans prétendre pour la science qui nous est chère à une autonomie absolue, les limites du champ qu'elle est appelée à défricher.

(1) Lecture faite au 1er Congrès International de Sociologie en octobre 1894 (*Annales de l'Institut International de Sociologie,* tome I, p. 895).

Cette recherche est double comme toute recherche scientifique. Il s'agit toujours d'étudier les phénomènes ou les êtres, et, pour cela, de préciser, en chaque ordre d'investigation, quel est le phénomène élementaire ou quel est l'être élémentaire dont la répétition et la combinaison permettent de formuler des lois.

Demandons-nous donc : 1° quel est ou plutôt quels sont les faits sociaux, les actes sociaux élémentaires, et quel est leur caractère distinctif ; 2° quel est ou quels sont les êtres sociaux, c'est-à-dire — puisqu'ici *être* signifie *groupe* — les groupes sociaux élémentaires.

I

La première question, qui va d'abord nous occuper, a été traitée par moi si longuement déjà qu'il m'en coûte d'y revenir, mais la réponse que j'y ai faite a été souvent si mal comprise qu'on va me permettre d'en dire un mot. — Quel est le fait mécanique élémentaire ? Est-ce le mouvement ? Non, pas plus que le fait social élémentaire n'est la conscience. La conscience est le postulat de la sociologie comme le mouvement est le postulat de la mécanique. Le fait mécanique élémentaire, c'est la communication ou la modification quelconque d'un mouvement déterminé par l'action d'une molécule ou d'une masse sur une autre ; spécialement, le fait astronomique élémentaire, c'est l'attraction exercée par un globe, et aussi bien l'effet de ces attractions répétées, le mouvement elliptique des corps célestes, qui lui-même se répète. De même, le fait social élémentaire, c'est la communication ou la modification d'un état de conscience par l'action d'un être conscient sur un autre.

Mais quelle est la nature de cette action ? Précisons. Tout ce que font les membres d'une société n'est pas sociologique. Beaucoup de leurs actes, j'allais dire la plupart, sont purement physiologiques, ou même purement psychologiques. Respirer, digérer, faire battre ses paupières, remuer les jambes machinalement, regarder distraitement un paysage ou pousser un cri inarticulé, ce sont là des actes qui n'ont rien de social, sauf le cas où ils sont l'effet d'une habitude contractée dans le commerce des autres hommes et née d'une volonté ou d'une croyance qu'ils nous ont communiquée. Mais parler à quelqu'un, prier une idole, tisser un vêtement, scier un arbre, donner un coup de couteau à un ennemi, sculpter une pierre, ce sont là des actes sociaux, car il n'y a que l'homme en société qui agisse de la sorte, et, sans l'exemple des autres hommes qu'il a copiés volontairement ou involontairement depuis le berceau, il n'agirait pas ainsi. Le caractère commun des actes sociaux, en effet, c'est d'être imitatifs. Eux seuls ont ce caractère ; et, quand un acte qui, d'ordinaire, est purement vital ou mental devient par exception social, c'est en tant qu'il a reçu une empreinte spéciale par la vertu de l'imitation. Marcher au pas gymnastique dans un régiment, respirer comme il convient à un chanteur qui a de la méthode, manger avec une fourchette, etc., sont vraiment, pour la raison indiquée, des actes sociaux. Il n'y a que l'homme en société qui marche, qui respire, qui mange ainsi. Quant aux actes qui consistent en une initiative nouvelle, en une découverte ou une invention grande ou petite, ils ne sortent de la sphère individuelle, ils n'entrent dans le monde social qu'au fur et à mesure qu'ils se propagent par l'exemple et tombent peu à peu dans le domaine commun.

Voilà donc un caractère bien net et, qui plus est, objectif. Car je n'ai nul égard tout d'abord au mobile de l'imitation ; elle peut procéder de la sympathie ou de l'animosité même, de l'envie ou de l'admiration, de la docilité servile ou d'un calcul intelligent et libre ; n'importe, le fait objectif, abstraction faite de cet élément subjectif, est le même. Il me serait peut-être permis de dire qu'au fond la source psychologique est la même aussi, à savoir un levain de sympathie cachée qui se mêle à l'admiration, à l'envie, à la haine même, et qui pousse irrésistiblement les hommes à se refléter même en se haïssant ; mais, quoi qu'il en soit, je me borne à constater que, partout et toujours, le caractère distinctif d'une pensée, d'une volonté, d'une action sociale, est d'être faite à l'image et ressemblance de pensées, de volontés, d'actions d'autrui. Et je m'étonne qu'on ait pu me reprocher de m'être attaché ici au fait extérieurement saisissable sans nul égard à sa source intérieure, et que ce reproche m'ait été adressé — par qui ? Par le distingué professeur de la faculté de Bordeaux, M. Durkheim, qui précisément professe la nécessité de fonder la sociologie sur des considérations purement objectives et d'exorciser pour ainsi dire cette science en chassant hors d'elle la psychologie qui serait paraît-il, non pas son âme comme l'ont cru jusqu'ici tous ses fondateurs, d'Auguste Comte à Spencer, mais au contraire son mauvais génie.

Nous examinerons tout à l'heure la valeur de cette idée. Pour le moment, voyons la portée des critiques que nous adresse cet auteur. « Une pensée, dit-il, qui se retrouve dans toutes les consciences particulières, un mouvement que répètent tous les individus, ne sont pas pour cela des faits sociaux. C'est si peu la répétition (lisez *l'imitation*) qui les constitue, *qu'ils existent en dehors des cas particuliers où ils se réalisent*. Chaque fait social consiste soit dans une croyance, soit dans une tendance, soit dans une pratique qui est celle *du groupe pris collectivement et qui est tout autre chose que les formes sous lesquelles elle se réfracte chez les individus* ». Mais comment pourrait-elle se réfracter avant d'exister, et comment pourrait-elle exister, parlons intelligiblement, *en dehors* de *tous* les individus ? La vérité est qu'une chose sociale quelconque, un mot d'une langue, un rite d'une religion, un secret de métier, un procédé d'art, un article de loi, une maxime de morale, se transmet et passe, non pas du *groupe social pris collectivement* à l'individu, mais bien d'un individu — parent, maître, ami, voisin, camarade — à un autre individu, et que, dans ce passage d'un esprit dans un autre esprit, elle se réfracte L'ensemble de ces réfractions, à partir d'une impulsion initiale due à un inventeur, à un découvreur, à un innovateur ou modificateur quelconque. anonyme ou illustre, est toute la réalité d'une chose sociale à un moment donné ; réalité qui va changeant comme toute réalité, par nuances insensibles ; ce qui n'empêche pas que de ces variantes individuelles ne se dégage une résultante collective, presque constante. qui frappe tout d'abord le regard et donne lieu à l'illusion ontologique de M. Durkheim. Car, il n'y a pas à en douter, c'est une véritable ontologie scolastique que le savant écrivain entreprend de substituer en sociologie à la psychologie qu'il combat.

Pourtant l'importance de la répétition — lisez de l'imitation toujours — ne laisse pas de se faire sentir à lui, quoi qu'il en ait et à son insu. Pour prouver la séparation radicale, la dualité absolue de nature qu'il prétend établir entre le fait collectif et les faits individuels qui, d'après moi, le constituent, mais d'après lui, le réfractent du dehors, on ne sait comment, il écrit : « Certaines de ces

manières d'agir ou de penser acquièrent, *par suite de la
répétition,* une sorte de consistance qui les précipite pour
ainsi dire et les isole des événements particuliers où elles
s'incarnent un jour. Elles prennent ainsi un corps, une
forme sensible qui leur est propre et constituent une réalité *sui generis,* très distincte des faits individuels qui la
manifestent ». Et ce qui le démontre — écoutez bien ceci
— c'est que *l'habitude collective,* une coutume quelconque, « s'exprime une fois pour toutes dans une formule
*qui se répète de bouche en bouche, qui se transmet par
l'éducation,* qui se fixe même par écrit. Telle est l'origine
des règles juridiques, morales, des aphorismes et des dic-
tons populaires. » Sans la préoccupation qui l'aveugle,
notre auteur verrait, ce qui saute aux yeux, c'est qu'il
vient de fournir une nouvelle attestation involontaire du
caractère éminemment social ou plutôt *socialisant* de la
répétition imitative. En effet, n'est-il pas clair que, dans
le cas qu'il signale, il y a tout simplement une double
action de l'imitation, à savoir : 1° la répétition fréquente
de l'acte, d'où est résulté un courant d'habitude collective, qui a fait naître à quelqu'un l'idée de la formuler
verbalement ; 2° la répétition de cette formule verbale
par tous ceux qui l'apprennent et se la transmettent ?

Or, d'où provient, dans ce cas, le caractère singulièrement accentué de la distinction entre le fait collectif
et les faits individuels ? De ce que, en admettant même
ici que la première de ces deux sortes d'imitation cesse
de fonctionner, c'est-à-dire que la coutume, la loi, la règle quelconque, tombe en désuétude, elle conservera une
sorte de réalité amoindrie, d'existence de bouche pour
ainsi parler, aussi longtemps que, sans la pratiquer, on
l'énoncera — ce qui arrive si souvent pour beaucoup de
maximes de morale. — Mais, supposez que la seconde

de ces deux répétitions s'éteigne à son tour comme la
première, que restera-t-il de vie, d'existence, de réalité,
je vous prie, à une coutume, à une loi, à une règle que
personne ne pratiquera ni ne formulera, ni ne pensera
même, et qui pourra bien être écrite ou imprimée quelque part mais que personne ne lira plus? Il y avait, avant
Champollion, force lois ou maximes égyptiennes qui n'é-
taient plus pratiquées ni connues depuis des milliers d'années, mais dont les formules étaient gravées en caractères
hiéroglyphiques au fond de tombeaux gardés par des
sphinx. Je voudrais bien savoir si cela suffisait à leur faire
une existence réelle et à les élever au rang de ces faits
sociaux transcendants que M. Durkheim érige au rang
des Idées ressuscitées de Platon. Et, quand Champollion
ou ses disciples eurent déchiffré ces normes de l'ancienne
Egypte, est-ce que ce déchiffrement a eu la vertu de les
faire revivre ? Non, il en faisait seulement revivre la
connaissance, grâce à la propagation de ces découvertes,
à leur répétition d'égyptologue à égyptologue, d'où résultait chaque fois un nouveau lien vraiment social entre
ces savants. Qu'on ne vienne donc pas nous donner
comme une preuve de la réalité distincte et autonome du
fait collectif, considéré *in abstracto*, l'expression verbale
qu'il revêt : on en pourrait dire autant de toutes les choses qui sont nommées dans le langage humain.

M. Durkheim semble graviter vers quelque théorie de
l'émanation. Pour lui, je le répète, les faits individuels
que nous appelons sociaux ne sont pas les éléments du
fait social, ils n'en sont que la manifestation. Quant au
fait social, il est, lui, le modèle supérieur, l'Idée plato-
nicienne, le modèle... tant il est vrai que l'idée d'imitation, en matière sociale, s'impose à ses plus grands
adversaires. Mais passons. — Il suit de là que, d'après

M. Durkheim, il n'est pas permis de qualifier sociaux les actes de l'individu où le fait social se manifeste, par exemple, les paroles d'un orateur, manifestation de la *langue*, ou les agenouillements d'un dévot, manifestation de la *religion*. Non, comme chacun de ces actes dépend non seulement de la nature du fait social, mais encore de la constitution mentale et vitale de l'agent et du milieu physique, ces actes sont des espèces d'hybrides, des faits *socio-psychiques* ou *socio-physiques* dont il importe de ne pas ternir plus longtemps la pureté scientifique de la nouvelle sociologie.

Le savant logicien se fait pourtant une objection en se plaçant à notre point de vue. Il faut la lire et surtout la réponse. « Mais, dira-t-on, un phénomène ne peut être collectif que s'il est commun à tous les membres de la société ou tout au moins à la plupart d'entre eux, partant s'il est général. — Sans doute, mais, *s'il est général, c'est parce qu'il est collectif, c'est-à-dire, plus ou moins obligatoire, bien loin qu'il soit collectif parce qu'il est général...* » A première vue, on ne comprend pas ; mais, quand on est initié à la doctrine de l'auteur, voilà ce que cela signifie : ce n'est pas le plus ou moins de généralisation, de propagation imitative, d'un fait, qui constitue son caractère plus ou moins social ; c'est son plus ou moins de *coercitivité*. — Suivant lui, en effet, car nous n'avons fait connaître jusqu'ici qu'une moitié de sa pensée, la définition du fait social est double. L'un de ses caractères, nous le savons, c'est d'être « une manière de penser ou d'agir qui est générale dans l'étendue du groupe, mais qui existe *indépendamment* de ses expressions individuelles ». Mais il a un autre caractère et non moins essentiel, c'est d'être coercitif. Citons encore : « *Le fait*

*social se reconnaît au pouvoir de coercition qu'il exerce
ou est susceptible d'exercer sur les individus* ».

Cette dernière proposition n'est guère moins surprenante que la première. A ce compte, il n'y aurait rien de plus social que le rapport établi entre vainqueurs et vaincus par la prise d'assaut d'une forteresse ou la réduction en esclavage d'une nation conquise, ni de moins social que la conversion spontanée de tout un peuple à une nouvelle religion ou à une nouvelle foi politique prêchée par des apôtres enthousiastes. L'erreur ici est si palpable, à mon avis qu'on doit se demander comment elle a pu naître et s'enraciner dans une intelligence de cette force. L'auteur nous le dit : c'est la première de ses deux définitions qui lui a paru entraîner la seconde ; étant donné que le fait social est essentiellement extérieur à l'individu, « il ne peut entrer dans l'individu qu'en s'imposant ». Je ne vois pas bien la rigueur de cette déduction. La nourriture aussi nous est extérieure avant d'être absorbée. Est-ce à dire que l'inglutition et l'assimilation sont des contraintes exercées par l'aliment sur la cellule qui se l'approprie ? Cela n'est pas même vrai des volatiles que l'on gave dans nos basses-cours, et qui, certainement, aiment encore mieux être gavés que de mourir de faim. C'est exactement le cas de l'enfant quand il subit cette forme dure et compressive d'éducation que M. Durkheim a généralisée à tort et qui a contribué à lui inspirer son idée sur la contrainte sociale obligatoire. L'enfant, jeté dans le milieu social, s'y nourrit par *intussusception*, comme la cellule dans le sang, comme la graine dans le sol humide. Au collège, il est vrai, et à la maison, on le châtie souvent : mais, d'abord, cette éducation que les écoliers reçoivent de leurs maîtres ou de leurs parents n'est pas la seule ; il y a à tenir largement compte d'une autre, volontaire et spontanée, d'autant plus efficace, qu'ils se donnent les uns aux autres, et que, plus tard, ils continueront à s'échanger librement tout le long de leur vie. Puis, l'éducation scolaire elle-même n'est pas toujours coercitive ; et, enfin, quand elle l'est, quand l'enfant est mis au pain sec, enfermé, battu, pour être contraint à agir suivant les règles ou les habitudes de la société, est-il bien certain, même dans ce cas, que son initiation à la vie sociale lui est imposée de force ? Non, car ce gamin rebelle que vous punissez reste attaché de cœur, malgré lui, à sa famille, à ses maîtres parfois, à la sociéte où il est né et hors de laquelle l'idée de vivre l'épouvanterait. Il est pareil à l'engagé volontaire qui, tout volontaire qu'il est, ne laisse pas de se faire condamner parfois à la salle de police. Le fond du fond, c'est la sociabilité humaine, innée chez l'enfant le plus réfractaire. Quand, par hasard, elle manque à un enfant, il est inutile de le corriger, son éducation est impossible. — Les phénomènes d'entraînement dans les foules sont des *faits sociaux*, l'auteur l'accorde ; aussi se hâte-t-il de dire que ces grands courants d'enthousiasme, de colère, de haine qui poussent une multitude à l'héroïsme ou au meurtre « n'ont pour lieu d'origine *aucune* conscience particulière », que ce sont des faits extérieurs à tous les membres de la foule, et des faits qui les contraignent tous. N'est-il pas visible cependant que les uns ici sont meneurs et les autres menés, et que, s'il est permis à la rigueur de parler de contrainte à propos des derniers, malgré leur empressement à courir au-devant de la suggestion, c'est une contradiction dans les termes d'appliquer cette expression aux premiers ?

Mais en voilà assez sur ce prétendu caractère coercitif des faits sociaux. Sur leur caractère soi-disant extérieur et étranger aux individus, encore un mot. Tout ce système repose sur une équivoque. De ce que ma langue, mon droit, mon métier, ma religion, existaient avant moi, et existent en dehors de moi — du moins en un certain sens métaphorique des mots *en dehors* — et de ce que l'on peut en dire autant de chaque membre d'une société pris séparément, s'ensuit-il qu'une langue, une religion un droit, une industrie, etc., puissent être considérés comme existant indépendamment de *tous* les gens qui parlent cette langue, pratiquent cette religion, se conforment à ce droit, exercent cette industrie ? Si l'on peut dire que ces choses sociales sont indépendantes de chacun des associés, en ce sens que, lui disparaissant, elles ne disparaîtraient pas, n'est-ce pas tout simplement parce que, à défaut de lui, elles ont pour réalité leur présence *dans* la conscience ou la mémoire de tous les autres as-sociés ? Je dis *dans*, car elles sont intérieures et nulle-ment extérieures à ceux-ci ; et, si elles commencent par être extérieures à chaque nouveau venu qui ne fait pas encore partie de l'association, elles entrent réellement en lui à mesure qu'il s'y incorpore et finissent par être ce qu'il a de plus intime, de plus propre, de plus cher. Il en est de la *chose sociale*, qui s'entretient et se perpétue par les consciences individuelles au travers desquelles elle évolue, comme de la vague de la mer qui traverse d'innombrables molécules et a l'air de les animer en vi-vant de leur force. On peut dire aussi bien, ou aussi mal, de la vague qu'elle est extérieure aux eaux de la mer et qu'elle s'impose à elles. Mais quel est le physicien qui ne sache à quoi s'en tenir sur la valeur de ces métaphores ?

On me reprochera, je le crains, d'enfoncer une porte ouverte en réfutant de la sorte un penseur profond, mais isolé, qui écrit tranquillement des phrases telles que celle-ci : « Les individus écartés, il ne reste que... la société ... » Que peut bien être la société, abstraction faite de *tous* les individus ? Car c'est bien ce que l'auteur veut dire, il n'y a pas de doute possible là-dessus.

Toutefois, loin de m'excuser du temps consacré à cette réfutation, je crois qu'il est peu de vérités sociologiques aussi utiles à examiner que les erreurs de M. Durkheim, si manifestes qu'elles soient. Et il faut le remercier de les avoir exprimées avec cette intrépidité et cette clarté· Elles étaient dans l'air, elles demandaient à s'incarner en un esprit logique et vigoureux ; il est heureux qu'elles aient rencontré le sien. Il a poussé à bout toutes les tendances éparses à une sociologie émancipée, affranchie non de la biologie seulement, ce qui était nécessaire, mais de la psychologie, ce qui est impossible, et retranchée dans son domaine en l'air, invisible et imaginaire.

La source de cette illusion mérite examen, car elle est très répandue parmi les esprits cultivés : rien de plus banal que cette idée qu'une combinaison diffère ou peut différer entièrement de ses éléments, et que du simple rapprochement de ceux-ci peut jaillir une réalité entièrement nouvelle, nullement préexistante sous d'autres formes. La chimie et la biologie ont accrédité ce préjugé. On voit les propriétés des corps composés contraster avec celles des corps simples qui les composent. On voit un être vivant constitué exclusivement de substances chimiques qui, avant d'être rassemblées dans un organisme, ne présentaient rien de vital. Ce qui est plus fort, nous voyons, de cellules vivantes que nous supposons inconscientes, surgir le moi, et ici nous crions au miracle. Après quoi, nous ne devons pas juger surprenant *a priori* que la rencontre sociale des *moi* différents fît éclore un *nous* qui serait quelque chose de suprà-psychologique, de nonpsychologique essentiellement, et qui existerait indépendamment de toutes les consciences individuelles.

Mais si, le *reste étant admis*, cela ne souffre pas de difficulté *a priori*, le malheur est que l'observation est absolument contraire à cette hypothèse. Ici, en sociologie, nous avons, par un privilège singulier, la connaissance intime de l'élément, qui est notre conscience individuelle, aussi bien que du composé, qui est l'assemblée des consciences, et l'on ne peut nous faire prendre ici des mots pour des choses. Or, dans ce cas, nous constatons clairement que, l'individuel écarté, le social n'est rien, et qu'il n'y a rien, absolument rien, dans la société, qui n'existe, à l'état de morcellement et de répétition continuelle, dans les individus vivants, ou qui n'ait existé dans les morts dont ceux-ci procèdent.

Je dis que c'est un privilège singulier, car partout ailleurs nous ignorons complètement ce qu'il y a au *for intérieur* de l'élément. Qu'y a-t-il au fin fond de la molécule chimique, de la cellule vivante? Nous ne le savons pas. Comment donc, l'ignorant, pouvons-nous affirmer que, lorsque ces êtres mystérieux se rencontrent d'une certaine façon, elle-même inconnue, et font apparaître à nos yeux des phénomènes nouveaux, un organisme, un cerveau, une conscience, il y a eu, à chaque degré franchi de cette mystique échelle, brusque apparition, création *ex nihilo* de ce qui naguère n'était pas, même en germe ? N'est-il pas probable que, si nous connaissions dans leur intimité ces cellules, ces molécules, ces atomes, ces *inconnues* du grand problème si souvent prises pour des *données*, nous trouverions toute simple la mise en dehors des phénomènes créés, en apparence, par leur mise en rapport, et qui, à présent, nous émerveillent ? Remarquez le postulat énorme impliqué par ces notions courantes sur les-

quelles s'appuie expressément M. Durkheim pour justifier sa chimérique conception ; ce postulat, c'est que le
simple rapport de plusieurs êtres peut devenir lui-même
un être nouveau souvent supérieur aux autres. Il est curieux de voir des esprits qui se piquent d'être avant tout
positifs, méthodiques, qui pourchassent de partout l'ombre même du mysticisme, s'attacher à une si fantasti-
que notion.

Ainsi, dans le seul cas où les éléments nous soient connus, nous observons qu'ils portent en eux l'explication
complète et la complète existence de leur composé. Que
faut-il en conclure ? C'est que, par un raisonnement précisément inverse de celui de notre savant adversaire,
nous devons, dans tous les autres cas, inférer qu'il en
est de même. Et si j'osais, moi aussi, pousser à bout
cette idée, si je m'aventurais à indiquer la refonte possible
de la science universelle sous l'inspiration de la sociologie, peut-être serais-je conduit à mon tour dans des
arcanes telles que la région leibnitzienne des monades,
où, par tant d'avenues, de nos jours, semble converger la
pensée chercheuse. Peut-être alors serais-je amené à dire
qu'entre la fantasmagorie ontologique de M. Durkheim
et notre hypothèse néo-monadologique, il faut choisir ;
que, celle-ci rejetée, celle-là s'impose. Mais je ne veux
pas me risquer à ces envolées métaphysiques. Restons
attachés au rivage des faits.

Donc, comme Auguste Comte, comme Stuart Mill,
comme Herbert Spencer, demandons à la psychologie,
mais à la psychologie collective et à cette psychologie
accumulée, à cette psychologie des morts, qui s'appelle
l'histoire, ajoutons à la logique, le secret de la sociologie. « Il y a, nous dit-on cependant, entre la psychologie et la sociologie la même solution de continuité

qu'entre la biologie et les sciences physico-chimiques. *Par conséquent, toutes les fois, qu'un phénomène social est directement expliqué par un phénomène psychique, on peut être assuré que l'explication est fausse* ». Autant vaut dire que, en matière sociale, toute explication claire doit être nécessairement erronée. On ajoute : « Une explication purement psychologique des faits sociaux ne peut manquer de laisser échapper ce qu'ils ont de spécifique, c'est-à-dire de social. » Je réponds : oui, si l'on veut rendre compte du fait collectif par la seule psychologie et la seule logique des individus, et des individus actuels ; mais non si on a égard aussi à la psychoogie et à la logique des masses et à celles des morts.

« Si vraiment, nous dit-on encore, l'évolution sociale avait son origine dans la constitution psychique de l'homme, on ne voit pas comment elle aurait pu se produire ». On voit beaucoup moins bien, ce me semble, comment, sans cette constitution, elle aurait pu naître et se dérouler. Le progrès social, au contraire, s'explique par elle le plus simplement du monde, à la condition toutefois qu'il s'agisse de la nature mentale et des états d'esprit non pas *de l'homme*, mais *des hommes*, d'hommes dissemblables et inégaux jusqu'à un certain point, doués de capacités et d'aptitudes diverses, parmi lesquelles il en est de géniales. Il est certain que, si l'on suppose à l'origine une réunion, divisée ou non en segments égaux, d'hommes tous identiques, tous pareillement inertes et stupides ou situés au même niveau d'intelligence médiocre, sans nul homme supérieur à son entourage, le progrès de l'humanité, l'évolution sociale, reste inexplicable psychologiquement aussi bien qu'autrement. Des idées de génie, conçues par un cerveau et propagées ensuite dans beaucoup d'autres — ce qui suppose, d'une part, les bonnes fortunes assez rares, soit accidentelles, soit ensemencées, du génie ou de l'ingéniosité, d'autre part la docilité imitative de la médiocrité : voilà, si je ne m'abuse, à quoi se réduit le mystère historique.

D'ailleurs, notre siècle a vu se fonder, de toutes pièces, dans les multiples colonies américaines, africaines, océaniennes, qu'il a essaimées, des sociétés nouvelles ; et là, n'est-il pas clair qu'on a affaire à des causes toutes psychologiques, stimulées sans doute par leur réciproque flagellation, surexcitées de la sorte et transfigurées, et, en outre, dirigées par l'exemple des sociétés environnantes ou lointaines, mais à des causes psychologiques toujours? N'est-il pas visible aussi, dans ces générations spontanées d'États neufs, qu'un fond de sympathie naturelle, de tendance à l'association, en dépit des passions égoïstes déchaînées, nullement une contrainte exercée sur tous (on ne dit pas par qui), préside à leur naissance ?

Mais M. Durkheim ne l'entend pas ainsi. Il formule et souligne la règle suivante, qui lui semble capitale : « *La cause déterminante d'un fait social doit être cherchée parmi les faits sociaux antécédents et non parmi les états de la conscience individuelle* ». Appliquons : la cause déterminante du réseau de nos chemins de fer doit être cherchée non dans les états de conscience de Papin, de Watt, de Stephenson et d'autres, non dans la série logique des conceptions et des découvertes qui ont lui à ces grands esprits, mais bien dans le réseau des routes et dans les services de malles-postes qui existaient antérieurement.

Il y a un fétiche, un *deus ex machina*, dont les nouveaux sociologues font usage comme d'un *Sézame ouvre-toi*, chaque fois qu'ils sont embarrassés, et il est temps de signaler cet abus qui réellement devient inquiétant. Ce

talisman explicatif, c'est le *milieu*. Quand ce mot est lâ-
ché, tout est dit. Le *milieu*, c'est la formule à toutes fins
dont l'illusoire profondeur sert à recouvrir le vide de l'i-
dée (1). Aussi n'a-t-on pas manqué de nous dire, par exemple, que l'origine de toute évolution sociale doit être
exclusivement demandée aux propriétés « du milieu social interne ». — Or, qu'est-ce que cela peut bien être,
les propriétés du milieu social interne ou externe, si ce
n'est tout ce qui est contenu de notions et de souvenirs,
d'aptitudes et d'habitudes, au fond des cerveaux réunis
en société ? Certainement, je le sais, par le seul fait que
les hommes agissent en masse et non *ut singuli,* dans le
cas de la foule impulsive notamment, du régiment montant à l'assaut, et aussi bien dans le cas où la pensée des
autres hommes en bloc et non individuellement envi-
sagés se présente à l'esprit de l'individu et l'impressionne
comme telle, — dans tous ces cas, c'est-à-dire à chaque
instant de la vie sociale, la notion du milieu social a une
réelle signification. Mais il faut entendre par là que chacun de ceux qui sont actionnés et impressionnés par le
milieu, fait partie du milieu qui actionne et impressionne
ses semblables. Quant à ce milieu-fantôme, que nous
suscitons à plaisir, à qui nous prêtons toutes sortes de
merveilleuses vertus, pour nous dispenser de reconnaître l'existence des génies réels et réellement bienfaisants
par qui nous vivons, en qui nous nous mouvons, sans qui
nous ne serions rien, expulsons-le au plus vite de notre
science. Le milieu, c'est la nébuleuse qui, de près, se
résout en étoiles distinctes, de très inégale grandeur. J'a-
perçois bien des individus qui mutuellement s'influencent

____

(1) Inutile de dire que cette expression *le vide de l'idée* ne s'applique
pas à M. Durkheim, l'un des sociologues, au demeurant, les plus sérieux
que nous connaissions, en dépit de ses parti-pris.

ou dont les uns se modèlent sur les autres ; nulle part, je ne les vois nager ensemble dans cette sorte d'atmosphère subtile et imaginaire qu'on appelle ainsi, et qui, comme l'éther en physique, mais avec beaucoup moins de raison, serait le *factotum* en sociologie.

II

Après avoir recherché, bien incomplètement, je l'avoue, quelle est la nature du fait social élémentaire, demandons-nous quelle est celle du groupe social élémentaire. Ce n'est point la même chose. Tout acte social, il est vrai — parler, professer un credo, travailler, obéir, danser, chanter, etc. — implique un rapport imitatif entre des hommes, les uns modèles, les autres copistes, ou tous copistes mais rattachés à un antique modèle commun. Il y a un lien social, en ce sens, entre tous ceux qui parlent la même langue, qui font le même métier, qui pratiquent la même religion, qui commercent ensemble. Mais le groupe formé par chacun de ces liens considéré isolément n'a qu'une réalité incomplète et abstraite ; le groupe concret et vivant suppose une superposition de plusieurs de ces groupes, un faisceau de plusieurs de ces liens, comme une corde se compose de beaucoup de fils tordus et mêlés. Et cela ne suffit pas. Il faut, en outre, au début du moins, pour que ce groupe soit vivant et fécond, qu'il s'ajoute à ces diverses espèces d'imitations autre chose, l'action de l'hérédité, le lien du sang vrai ou fictif, qui sert à nouer tout le reste. Ainsi, de même que nous avons dû définir le fait social en termes essentiellement psychologiques, nous sommes forcés maintenant de définir le groupe social en termes à la fois psychologiques et physiologiques, qui mettent à nu ses racines profondes dans l'âme et dans la vie.

Dirai-je donc que le groupe social élémentaire, c'est la famille ? Ce serait une grande hardiesse de ma part : il n'est rien d'aussi démodé aujourd'hui, d'aussi méprisé de haut parmi les sociologues, que cette solution si simple. Il y a quelques années encore, elle avait cours partout et passait pour vérité d'évidence. Quand un des pionniers les plus laborieux et les plus dévoués de la sociologie documentaire, l'un des plus attachants par sa hauteur morale, par son amour et sa rare intelligence des sociétés inférieures, barbares ou demi-civilisées, Le Play, consacra sa vie à étudier par le menu ce que j'appellerai l'histologie sociale, le tissu cellulaire des peuples, de telle manière que, une cellule étant connue, toutes les autres le fussent aussi, hésita-t-il un seul instant dans le choix du groupe que ses recherches devaient avoir pour objet ? Non, l'idée ne lui vint pas de tracer autre chose que des monographies de familles. A présent ses disciples même ont des doutes à cet égard et plusieurs d'entre eux sont en train de substituer plutôt que d'ajouter aux études du maître des monographies *de métiers* conçues sur un tout autre plan.

Quant à M. Durkheim, il repousse absolument toute immixtion d'une notion biologique dans la subtile sociologie qu'il ourdit. Pour lui, le groupe social élémentaire, ce n'est point la famille, c'est la horde, rassemblée n'importe comment et restée unie on ne sait comment ni pourquoi ; la horde, et puis le clan, répétition de hordes. Au degré près, le même parti-pris contre la famille se retrouve un peu partout, même chez les savants les plus recommandables par leur pénétration et leur modération habituelles. D'après Starke, le fait de la cohabitation a joué un bien plus grand rôle que celui de la consanguinité dans la formation du lien social. Il serait, avec la communauté de tatouage, de totem, de nom, l'origine véritable du clan et donnerait même l'origine du matriarcat, qu'on a cherché vainement à expliquer par l'hypothèse d'une promiscuité universelle aux débuts de l'humanité. Le clan serait donc une sorte de corporation héréditaire où l'on entrerait, moins par la vertu de la parenté que par celle d'une consécration religieuse. Dans les clans américains, *le totémisme* est l'effet d'une telle consécration. On donne à l'enfant — j'allais dire en le baptisant — un nom d'animal ou de plante, qui devient dès lors son protecteur, son médecin miraculeux et invisible. « M. Morgan, dit-il, nous raconte que, d'après une coutume assez répandue, la mère fait entrer son fils dans le clan qu'il lui plaît en lui donnant un certain nom ; chaque clan possède, en effet, une série de noms qui sont sa propriété particulière ; recevoir tel nom, c'est donc entrer dans tel clan. » — Pour bien entendre ceci, par parenthèse, on doit se rappeler que le nom donné à un enfant est réputé, chez les primitifs et même encore parmi nous, avoir une réelle efficacité sur son avenir. Il subsiste quelque chose de cette antique croyance au fond du culte voué par le chrétien au saint qui est son patron.

Les abeilles d'une même ruche, les fourmis d'une même fourmilière, sont toutes sœurs. C'est dire assez qu'il n'est pas possible d'aller chercher dans les sociétés animales un argument à l'appui de la thèse d'après laquelle il y aurait *antagonisme entre la famille et la société*. Dans la plupart des tribus humaines inférieures, les membres qui les composent se considèrent pareillement comme frères. C'est souvent une fiction il est vrai, mais cette fraternité fictive, extension artificielle et ingénieuse de la fraternité réelle, suppose nécessairement la préexistence de celle-ci, qui lui a servi de modèle.

La vérité est qu'il y a deux procédés différents, à l'usage de l'évolution sociale, pour développer la famille en société, et que ces deux procédés peuvent être réputés antagonistes, l'un se réalisant aux dépens de l'autre ; mais l'un et l'autre sont issus du groupe domestique primitif. Quel que soit ce groupe, monogamique ou polygamique, il peut s'étendre, soit par voie de simple accroissement et de complication intérieure : de là la tribu et le clan ; soit par voie de colonisation extérieure et de fédération plus ou moins lâche ou étroite entre ses rejetons détachés et disséminés sur un territoire d'une certaine étendue. Cette distinction rappelle celle des organismes monocellulaires, où l'unique cellule se grossit et se différencie intérieurement le plus qu'elle peut, et des organismes polycellulaires. En sociologie, d'ailleurs, comme en biologie, le second mode de développement est seul susceptible d'une haute ascension sur l'échelle du progrès.

Il faut convenir cependant que ce groupe, la famille, est quelque chose de bien vague et de bien indéterminé en soi, s'il n'y rentre aucun élément étranger pour le préciser et le circonscrire. Et le malheur est qu'en le précisant de la sorte on le complique. De là ces multiples formes de la famille qui, mises au jour par tant d'illustres ethnologues, ont paru n'avoir qu'un lien nominal entre elles. Cependant, si l'on y regarde de près, on ne laisse pas d'apercevoir le fond commun qui sert de thème à ces variations. Une des formes les plus originales de parenté est assurément celle des Iroquois et de beaucoup d'autres peuples qui pratiquent ce qu'on a appelé le *mariage syndiasmique*, le mariage collectif d'une série de frères avec une série de sœurs. Là on appelle pères ses oncles aussi bien que son père, on appelle fils ses neveux aussi bien que ses fils, on appelle frères ses cousins aussi bien que ses frères ... C'est ce qu'on nomme le système *classificatif* de parenté, et on l'oppose à notre système descriptif, européen. Eh bien, si étrange que soit à nos yeux cette notion américaine de la famille, il me semble que M. Gaston Richard en donne quelque part une explication très vraisemblable et très propre à la rapprocher originairement de la nôtre. Ce sagace écrivain l'explique par l'état de guerre presque permanent où vivent les tribus qui nous présentent cette étrangeté apparente. Plus le groupe social est menacé, plus il éprouve le besoin de se grossir en se ramassant, d'étendre en le fortifiant le lien spécial qui unit ses membres ; et, par suite, si ce lien est principalement la parenté — car, c'est là l'hypothèse qui s'impose — l'on doit tendre à élargir le plus possible, par les moyens les plus audacieux, le cercle des parents. Cela doit être, par la même raison que nous, civilisés, au fur et à mesure que nos mœurs s'adoucissent et se pacifient, nous tendons à rétrécir ce cercle, maintenant réduit au père, à la mère et à l'enfant ; tandis que, dans notre moyen âge, aux âges d'insécurité, on *cousinait* à l'infini. Le désir d'une parenté nombreuse et forte a créé cette assimilation des neveux aux fils, des cousins aux frères, etc., qui nous étonne de nos jours et qui aurait beaucoup moins étonné un *magnat* de Florence au XVe siècle.

Dans les groupes unis par un lien spécial, autre que la parenté, la même cause, le besoin de commune défense, produit des effets analogues. Quand le groupe professionnel est menacé ou se croit menacé, on voit les ouvriers similaires de diverses provinces, de divers pays, former des syndicats, des congrès internationaux, où l'on se traite en frères, où l'étranger est assimilé au national. Quand le groupe religieux est menacé, les querelles de détail s'oublient, et, entre dissidents, on se traite de co-religionnaires.

Le matriarcat, remarquons-le, s'explique très bien comme la suite presque inévitable du mariage syndias-mique ou, plus généralement, de la polyandrie. Quand un enfant ne sait au juste quel est son père parmi les hommes auxquels il donne ce nom, l'autorité de chacun de ceux-ci sur lui est neutralisée en partie par celle des autres, pendant que l'autorité de la mère se fait sentir sans rivalité. De là une situation singulièrement propre à rehausser le pouvoir de celle-ci, sans compter les mœurs nomades des pères et leur faible attachement à un enfant indivis. « Tout deviendrait peut-être clair, dit M. Richard, si l'on se résignait à voir dans le célèbre matriarcat un autre nom de l'abandon de la mère par le père, abandon qui devait être fréquent, en effet, au temps où les penchants qui poussent l'homme au vagabondage n'avaient pas été réprimés par les habitudes issues de la civilisation. » — Il est à noter que le matriarcat règne dans les déserts ou les prairies traversées par des cara-vanes commerçantes, au Caucase et au Sahara, parmi les anciennes Amazones et les Touareg actuels, partout enfin où les femmes, laissées seules au foyer pendant des mois, sont forcées de s'armer et de se masculiniser pour se défendre contre les ennemis environnants. Dans ces conditions défavorables à la fidélité conjugale, l'incerti-tude de la parenté conseille de ne désigner l'enfant que par le nom de sa mère.

En somme, nous voyons partout le lien vital de la génération servir à lier, à serrer vigoureusement, en groupe concret, réel, actif, le faisceau des liens sociaux. Ce n'est pas que des rassemblements d'individus, qui n'ont absolument rien de familial, ne jouent leur rôle dans nos sociétés, comme dans les sociétés animales. Les jeunes détachés de leur famille, chez les sauvages comme chez les animaux, se réunissent en bandes, comme nos conscrits au régiment ; et, ces bandes comme ces régiments sont des agrégats bien caractérisés, bien vivants, bien actifs, qui, à côté et en dehors des familles, ont leur place brillante au soleil. Oui, mais, ne l'oublions pas, grâce aux familles. Sans les familles, évidemment, et, sans une certaine organisation sociale de la famille qui a seule permis aux enfants d'apprendre un métier, de s'émanciper librement, il n'y aurait ni bande, ni horde, ni régiment possible. La bande, la horde, le régiment, c'est l'élément, non de la société à proprement parler, mais seulement de la société militante, pillarde et meurtrière, de l'armée. Ce n'est point la répétition, la multiplication, le groupement des bandes ou des hordes, qui produit la nation ; c'est la répétition, la multiplication et le groupement des familles.

Des familles, ou plutôt disons des *maisonnées*. Et, de fait, en croyant faire des monographies de familles, ce sont des monographies de maisonnées que nous a données Le Play. A toutes les époques et sur tous les continents, dans l'ancien comme dans le nouveau monde, une population quelconque se présente toujours à nos yeux fractionnée en maisons ou, ce qui revient au même dans une grande ville telle que Paris, en appartements distincts et séparés. Chacune de ces maisonnées consiste en un groupe familial nettement et arbitrairement découpé suivant la coutume dominante, et soit pur, soit le plus souvent mélangé, par un alliage plus ou moins intime, de membres adoptifs, d'esclaves, d'apprentis, de serviteurs. Me direz-vous qu'avant l'invention des maisons il ne pouvait y avoir, bien entendu, de maisonnée ? C'est certain ; mais il y avait, ce qui revient au même, aux âges troglodytiques, des *cavernées*, si l'on me permet ce néologisme. Parmi les pasteurs nomades, il y a la caravane, sorte de maisonnée ambulante, et que je qualifierais ainsi alors même qu'elle irait sans habitation d'aucune sorte, sans tente ni hutte quelconque, sans feu ni lieu, destinée qui a dû être celle de bien des peuples oubliés.

Ici, ce n'est pas assurément au rapport de co-habitation qu'il est permis de demander l'origine du groupe social. Mais est-ce, du moins, au rapport de *co-pérégrination*, qui établit un lien si étroit entre les nomades de chaque caravane, de même qu'entre les oiseaux migrateurs de chaque bande errante dans le ciel ? Marcher ou voler ensemble, errer et courir ensemble les mêmes dangers, tel a dû être, à coup sûr, un des premiers et des plus intimes liens sociaux. Mais ce lien suppose, lui aussi, le lien de parenté, à l'image et à la suite duquel il s'est évidemment formé. En effet, où les vivants, animaux ou hommes, ont-ils appris à marcher, à voler ensemble, à se suivre, à se masser, à s'unir, si ce n'est, tout petits, en suivant leur mère pas à pas, en s'abritant avec leurs frères contre leur père ? Ainsi est né l'instinct du groupement, le penchant à emboîter le pas, à imiter. La famille est donc le berceau de l'imitation, parce que le premier et toujours le principal mobile de l'imitation a été la sympathie confiante et crédule qui, sans la piété filiale, sans le dévouement maternel, sans les tendresses domestiques, ne serait pas. Ce serait une grave erreur de penser que, avec le progrès de la civilisation, avec l'extension des groupes artificiels nés de l'industrie ou de la politique, diminue la valeur sociale de ces attachements profonds, l'importance de ces groupements naturels. Loin de là, se civiliser, c'est sympathiser chaque jour davantage ; le champ social agrandi veut un cœur humain meilleur, attendri, élargi, comme un jardin plus vaste veut une eau plus abondante ; et où la trouver, si ce n'est en puisant toujours plus profondément à la seule source intarissable, ou plutôt en multipliant ses sources à la fois amoindries et plus pures ? Aussi est-il visible que, à chiffre égal de population, la civilisation multiplie les *maisonnées*, les foyers domestiques, et en simplifiant, en morcelant la famille, l'épure, la fortifie par son côté le plus tendre et le plus essentiel. Si la population de Paris était logée dans les *longues maisons* des Iroquois qui étaient des sortes de phalanstères ou de casernes, elle compterait dix ou vingt fois moins de foyers qu'elle n'en compte, divisée comme elle l'est en appartements et en logements minuscules.

On peut voir, au musée du Trocadéro, les principales variétés connues des *maisonnées* dans les différents pays ou dans les diverses provinces de la France. Mais dans chaque province même, dans chaque canton, la diversité, l'inégalité est grande entre la masure et le château, comme entre les petites tentes et les grandes tentes des nomades. Se représenter, par suite, le tableau des primitives sociétés comme une juxtaposition de segments égaux et semblables, c'est pousser un peu loin l'esprit de simplification méthodique. — Ces groupes sociaux primitifs, ces cavernées, ces caravanes, ces bandes, produits de la prolification, de la scissiparité d'une ou de plusieurs familles initiales, sont très dissemblables, précisément parce qu'ils sont très clos et très étrangers les uns aux autres. Chacun de ces groupes a sa langue ou son dialecte à soi, ses coutumes, ses dieux, ses secrets de métier, son gouvernement propre. De cette dissemblance on passe peu à peu à la ressemblance relative produite par mutuelle ou unilatérale imitation de clan à clan, de tribu à tribu.

Il ne faut pas dire que, plus tard, à cette division, sinon par familles, du moins par groupes de nature essentiellement familiale unis par une parenté réelle ou supposée, se substitue la division par métiers ou par classes, par religion ou par État, et que l'élément vital est de plus en plus refoulé, éliminé de nos sociétés par leurs forces proprement sociales. La vertu attachée au lien du sang n'a ni disparu, ni diminué même, elle a grandi comme ces forces qu'on dit nouvelles, qui, en réalité, sont ses contemporaines et qui ne se développent pas en raison inverse d'elle-même mais parallèlement. Si le groupe professionnel a été s'agrandissant toujours depuis son embryon au sein de la famille primitive jusqu'à nos grands syndicats qui s'étendent dans toute une nation ou dans toute une fédération d'États, — le groupe familial n'a-t-il pas reçu les mêmes agrandissements ? La cité antique n'existe réellement qu'à partir du moment où les deux ou trois tribus, plus ou moins hétérogènes, qui l'ont fondée en s'alliant à l'origine, se sont fusionnées physiologiquement par des croisements répétés. Et la nation moderne, malgré la faculté qu'elle a, mais dont elle use relativement si peu, de se grossir par voie de naturalisation, qu'est-ce autre chose qu'une vaste famille, un immense arbre généalogique ? La preuve en est que, lorsqu'un État, tel que l'Autriche, se compose de plusieurs tronçons de races amalgamées, jamais le sentiment d'une nationalité une et forte n'y prend naissance avant que de longs siècles aient permis à ces races de se croiser, de se combiner au moins sur leurs frontières, en une race ou en des races nouvelles. A l'inverse, un peuple, tel que le peuple polonais, a beau être divisé entre plusieurs États, la communauté d'origine y maintient indéfiniment le sentiment d'une nationalité commune. En un mot, le lien physiologique, qui constituait le fondement principal des petites sociétés domestiques de jadis, puis des tribus, puis des cités antiques, est encore le fondement essentiel des grandes sociétés nationales d'aujourd'hui. Par là, manifestement, il a acquis une vertu et une portée toujours plus larges. Car, avant la formation des cités, puis des nations, les innombrables familles ou tribus répandues sur un grand territoire, tel que celui de la Gaule ou de la Germanie, étaient bien parentes entre elles, comme elles le sont dans les États modernes, en France ou en Allemagne. Mais cette parenté n'avait pas encore la vertu d'établir entre elles un lien social et le sentiment de ce lien ; elles étaient, elles se sentaient étrangères les unes aux autres, tandis qu'à présent elles sont, elles se sentent intimement et fraternellement unies. La civilisation a donc singulièrement agrandi la famille, dans le sens national, *interfamilial*, du mot, autant que, dans le sens étroit et propre, elle l'a rétrécie.

Ce développement graduel du cercle social *génétique* s'est accompli en même temps que l'agrandissement du cercle professionnel. Au début, l'identité d'occupation ne liait d'une manière plus étroite, dans chaque maison ou dans chaque caverne, qu'un très petit nombre d'hommes, d'esclaves ou de femmes, affectés à une même tâche guerrière, pastorale, agricole, industrielle. Plus tard, et précisément parce que le lien familial s'était étendu, la communauté de travaux se fit sentir comme une source nouvelle d'affinités et de solidarité sociale entre dés gens ap-

partenant à des familles, à des tribus, à des cités différentes. Il n'y a donc pas rapport inverse entre le progrès du lien vital et celui du lien social qui se rattache
à la production laborieuse, c'est-à-dire à la reproduction
imitative des mêmes espèces de richesses ou de services.

Et ce que je dis de la communauté de travail, je pourrais le dire aussi bien de la cohabitation sur un même sol,
ainsi que de la communion des croyances et de celle des
volontés. Toutes ces diverses causes d'agrégation sociale
existent en germe dès l'origine et se développent harmo-
nieusement. Seulement, les dernières, celles qui ont une
nature toute sociale, se développent beaucoup plus vite
et vont beaucoup plus loin ; de telle sorte qu'il vient un
moment où, sous l'empire d'une grande autorité respec-
tée, d'une foi ou d'une aspiration commune, d'une même
civilisation, s'agrégent ou tendent à s'agréger en une
sorte de vaste nation suprà-nationale, telle que le monde
romain, la chrétienté du moyen âge ou la fédération européenne de demain, les peuples des races les plus diverses.
Mais il ne s'agit pas ici de ce beau terme final où mar-
chent ces développements sociaux d'un pas inégal quoique parallèle. Il s'agit de leur terme initial. Or, dès le
début, le fait d'habiter une même caverne ou une même
palafitte, plus tard une même tente, et de parcourir une
même région en nomades routiniers, aux invariables
pérégrinations périodiques, s'est ajouté — et non substitué, comme le croit Sumner-Maine par erreur — au
fait d'avoir le même sang dans les veines, pour constituer le groupe envisagé comme *patrie (patria tellus)*.
Dès le début, pareillement, nous venons de le dire, ceux
qui se sont livrés aux mêmes besognes (tisser, coudre,
traire, chasser, pêcher, etc.) se sont sentis rapprochés par

là. De famille en famille, les pêcheurs et les pêcheurs, les chasseurs et les chasseurs, les tisseurs ou plutôt les tisseuses et les tisseuses, tendaient à former une même *classe*, pendant que leurs familles tendaient à former une même *nation*. C'était le premier pas vers l'*internationalisme* aussi bien que vers la nationalisation. Autre cause de tendances internationales dès l'origine : la communauté de superstitions qui tend à réunir en une même *Église* les adorateurs dispersés du même dieu. Quant à la communauté de vouloir, de dessein, d'intérêt collectif, sans elle il n'y aurait jamais eu d'agrégat humain possible ; c'est l'âme nécessaire de toute société politique, de tout *État*.

Ainsi, dès le principe, l'idée de *nation*, l'idée de *patrie*, l'idée de *classe*, l'idée d'*Église*, l'idée d'*État*, coexistent et vont se précisant, se déployant à la fois, quoique, je le répète, avec une vitesse inégale. Telle est la réalité concrète et vivante, objet de nos études auxquelles doivent concourir, par conséquent, non seulement des historiens, des philosophes, des juristes, des moralistes, des lettrés, mais des naturalistes, des anthropologistes, des médecins. Toutes les sciences se sont donné rendez-vous en sociologie, quoiqu'elle ait assurément son domaine bien à elle, mais non pas un domaine en l'air, dans les brouillards de l'ontologie.

La sociologie peut être conçue, et elle a été conçue tour à tour : 1° comme une *physique* sociale (les économistes, Auguste Comte) ; 2° comme une biologie sociale (Spencer) ; 3° comme une psychologie sociale. Et chacune de ces conceptions a son côté plausible, bien que la troisième seule, à mon avis, soit aussi compréhensive que pénétrante. Mais la pire notion qu'on se puisse faire de notre science, c'est, je crois, de la concevoir 4° comme une idéologie sociale.

Maintenant, le groupe social et le fait social étant définis par ce qui précède, il me resterait à parler de leur rapport, l'état social, et de la logique qui préside à la composition des états sociaux ainsi qu'à leur évolution ou plutôt à leurs évolutions. Ce serait le moment aussi de nous demander en quoi consiste la distinction des états sains et des états morbides de la société, et si M. Durkheim, que nous retrouvons encore ici, a raison d'affirmer qu'une criminalité élevée n'est nullement un état social pathologique, mais, au contraire, fait « partie intégrante » de la santé du corps national : vue singulière à laquelle il est, nous dit-il, logiquement conduit par l'application de sa méthode. Et je devrais bien dire un mot aussi de la méthode ; mais, outre que tout cela nous entraînerait trop loin et qu'il est grand temps de finir, j'estime que la meilleure méthode pour chacun de nous est celle qui se fait pour soi tout seul en étudiant, comme les peuples primitifs se font leurs coutumes et leur législation originales en agissant. En se jetant à l'eau, on apprend à nager.

Si j'avais une maxime à formuler à cet égard, elle aurait trait aux conditions morales en quelque sorte et non pas seulement intellectuelles que requiert la découverte de la vérité. Un peu de modestie et de simplicité sied à une science adolescente comme à un jeune homme qui entre dans la vie ; elle doit se garer du ton doctrinaire et du jargon d'école. Il y faut donc apporter une disposition d'esprit bienveillante et famillière et aussi, et

avant tout, l'amour vif et joyeux du sujet. La première
condition pour être naturaliste, c'est d'aimer la vie, c'est
de fraterniser avec tous les vivants, de sentir ce qu'il y
a de bonté cachée dans les plus terribles. Car le tigre
lui-même est bon, le boa est bon ; le crotale, me disait
sérieusement un savant, n'agite sa petite sonnette que
pour prévenir les passants du danger qu'il leur fait courir, à l'instar de nos bicyclistes. Et, de même, la première condition pour être sociologue, c'est d'aimer la
vie sociale, de sympathiser avec les hommes de toute race
et de tout pays réunis autour d'un foyer, de rechercher
avec curiosité, de découvrir avec bonheur ce que recèle
d'affectueux dévouements la hutte du sauvage réputé le
plus féroce, parfois même le repaire du malfaiteur ; enfin,
de ne jamais croire facilement à la stupidité, à la méchanceté absolue de l'homme dans son passé, ni à sa
perversité présente, et de ne jamais désespérer de son avenir.

LE TRANSFORMISME SOCIAL (1)

M. de Greef, tout socialiste qu'il est, est un sociologue plus curieux encore peut-être de solutions théoriques que soucieux de conclusions pratiques (2). Il pense avec gravité et il écrit avec conviction et franchise, non sans vigueur souvent. Mais ses rares qualités d'esprit, à mon avis, sont faussées par le point de vue biologique qu'il persiste à importer en sociologie et qui, malgré ses réels efforts pour extraire de l'idée de l'organisme social une vraie science sociale, lui interdit la perception claire et précise des faits sociaux. Le gros et important volume qu'il vient de publier est bien un voyage au long cours dans le monde des sociétés, mais est-ce un voyage de découvertes? c'est plutôt, je le crains, une circumnavigation qu'une exploration. Sa pensée, en un déroulement tranquille et trouble, excelle à côtoyer les problèmes escarpés plus qu'à les résoudre. Elle ressemble à un fleuve large et limoneux qui ne cesse de couler au pied de grands rochers, très pittoresques d'ailleurs, mais sans les entamer très sensiblement. N'importe, il est intéressant et instructif en ses méandres. — Sans doute, on

(1) *Revue Philosophique*, juillet 1895.

(2) *Le transformisme social*, essai sur le progrès et le *regrès* des sociétés, par G. de Greef, professeur à la Nouvelle Université libre de Bruxelles (Alcan, 1895).

peut dire que, dans l'état actuel de la sociologie, la question du Progrès des sociétés est prématurée et ne méritait pas d'être le sujet unique d'un ouvrage de 520 pages. Il n'est pas de matière où l'amour des généralités vagues et diffuses se soit donné une plus ample carrière. L'auteur a cherché à serrer de plus près que ses devanciers les termes du problème. Y a-t-il réussi? On le verra. La partie historique du sujet est très développée ; elle remplit plus de la moitié du volume. Parcourons-la d'abord ; puis nous exposerons la doctrine du savant professeur.

I

Si nous pensions que Condorcet eût inventé l'idée du Progrès, M. de Greef suffirait à nous détromper. Cette idée remonte à la plus haute antiquité. L'idée du *regrès* également. — Car, par symétrie, l'auteur veut qu'on dise *regrès*, quoique — par la force de l'imitation, qu'il méconnaît tout en lui obéissant — lui-même écrive presque partout *régression*, effectivement beaucoup plus usité. — Il nous apprend aussi que l'idée de considérer la société comme un *organisme naturel* est d'Aristote. Au moyen âge, l'Arabe Khaldoun formule nettement les prétentions du transformisme social. « Les Empires, dit-il, passent à travers diverses phases; ils sont soumis à des variations générales et régulières qui affectent tous les éléments de la société et agissent sur les sentiments et les modes de penser et d'agir de tous les membres d'une génération. » — Roger Bacon, avec infiniment plus de vérité et de précision, affirme le progrès continu des *sciences*.

A cela M. de Greef objecte que « les sciences n'ont pas progressé au moyen âge ». Et cette objection est un bon exemple du reproche général qu'on peut lui faire d'omettre souvent des distinctions nécessaires. En effet, considérées au point de vue de leur vulgarisation, de leur propagation imitative, non seulement les sciences n'ont pas progressé, mais elles ont singulièrement *régressé* au moyen âge. Au contraire, en tant que faisceaux de découvertes et d'inventions — imitées ou non à une époque quelconque, mais toujours susceptibles de se répandre imitativement, pourvu que, de génération en génération, se soit transmise la connaissance de la langue où sont écrits les livres ou les manuscrits dépositaires de ces grands secrets — les sciences n'ont cessé de croître, même au moyen âge, enrichies alors par notre système de numération, les éléments de l'algèbre, les innombrables faits recueillis par les alchimistes et même les astrologues, etc. Sous ce second rapport, qui est le plus important, Roger Bâcon a donc raison contre notre auteur.

Glanons au hasard, plus près de nous, quelques autres remarques utiles. La loi des trois états, d'Auguste Comte, se trouve déjà dans Turgot. Dans Krause, l'idée aristotélicienne de la société organique est reprise et développée. — A propos de la distinction de Saint-Simon entre les périodes *organiques* et *critiques* de l'histoire, très juste observation sur l'étrangeté du caractère purement *critique* attribué par Saint-Simon et Comte aux trois derniers siècles de notre ère, ceux précisémeut où se sont constitués et organisés nos Etats modernes : fausse distinction, est-il dit avec raison, car « tout état social implique une organisation, un équilibre que les variations sociales ne peuvent détruire ; il y a un *système so-*

cial dans les hordes les plus rudimentaires réunies en société ». L'expression de *système social*, échappée à l'auteur, me charme particulièrement, comme aveu implicite de ce qu'il y a de logique, de systématique, dans la formation des institutions sociales. — Beaucoup de jugements sur la valeur comparée des doctrines sont sujets à caution (1). J'en relève un de très injuste sur Sumner-Maine. Il paraît que l'auteur de l'*Ancien droit* — à qui celui du *Gouvernement populaire*, peu tendre pour les démocraties, a fait tort, j'en ai peur — est « superficiel » parce qu'il n'est pas naturaliste, « aucune théorie de ce genre (sociologique) n'étant possible aujourd'hui si elle ne repose pas sur les données des sciences physiques et naturelles ». En effet, « c'est s'arrêter à la superficie de l'histoire que d'attribuer à des facteurs individuels des transformations qui ont leurs causes profondes dans l'organisation économique et morale des sociétés ». Je voudrais bien savoir si cette organisation s'est faite toute seule, ou n'est qu'une résultante de la race et du climat; j'ai cette faiblesse aussi, je l'avoue, de ne voir dans le drame social d'autres facteurs que ses acteurs, des hommes, qui ont eu leur physionomie et leur son de voix distincts, et qui ont agi, je le sais, sous l'influence d'agents atmosphériques ou de besoins et d'instincts héréditaires, mais surtout sous l'empire de passions et d'idées jaillies de leurs rencontres et de leurs relations avec d'autres hommes, caractérisés comme eux. Ne pas

---

(1) Il y a d'autres erreurs; par exemple, il écrit : « La conception de M. de Lilienfeld, comme celle de M. Tarde, est une conception psychique. » A ceux qui ne connaîtraient mes idées que par ce jugement sommaire, je me vois forcé de déclarer qu'elles sont très loin de se confondre avec celles de l'honorable M. de Lilienfeld. Mon assimilation avec lui n'a certes rien de désobligeant, mais elle manque tout à fait d'exactitude.

voir cela, ne pas descendre *à ce détail essentiel*, se payer ici de mots tels que le *milieu* physique ou le *milieu social* ou même le *facteur économique*, entités qui ne signifient rien ou qui se résolvent nécessairement en actions individuelles accumulées, est-ce être profond ou est-ce être myope? Sumner-Maine a eu l'immense mérite, un des premiers, de reconnaître ce qu'il y a de décevant dans l'espérance d'éclaircir l'idée de société, idée claire s'il en fut, par l'idée de Vie, la plus obscure de toutes les notions. Si celle d'*organisme* semble plus précise, et l'est en effet, c'est parce qu'elle a été originairement créée (ὄργανον, instrument, outil) à l'image des mécanismes sociaux, des techniques, comme dirait M. Espinas, et a gardé quelque chose de cette origine. Le fait est que l'*organisation* judiciaire ou administrative la plus compliquée est assurément plus facile à comprendre à fond que l'organisation du champignon ou du mollusque le plus simple. — On ne saura jamais ce que ce nuage pris pour une nébuleuse, le *milieu social*, et ce que cette comparaison prise pour une raison, l'organisme social, ont fait de mal à la sociologie en se combinant. Ontologie et biologie sociologiques mêlées : c'est vraiment trop des deux à la fois.

Je ne sais pourquoi, incidemment, M. de Greef reproche à Sumner-Maine, comme une conséquence de son ignorance dans les sciences naturelles, d'avoir écrit que l' « état normal ou naturel de l'humanité n'est pas l'état progressif » et que « l'immobilité de la société est la règle, sa mobilité l'exception ». Ce que M. de Greef blâme ici sévèrement, il l'approuve ailleurs sous la plume de Niebuhr et sous celle de Tylor. « Aucun exemple, dit le premier, ne peut être cité d'un peuple s'élevant par lui-même à la civilisation ». Le second dit aussi et mieux :

« Le Progrès se produit plutôt par l'influence étrangère que par l'action interne. *La civilisation est une plante qui se propage plus qu'elle ne se développe.* » Autant dire que l'homme est plus imitatif qu'inventif. — On a si rarement l'occasion de voir trois sociologues d'accord — à savoir Tylor, Niebuhr et Sumner-Maine — et même quatre, y compris M. de Greef, bien qu'il ne soit pas d'accord avec lui-même sur ce point — qu'il vaut la peine de s'arrêter un instant sur une proposition si privilégiée. Un instant seulement, pour faire remarquer cette vérité importante qu'elle implique, à mon avis et sur laquelle M. Gumplovier, l'undes premiers, a eu raison d'insister : l'hétérogénéité des premiers groupes humains. Que l'humanité soit née d'une souche unique ou de plusieurs souches, peu importe ; dans l'hypothèse d'un seul berceau, elle n'a pas tardé à se morceler en familles ou en hordes divergentes. Après, que voyons-nous? Des tribus différentes, éparses ou juxtaposées, chacune ayant son petit peloton d'inventions qu'elle a dévidées séparément, dont elle vit et que, à partir d'un certain point, elle cesse de grossir, parce qu'elles suffisent à la satisfaction de ses besoins actuels. Que faut-il dès lors pour que ses besoins se compliquent ou se modifient et s'ouvrent à de nouvelles inventions? Il faut son contact avec d'autres tribus à qui elle les emprunte, à charge de revanche. Mais à quoi servirait cet échange, et comment pourrait-il avoir lieu, si tous les *pelotons* dont il s'agit étaient identiques, si, formés spontanément, mais conformément à une loi rigide d'évolution, ils se composaient d'un même fil d'idées semblablement déroulées ? C'est donc grâce à la divergence spontanée et naturelle des évolutions que leur union hybride peut être féconde et que, en chacune d'elles, l'inoculation du virus salutaire emprunté aux autres détermine la poussée d'éruptions géniales nouvelles. Car il n'y a pas addition seulement, mais multiplication et combinaison par suite de ces contacts.

M. de Greef a pour caractère propre de greffer souvent Karl Marx sur Spencer ou sur Comte, et de parler avec plus de correction la langue de ce dernier. Il ne les juge pas moins avec une méritoire liberté d'esprit. Je n'en veux pour preuve que les très justes réflexions dont il accompagne la prédiction de Marx relative à l'avènement nécessaire de l'ère socialiste, comme seul aboutissement nécessaire du développement historique. L'auteur du *Capital* « se trompe », dit-il. Et il ajoute : « au fond, le développement historique caractérisé, dans la période capitaliste, par la concentration de la propriété foncière, du commerce, de l'industrie et des agents de la circulation, peut aboutir aussi bien à la décomposition de l'État moderne au profit d'une nouvelle féodalité qu'à une socialisation plus complète. Cette nouvelle féodalité se dessine déjà parfaitement bien dans le Nouveau monde, au moins autant que dans l'Ancien.... Ceci soit dit non pour décourager les efforts des réformateurs de la classe ouvrière, mais uniquement pour réagir contre cet optimisme idéaliste qui est au fond la théorie de Marx... » Passons sur cet *optimisme*, qui pourrait bien paraître du *pessimisme* à quelques-uns, et sur cet *idéalisme* discutable. Ce que je retiens de la phrase citée, c'est que l'évolution future ici comme partout est *ambiguë*, ce qui ne l'empêchera pas d'avoir été déterminée ; et que signifie cette très réelle ambiguïté (où le libre arbitre n'a rien à voir), si ce n'est que l'évolution sociale dépend de ces « facteurs individuels » dont notre auteur ne veut pas entendre parler ? Car, assurément, si les facteurs impersonnels et anonymes, toujours identiques à eux-mêmes, agissaient seuls, elle suivrait un cours qui, sou-

mis à l'action invariable et continue ou régulièrement
variable de ces forces complexes mais condensées en une
résultante unique, serait nécessairement unique aussi.

Je remarque un passage — curieux, du reste, comme
échantillon de l'histoire refondue au point de vue socialiste — où M. de G. non seulement reconnaît, lui aussi,
par une exception significative, l'importance éminente
du facteur individuel, mais encore se l'exagère fort,
comme on va le voir. Il s'agit de savoir pourquoi l'empire romain est tombé. « La féodalité et le moyen âge,
est-il dit, furent les suites de la banqueroute d'une grande
civilisation *qui ne sut pas intervenir à temps — comme le
tentèrent, à diverses reprises, les réformateurs sociaux
en Grèce et à Rome dans la constitution du régime économique* — et qui dès lors suivit son évolution *naturelle*
vers le régime nouveau. » Ainsi, l'Empire romain est
tombé faute d'avoir eu à sa tête un César socialiste qui
aurait tenté sur ce corps immense les expériences chirurgicales essayées, au temps de Pythagore ou plus tard,
dans certaines petites cités de la Sicile ou de la Grande
Grèce, et qui, d'ailleurs, y ont si lamentablement
échoué ! (1) Il m'est difficile, je l'avoue, de me représenter un Dioclétien ou un Constantin édictant *et faisant
exécuter* l'expropriation de tous les *latifundia* de l'Empire et l'émancipation des colons devenus petits propriétaires. Ce qui, à mon avis, bien mieux qu'une infusion
socialiste (opérée en fait sous forme chrétienne et non à
l'avantage de l'ancienne civilisation), eût sauvé le monde
romain, ç'eût été l'invention de la poudre à canon faite
quelques siècles plus tôt. Or, en quoi la découverte de ce
mélange chimique assez simple, déjà en germe dans le

(1) Voir à ce sujet la leçon d'ouverture du cours de M. Espinas à la
Sorbonne, en 1895.

feu grégeois, comme l'a prouvé M. Berthelot, eût-il dépassé la portée intellectuelle et les ressources scientifiques des savants d'alors? La fabrication du verre, qui remonte si haut dans la nuit des temps, présentait bien plus de difficultés. En tout cas, cette hypothèse n'a rien assurément de plus hardi que celle d'un empereur démocrate et collectiviste. Et il me semble que, après cela, M. de G. perd quelque peu le droit de reprocher à Sumner-Maine sa reconnaissance des services rendus par les hommes de génie.

II

La partie dogmatique du livre que nous étudions nous paraît à la fois la plus importante et la moins solide. Elle soulève de grands problèmes, mais, comme il arrive d'ordinaire aux philosophes, avouons-le, les laisse retomber. Il s'agit de formuler les lois du « dynamisme social » et de découvrir le « mètre du Progrès et du Regrès ». Mais disons d'abord que l'analyse des sociétés a conduit le savant belge à y discerner sept propriétés, ni plus ni moins, à savoir « des propriétés économiques, génésiques (familiales), artistiques, scientifiques, morales, juridiques et politiques ». Elles sont ainsi rangées d'après « leur ordre hiérarchique ascendant de complexité et de spécialisation, les propriétés économiques étant les plus simples et les plus générales, les propriétés politiques les plus complexes et les plus spéciales, les autres occupant les places intermédiaires ». On peut s'étonner de ne voir figurer dans cette énumération ni la langue ni la religion, car, à coup sûr, les propriétés linguistiques et religieuses, pour parler comme notre auteur, font quelque figure dans nos sociétés. Même oubli des propriétés militaires, qui ont bien aussi, hélas ! leur importance. Quant à l'ordre hiérarchi-

que de ces propriétés ci-dessus énumérées, il n'est que
l'application aux différents phénomènes sociaux du
principe sur lequel Auguste Comte a fondé la classification et la hiérarchie des diverses sciences. Seulement,
s'il est certain que l'objet des mathématiques est plus
simple et plus général que celui de la physique, celui de
la physique que celui de la biologie, celui de la biologie
que celui de la psychologie et surtout de la sociologie,
il ne l'est pas le moins du monde que, *dans une société*,
l'activité industrielle, même en fait d'industries alimen-
taires, soit quelque chose de plus simple et de plus
général que l'existence de la famille dans le sens le plus
large du mot (*propriétés génésiques* de l'auteur), ni que
la famille soit quelque chose de plus simple et de moins
général que la pratique et la reconnaissance d'un pouvoir,
(propriétés politiques), ou d'une morale et d'une coutume
quelconques. Partout où il y a société, dans la tribu ou
le clan sauvage, dans la horde même, comme dans la
cité hellénique ou l'État moderne, les fonctions économiques s'accomplissent sous la protection d'un chef, directeur du travail aussi bien que de la guerre. Le pouvoir, et j'en dirai autant du droit et de la morale, n'est
pas moins répandu ni plus compliqué originairement
que le travail. Ce qui donne sa raison d'être à la classification comtiste des sciences, c'est que, dans cette strati-
fication des terrains scientifiques, chaque couche inférieure est une condition nécessaire de la constitution de
la couche supérieure, sans nulle réciprocité ; par
exemple, la physique n'a pu réellement se développer
et se constituer qu'après un assez haut degré de développement des mathématiques, qui n'ont pas attendu, pour
se former, la formation de la physique. Mais, dans un
groupe social, tous les éléments analysés — si incom-

plètement — par M. de Greef, coexistent au lieu de se
succéder, et se conditionnent mutuellement. Tous les
phénomènes d'ordre économique ou politique, moral ou
juridique, esthétique ou intellectuel, naissent ensemble
et se développent presque parallèlement, les progrès de
l'un aidant aux progrès des autres, ou *vice-versa*, et
tantôt l'un, tantôt l'autre, prenant le pas sur ses voisins.
Pour que l'idée de M. de Greef fût exacte, il faudrait qu'il
pût nous montrer des sociétés où tout serait exclusivement économique, sans nul lien de famille, nul rapport
d'obéissance ou de commandement, sans nulle ombre
de moralité ou de coutume ; d'autres où tout fût économique et *génésique*, mais sans rien de *gouvernemental*
ni de *coutumier*, etc. Mais cela lui est impossible.

Dira-t-il qu'il n'est pas permis de qualifier *politique* le
gouvernement du chef de clan ou du patriarche hébreu ?
Mais pourquoi ? Il n'y a pas moins loin de l'industrie rudimentaire d'une peuplade nègre aux usines et aux ma-
nufactures de Londres ou de Manchester qu'il n'y a loin
de l'autorité d'un cacique à celle d'un de nos grands
hommes d'État ; et les grattoirs de silex ou les peaux de
bête de nos aïeux troglodytiques ne diffèrent pas moins
de notre outillage ou des produits exposés aux vitrines
de nos grands magasins que le bâton de commandement
d'un chef ayant vécu à l'âge de la pierre éclatée ne diffère
de la main de justice d'un Louis XIV ou de l'épée d'un
Napoléon. Si le pouvoir a été se compliquant et se spécia-
lisant, est-ce que chacune des industries primitives,
alimentation, poterie, couture, etc., n'a pas progressé
de même en spécialité et en complexité ? Et ne peut-on
pas dire presque la même chose — sinon de la famille,
qui, elle, a été se simplifiant au contraire et s'unifor-
misant dans les temps modernes — du moins de l'art,

de la morale et du droit qui, tout en se généralisant, ont été se compliquant au cours de la civilisation?

D'ailleurs, le principe de M. de Greef peut être facilement jugé par une conséquence à laquelle il le conduit logiquement et contre laquelle a protesté avec raison un autre sociologue socialiste, M. Loria, qui cependant partage sa prédilection pour le « facteur économique » de l'histoire. La voici, exposée déjà dans sa brochure sur les *Lois sociologiques:* « Si, dit-il, notre classification hiérarchique des phénomènes sociaux est exacte, la loi sociologique primordiale sera la plus simple et la plus générale de toutes celles qui se rapportent à la classe également la plus simple et la plus générale, c'est-à-dire l'économique, et, dans cette classe, à la division primaire, la *circulation.* Dès à présent il n'est pas téméraire d'affirmer, en se fondant sur les inductions et les expériences acquises, que *la structure et le fonctionnement de toutes les sociétés sont déterminés en général par la structure et le fonctionnement économiques et, en premier lieu, par les lois de leur circulation économique* », c'est-à-dire de leur circulation *monétaire.* La même idée est reproduite avec amplification dans le nouvel ouvrage de l'auteur, où il la rattache à la fois au principe ci-dessus et à la notion de l'organisme social : « La fonction circulatoire étant la fonction économique la plus générale et la plus simple, l'*objectif principal* de la politique scientifique doit être d'introduire ses agents modificateurs dans la circulation générale et notamment dans un de ses organes principaux, *la monnaie*, qui, comme la circulation du sang, entretient la vie de tout l'organisme... » D'où il suit que, parmi toutes les questions qui agitent notre temps, il n'en est pas de plus grave, de plus troublante, de plus palpitante d'intérêt, que le débat des monométallistes, par exemple, et des bimétallistes.

Je pourrais m'arrêter là ; car, la classification hiérarchique des sept propriétés du corps social étant le fondement de tout l'édifice doctrinal de M. de Greef, si cette base disparaît, tout croule. Mais il est bon de noter quelques autres lois qu'il déduit de son point de vue fondamental. Quand il légifère, il a l'excellente habitude de légiférer franchement et de numéroter ses lois comme les articles d'un code. Il y a ainsi des séries de formules p. 312, 364 et ailleurs. Rien de plus louable que cette pratique où se montre la vigueur d'un esprit consciencieux qui ne cherche à dissimuler aux autres ni à lui-même aucun pli de sa pensée. Le malheur est qu'en pressant ces formules, d'apparence parfois spécieuse, on n'en extrait trop souvent que des vérités peu fécondes ou des erreurs. Je comprends très bien la loi 3° (p. 312): les phénomènes et les fonctions immédiatement antécédents agissent le plus immédiatement et le plus directement sur les phénomènes et les fonctions immédiatement séquents », et il est vraiment difficile de ne pas admettre cela. Mais la loi 5° de la même série est beaucoup moins évidente : « Ce sont les phénomènes les plus homogènes de la même classe qui s'associent le plus facilement ». C'est oublier que les semblables sont souvent les contraires, les concurrents. Il est vrai que — d'après mon point de vue particulier — les similitudes d'origine imitative tissent, même entre concurrents, des rapports sociaux qui deviennent à la longue des liens sociaux. Mais peut-être valait-il la peine d'expliquer cela. Il eût convenu pareillement de ne pas formuler sans réserves expresses la loi 10° : « les phénomènes et les fonctions les plus élevés étant aussi, dans chaque classe et dans l'ensemble des classes, les plus récemment apparus, sont les plus superficiels, les plus variables, les moins stables ». De toutes nos institutions françaises, l'une des plus récentes est le suffrage universel ; essayez donc d'y porter atteinte. On supprimerait bien plus aisément, à coup sûr, l'organisation de la magistrature et celle du clergé, qui, à certains égards, datent du moyen âge. La proposition énoncée n'est donc vraie que dans une certaine mesure assez vague ; et dès lors tout ce que l'auteur développe plus loin sur l'évolution régressive des sociétés, qui serait précisément l'inverse de leur évolution progressive, ne saurait être accepté que sous bénéfice d'inventaire.

III

Au moins faut-il rendre justice au distingué professeur de Bruxelles qu'il ne recule devant aucun problème, si ardu ou si terrible qu'il soit. Il en est un, non des moins redoutables, que le sujet de son livre implique nécessairement et qu'il traite avec toute l'ampleur voulue : quel est le *mètre du Progrès ?* Car, si nous sommes en mesure d'affirmer qu'un État est en progrès sur un autre État, qu'un être est supérieur à un autre être, c'est évidemment que nous possédons une pierre de touche pour constater cette supériorité et même, jusqu'à un certain point, pour la mesurer. Quelle est-elle ? C'est le *hic* des théories sur le Progrès. — Avant de répondre, M. de G. réfute quelques-unes des réponses proposées (non toutes, non les plus solides à notre avis) et il n'a pas de peine à montrer que le degré de civilisation ne se mesure ni à la densité ni au taux de progression de la population, ni à sa richesse, ni, etc. Mais, quand il répond à son tour, il me paraît être beaucoup moins concluant : « Ce n'est, dit-il, que par leurs institutions, et surtout par l'ensemble de leurs institutions, c'est-à-dire par leur *organisation intégrale*, que nous pouvons *avec précision* mesurer le degré de civilisation, le progrès et le regrès des sociétés ». Appliquons. Voilà deux civilisations, celle de l'Empire romain sous Trajan et celle du moyen âge européen sous saint Louis : d'après Comte, le passage de la première à la seconde a été un grand progrès ; d'après M. de Greef, une profonde régression. Qui des deux a raison ? Est-ce que le *mètre* indiqué va permettre de trancher ce conflit ? Nullement. Les organisations comparées sont hétérogènes, et l'on ne saurait dire, *surtout si on les compare intégralement et non partiellement*, que l'une d'elles a été, dans son ensemble, inférieure ou supérieure à l'autre. La plus élevée en moralité, c'est celle du xiii⁰ siècle ; en sécurité, en bien-être, c'est celle du iii⁰ siècle. Tel ou tel de leurs *oryanes*, si organe il y a, l'*organe* de la poésie latine, par exemple, ou du savoir mathématique, peut être dit, dans la première, supérieur ou inférieur à l'organe correspondant de la seconde, mais la comparaison des deux *organisations intégrales*, je le répète, ne peut conduire légitimement à aucune conclusion de ce genre.

Si l'explication de la société par la vie, du jour par la nuit, est surtout illusoire, c'est surtout quand on prétend demander à la biologie le critère du Progrès social. Les naturalistes sont si peu en mesure de fournir aux sociologues un bon critère pareil qu'eux-mêmes en sont dépourvus pour leur propre usage, et que, entre deux espèces vivantes hétérogènes, l'une et l'autre bien adaptées à leurs genres de vie différents, entre une orchidée, par exemple, et une labiée, voire même entre un champignon et une composée, il leur est interdit, au fond, de porter un jugement de supériorité ou d'infériorité organique. On peut affirmer que, s'il n'existait, en fait, d'êtres vivants (autres que l'homme) que des plantes, l'idée de juger un monocotylédone supérieur à un acotylédone, ou un dicotylédone à un monocotylédone, dans le cas où il s'agirait d'espèces pareillement parfaites chacune dans son domaine à part, ne viendrait à aucun biologiste. Les botanistes n'ont songé à cette idée, encore bien faiblement, qu'à l'instar des zoologistes qui, préjugeant l'homme supérieur à tous les autres animaux, même organiquement, ont commencé par ranger les espèces animales sur une échelle d'honneur graduée d'après leur conformité plus ou moins grande avec l'organisation humaine, puis, cherchant à pallier leur parti pris *anthropocentrique*, ont cru plus scientifique de trouver dans le développement plus ou moins compliqué du système nerveux, et enfin, plus généralement, dans le degré de *division du travail organique*, le *mètre* du degré d'organisation, mètre superficiel à la vérité, fil conducteur sujet à se briser souvent dans la main, mais commode et applicable aux végétaux eux-mêmes. Ce n'est pas un fil, à vrai dire, c'est plutôt un certain nombre de bouts de fil, impossibles à nouer bout à bout, que ce principe (emprunté, nous le savons, aux économistes, aux sociologues d'avant l'heure, par les naturalistes) met à la disposition du chercheur. Et il rend de la sorte, à raison de son origine sociale, de réels services, mais limités à un groupe étroit d'organismes nettement apparentés, ou encore mieux d'organes dérivés les uns des autres. Tant qu'il s'agit d'un même travail à remplir, d'une fin ou d'une fonction déterminée, telle que marcher, voler, digérer, voir, entendre, le plus ou moins de perfectionnement organique peut fort bien se

mesurer au plus ou moins de division de la tâche collective, quoique ce qui importe encore plus, ce soit le
plus ou moins de coordination des fragments de l'œuvre
totale ainsi divisée. Mais, quand il y a substitution d'un
travail à un autre, et non d'un procédé à un autre pour
accomplir le même travail, en quoi le principe de la division du travail, même joint à celui de la coordination
du travail, pourra-t-il servir à juger du degré hiérarchique des divers travaux ?

C'est cependant à cette conception confuse et insuffisante, fragmentaire et superficielle, du Progrès organique, que les naturalistes sont condamnés : pourquoi ?
Parce que le *dedans* des êtres vivants leur échappe ; il se
passe là, dans l'intimité des cellules, des choses sous-
traites à tous les regards, dont nous ne pouvons nous faire
nulle idée, et dont les signes extérieurs seuls, pareils aux
hiéroglyphes de Palenqué indéchiffrés et indéchiffrables,
se présentent à nos yeux. Disséquer ces lettres, analyser
leurs éléments, les classer d'après leur degré de complication apparente, c'est tout ce qu'il est possible de faire à
qui ne saurait les lire. La vie est un livre qu'on déchif-
fre ainsi, mais qu'on ne lit point. Eh bien, c'est aux dé-
chiffreurs de ce texte impénétrable que le sociologue biologiste va s'adresser pour avoir la traduction de ce livre
lumineux, la société, dont-il est lui-même une lettre vivante ! Et M. de Greef vous dira que le progrès social
« est en raison directe de la masse sociale, de la différenciation de cette masse et de la coordination des parties
différenciées », ce qui est du Spencer tout pur et ce qui,
déjà, dans Spencer, passait pour une généralisation un
peu élastique (1). Je dirai du travail social ce que je

(1) Ce n'est point, je le reconnais, aux naturalistes que M. de Greef
a emprunté la formule suivante : « *La durée de la vie des sociétés*

viens de dire du travail organique. Je vois bien qu'en se divisant — et en se coordonnant — de mieux en mieux il se perfectionne, mais je vois aussi que toutes les sociétés ne font pas le même travail, j'aperçois même — chose que les naturalistes ne peuvent soupçonner dans leur domaine à eux — que souvent, sous les apparences d'un même labeur, elles travaillent à atteindre des fins toutes différentes, et que cet idéal caractéristique, où se suspend le tissu plus ou moins compliqué de leurs activités, lui donne seul son prix et son rang véritables. Toutes celles qui broient des grains, qui gâchent du mortier, qui cousent et filent, ne sont pas comparables, *même en cela*, si, en fabriquant leur pain, leurs édifices ou leurs habits, les unes songent à la guerre et à la gloire, les autres au commerce et à la richesse, les autres au salut des chrétiens et à la vision éternelle de Dieu, les autres au plaisir et à l'amour. Sous des dehors tout semblables, parfois, une civilisation voluptueuse et une civilisation ambitieuse n'en diffèrent pas moins essentiellement, et c'est d'après l'élévation de leur idéal non d'après la division ou la cohésion de leur travail en vue de cet idéal, qu'il est permis de les classer.

Or, sur quoi se fonder pour décider qu'un idéal est plus élevé qu'un autre ? Car c'est là, au fond, toute la question du Progrès. Evidemment, le principe de M. de Greef est inapplicable ici ; c'est dire qu'il n'est pas la solution du problème posé par l'auteur. — Si j'osais, j'aurais peut-être la présomption de hasarder ma solution à moi qui consiste à remarquer qu'en tout idéal, comme

---

est en raison directe de leur organisation » ; mais elle n'en est pas plus vraie pour cela. A ce compte, de tous les organismes sociaux le plus élevé serait l'Empire chinois. J'aime beaucoup la Chine, mais pas à ce point.

en toute idée ou en tout autre état de l'âme, il y a un côté
qualitatif, unique en soi et incomparable, et un côté
quantitatif, mesurable comme tel, qui le rend comparable
à un idéal différent quelconque. J'ai tâché de montrer
ailleurs que cette quantité de l'âme est double, croyance
et désir, l'un et l'autre passant par des variations con-
tinues de hausse et de baisse en deux sens positifs ou né-
gatifs opposés, et tantôt s'éparpillant sur une multitude
d'objets, tantôt se concentrant sur un petit nombre ou
sur un seul, sans jamais changer de nature. Si l'on admet cela, on sera bien près de m'accorder qu'un type social, un idéal de société, est d'autant plus parfait qu'il
harmonise ou est susceptible d'harmoniser mieux et plus
intimement un plus grand nombre de croyances et de
désirs divers, de telle sorte que les consonances d'opinions
et d'intérêts l'emportent davantage sur les dissonances.
On ne verra donc aucune difficulté à conclure de là que
l'idéal patriarcal, par lequel est assurée entre les membres d'une même famille, à la condition qu'ils soient
très pauvres d'idées et de vœux, la *paix sociale*, si justement chère à Le Play, mais par suite duquel sont pro-
voquées les inimitiés de famille à famille et les guerres
qui s'ensuivent, est inférieur à l'idéal civique d'Athènes
ou de Sparte, qui implique la fusion des familles en un
culte et un intérêt communs, et comporte une plus
grande variété d'idées et de tendances en jeu. On ajou-
tera que, pour des raisons analogues, l'idéal de la cité,
source de discordes continuelles entre les cités de la
Grèce et aussi bien de l'Italie du moyen âge, est inférieur
à l'idéal de l'Empire romain, pacificateur et civilisa-
teur du monde ; et que celui-ci à son tour, ayant énervé
les âmes pour les pacifier, ayant fondé entre les innombrables cultes et les innombrables droits juxtaposés

8

sur le sol impérial une harmonie beaucoup plus négative
que positive, beaucoup plus extérieure qu'intime, beaucoup moins intense qu'étendue, doit être réputé inférieur
à l'idéal chrétien qui, s'il eût été pleinement réalisé,
comme il a failli l'être un moment, eût procuré à une
chrétienté plus vaste encore que la romanité des Césars
le bienfait d'une communion des esprits et des cœurs
aussi vigoureuse et aussi large que profonde. Est-il permis enfin, en dépit des périls de l'heure présente, et
malgré la surexcitation des patriotismes rivaux ou des
convoitisies haineuses, de pressentir le terme où semble
tendre cette évolution de types sociaux, d'harmonies
idéales, c'est-à-dire un idéal de vérité démontrée pour
tous et de justice reconnue par tous qui ferait pour la
première fois de l'humanité tout entière une seule et
vraie société ? — Quoi qu'il en soit, je tiens à faire observer que, si l'on veut vraiment liquider cette embarras-
sante question du progrès, il faut nécessairement faire
des distinctions que M. de Greef n'a pas faites : d'abord,
comme je l'ai dit au début de cet article, celle du progrès
imitatif et du progrès *inventif* ; puis, nous venons de
le voir, celle de l'accord des croyances et de l'accord
des désirs ; ensuite celle de leur accord positif ou négatif, positif par confirmation ou aide mutuelle, négatif
par simple juxtaposition sans contradiction ni contra-
riété ; enfin celle de l'intensité et de l'étendue de l'accord, du plus ou moins de stabilité de l'équilibre et du
plus ou moins grand nombre d'éléments équilibrés. Il
y a ici, en effet, à résoudre à la fois ce que les mathéma-
ticiens appellent un problème de *maximum* et un
problème d'équilibre. Après quoi, cela fait, on fera
bien de ne pas oublier qu'on a dû, pour avoir le droit
de juger ainsi un type social supérieur ou inférieur à

un autre, regarder l'un et l'autre à l'envers, par leur côté
le moins essentiel, peut-être, et méconnaître ou affecter de ne pas voir tout leur pittoresque spécial, toute
leur singularité caractéristique. Et on se dira que, par
suite, cette oratoire question du Progrès n'est pas aussi
capitale, en somme, qu'on a l'air de le penser.

Disons un mot des prétendues *lois de régression*. Naturellement, c'est en biologie aussi qu'on va les chercher. L'inconvénient, c'est que, en réalité, on n'a jamais
observé de véritable rétrogradation, c'est-à-dire de progression en sens inverse, dans le monde vivant. « Une
espèce disparue ne se remontre jamais, dit un naturaliste belge, M. Lemeere, et un caractère perdu par
un organisme ne se reproduit plus, même s'il lui rede-
vient de nouveau favorable. » M. de Greef ne saurait, on le pense bien, être de cet avis. Pour lui « la
dissolution suit précisément l'ordre inverse de l'é-
volution » (1), ce qui n'est vrai que d'une vérité partielle,
par exemple en ce qui concerne la dissolution de la
mémoire, comme l'a si bien montré M. Ribot. Et encore
a-t-il été fait jadis à ce dernier sur ce point (dans la
Revue scientifique si j'ai bonne mémoire) de très fortes et
fines objections qui défendent d'accepter sa loi sans de
graves restrictions. Mais, appliquée aux sociétés, la
même loi souffre bien plus d'exceptions encore : est-il
vrai, comme l'affirme M. de G., qu' « elle soit confirmée
par la régression des institutions religieuses », et que,
« ce qui subsiste le plus longtemps en elles, c'est ce par
quoi elles ont commencé, les rites, les sacrifices, les
cérémonies ? » Nullement. Est-ce que le christianisme,
par hasard, a commencé par une grand messe chantée

(1) Il dit aussi que la régression « s'opère suivant la ligne de la
moindre résistance ». Encore du Spencer.

où se rendent des demi-croyants et des sceptiques, et par tout un rituel compliqué, observé sans beaucoup de foi ? Il a commencé, comme toute religion, par une grande explosion de foi et d'amour, qui, s'exprimant d'abord, comme elle a pu, par les rites persistants d'une religion antérieure, même hostile, s'est fait peu à peu son culte, ses rites à soi, comme une forte pensée à la longue se fait son style. La vérité est qu'il y a, quels que soient les rites, progrès religieux, tant que la foi va grandissant et se généralisant ainsi que l'enthousiasme spécial qui l'accompagne ; et il y a *regrès* religieux, quand, malgré la persistance ou même le perfectionnement des formes du culte, la foi et l'enthousiasme vont déclinant et se resserrant. Malheureusement, préoccupé avant tout des formes, ici comme partout, notre auteur a prétendu définir la *régression*, aussi bien que la progression, sans avoir égard à ce qui en fait le fond, c'est-à-dire aux accroissements ou aux diminutions de la masse de foi et de désir contenue dans les formes. Il verra donc une régression dans toute évolution inverse de celle qu'il aura d'abord considérée — arbitrairement — comme progressive. Par exemple, étant donné que le passage « de la religion à la scolastique et de la scolastique à la philosophie » et de celle-ci aux sciences, dans les temps modernes, a été un progrès, il considère comme un *re-grès* (antérieur, cette fois-ci, au progrès correspondant, ce qui est étrange), le passage accompli dans les premiers siècles de notre ère, de la philosophie antique à la scolastique byzantine et de la scolastique byzantine à la religion du moyen âge. Je passe sur le caractère artificiel de ces symétries.

En revanche, on doit à l'auteur de justes éloges pour avoir combattu avec une grande force la doctrine banale

des *ricorsi*, la notion *circulaire* ou *spirale* du progrès.
Il ne veut pas, avec raison, que l'on considère comme
un progrès « le retour apparent aux formes primitives »,
retour qui, s'il était réel, serait, d'après lui, une vraie régression, comme par exemple, dit-il, le retour au collec-
tivisme primitif, lequel n'a rien d'analogue au collecti-
visme futur — un vrai progrès celui-là ! — On a cependant fait remarquer que nos sociétés, en se civilisant à
outrance, aboutissent à des institutions, telles que la législation directe, le *referendum*, l'armement universel,
qui leur sont communes avec les peuplades les plus primitives. Mais non, dit l'auteur, ce sont là des progrès,
ce retour aux formes antiques n'est donc qu'apparent.
De quel droit, cependant, le caractère régressif de ces
retours est-il nié ici, tandis que, plus haut, celui de retours tout pareils était affirmé, concernant, il est vrai, les
religions ?

A noter un passage où se peint bien la ténacité systématique de M. de Greef. Les sociétés diffèrent des organismes, notamment en ceci, que les descendants de ces
grands corps sociaux, c'est-à-dire leurs colonies, ne re-
commencent pas *ab ovo*, comme le font les enfants, la
série des phases traversées par la société-mère avant la
colonisation. Et le savant professeur ne l'ignore pas, car
il écrit dans une page d'ailleurs très instructive : « A
Sparte, à Athènes, à Rome, nous voyons les mêmes révolutions politiques et sociales : patriarcat, monarchie,
aristocratie, démocratie, s'opérer, simultanément en
Grèce et en Italie, avec les mêmes péripéties ; à la suite
de ces révolutions, des exodes se font, des colonies se
fondent ; jamais ces colonies ne rétrogradent jusqu'à la
forme primitive ; bien au contraire, elles adoptent d'em-
blée la forme la plus avancée de la mère-patrie. Aussi,

Syracuse, colonie de Corinthe, ne connut pas la royauté ;
il en fut de même à Milet et à Samos... », etc. C'est
comme si un enfant, en naissant, se mettait à marcher
comme son père. Rien de plus propre, n'est-ce pas? à
faire sentir la différence profonde qu'il y a entre l'être
vivant et le groupe social. Eh bien, M. de Greef y voit
une application de la loi naturelle de la récapitulation
abrégée de la phylogenèse par l'ontogenèse. Abrégée,
oui, mais tellement que rien n'en reste. Il y avait longtemps, du reste, qu'on n'avait ouï parler de cette fameuse
loi.

Un mot encore, qui a trait (le lecteur me le pardon-
nera) à l'une de mes idées fixes. Comme tous les sociologues naturalistes, M. de Greef confond sans cesse dans
la notion équivoque d'*hérédité* ce qui appartient en propre à celle-ci et ce qui appartient à l'imitation. Par
exemple (p. 175), il parle « du rôle de l'hérédité dans les
faits sociaux » et ce rôle, le voici : « l'hérédité transmet, régularise et facilite l'accumulation des trésors capitalisés par les sociétés antérieures, de telle
sorte que, l'éducation de chaque génération pouvant
être abrégée, le reste peut servir à la formation de
nouveaux capitaux ». Certes, le Dr Weissman bondi-
rait à la lecture d'une telle phrase, d'où, si on la pre-
nait au pied de la lettre, il résulterait que ce ne sont
pas seulement les caractères acquis durant la vie,
chose même contestée, qui sont transmissibles avec le
sang, mais encore les idées, les découvertes, les inventions, telles que celles des moulins à eau, de l'imprimerie et de la machine à vapeur. La vérité est — et M. de
Greef le sait aussi bien que moi, mais alors pourquoi
ne pas appeler les choses par leur nom ? — la vérité est
que ce n'est pas d'une dévolution héréditaire au sens

physiologique du mot, ni même au sens juridique, qu'il s'agit ici, mais bien d'une *transmission orale ou scripturale* de génération en génération. Or, plus loin, on lit encore (p. 416) : l'hérédité transmet et fixe la croissance et la différenciation (sociales) ; l'imitation n'en est qu'un agent auxiliaire. » Et l'auteur ne daigne pas voir que ce qu'il appelle hérédité, ici comme plus haut, c'est précisément une branche importante, la plus importante, de l'imitation, la branche *coutumière* et *traditionnelle*

Il est temps de finir ; en commençant cette critique, je pensais la faire très courte ; mais l'intérêt des questions soulevées à chaque page par le livre que je viens d'étudier m'a entraîné irrésistiblement. Il y a aussi un charme sérieux attaché à la sincérité d'un esprit logique et fort, et dévoué à sa cause; ce charme austère, il est impossible de ne pas le ressentir en lisant M. de Greef.

L'IDÉE DE « L'ORGANISME SOCIAL » (1)

Est-ce que tout n'a pas été dit pour ou contre la thèse
de l'*Organisme social*, et est-ce que l'arrêt de l'opinion
qui l'a frappée est encore susceptible d'appel ? On dirait,
à lire les deux premiers volumes parus de la bibliothèque
sociologique récemment fondée par M. René Worms, et
à lire aussi son intéressante *Revue de sociologie,* que
cette idée si bien morte, croyait-on, a des velléités de
résurrection sinon des chances de nouveau succès. Je
n'en crois rien, et, à mon avis, ce n'est là que la dernière
flammèche d'une lampe qui s'éteint. On s'est généralement étonné de voir un esprit aussi avisé, aussi aiguisé
que M. Worms, adopter pour sa thèse de doctorat cette
notion unanimement discréditée. Peut-être, et c'est là ma
seule explication, a-t-il voulu rendre à la sociologie ce
service entre bien d'autres, de pousser à bout cette vieille
métaphore qui date des Grecs, à tel point que la science
sociale en soit débarrassée définitivement. Le fait est
qu'avec lui l'hypothèse se présente dégagée de toute
ombre propice aux subterfuges et aux échappatoires, de
tout vague favorable aux ambiguïtés. M. Paul Janet lui

---

(1) Publié dans la *Revue philosophique*, juin 1896. *La Pathologie sociale,* par Paul de Lilienfeld, avec une préface par René Worms
(Giard et Brière, 1896, Bibliothèque sociologique internationale). *Organisme et Société,* par René Worms (Giard et Brière, 1896, Bibliothèque sociologique internationale).

a fort justement adressé le compliment de parler une
langue claire, lucide, logique, où tout est saisissable au
premier coup d'œil, et où nulle difficulté n'est éludée.
Ce n'est pas un mince mérite. Comparez-le à M. de Lilienfeld, par exemple. Cet écrivain bien connu a été l'un
des premiers *lanceurs* de l'idée en question, même avant
M. Schœffle, après Spencer toutefois, qui, à la différence
de ses continuateurs et de ses disciples, paraît être re-
venu de son engouement pour elle. La *Pathologie sociale!* Ce titre promet beaucoup, certes, et vous vous
attendez sans doute à voir les progrès de la médecine —
ou de la chirurgie — contemporaine, jeter des flots de lumière sur les maux sociaux dont nous souffrons, sur nos
congestions ou nos anémies financières, nos influenzas
socialistes, nos typhus militaristes, notre collection va-
riée d'épidémiques névroses. C'est ici que M. Worms aurait débridé sa verve érudite et médicalement baptisé,
étiqueté, classifié, toutes nos maladies collectives. Ce
qui me fâche dans le livre du savant russe, c'est le caractère indéterminé et flottant de ses comparaisons biologiques : il nous dit bien quelque part que « la société
musulmane est atteinte de diathèse religieuse », que la
population des grandes villes est hystérique à certains
moments, que certains peuples, oublieux de leur histoire, sont atteints d'*amnésie*, etc. Et ce sont là, je l'a-
vouerai, des locutions qui ne sont pas des plus instructives ; encore sont-elles trop rares, et le plus souvent il
se complaît dans une indétermination décevante. Il dira,
par exemple, que « la propriété immobilière est sujette
à un état pathologique » qui consiste dans « l'endette-
ment des biens-fonds ». Mais à quelle maladie spéciale
correspond cette plaie hypothécaire de certains pays ? Il
ne nous le dit pas. J'aurais aimé plus de détails à ce

sujet, et, en particulier, au sujet des « bacilles sociaux »
qu'il lui eût été cependant bien facile de désigner s'il eût
pris la peine de reconnaître qu'une idée nouvelle, apportée et inoculée par un homme nouveau, publiciste,
apôtre, tribun, quand elle est en contradiction avec les
propositions fondamentales d'un ordre social, est le plus
terrible des microbes, le plus contagieux, le plus combattu aussi, jusqu'au jour où, ayant accompli son œuvre,
il est salué germe du salut, panacée, évangile. C'est, en
effet, la caractéristique des bacilles propres aux maladies
sociales, ainsi qu'à ces maladies elles-mêmes, que les
poisons, quand ils sont mortels, deviennent remèdes, et
que ces maladies, quand elles sont mortelles aussi, deviennent palingénésies et transfigurations. Et cela seul,
déjà, nous révèle quelques différences, qui ne sont pas
minimes, entre l'être vivant et le corps social.

Il y en a d'autres, et il serait long d'en épuiser l'énumération. Un économiste distingué, M. St-Marc, en relevait une
d'importance dans : *Revue d'économie politique* de M. Gide.
Il n'est pas d'homme qui ne fasse partie de plusieurs sociétés
à la fois, je ne dis point seulement de plusieurs associations
commerciales, politiques ou autres, et je n'ajouterai pas,
avec cet auteur, que la *société nationale* ne diffère d'une
société financière ou professionnelle qu'en degré non en
nature. Je sais bien qu'on n'a qu'une *nationalité* à la fois
et que, dans la formation du lien national, il entre,
même là où les races sont le plus mélangées, un entrela-
cement de causes à la fois héréditaires et imitatives,
vitales et sociales, qui concourent à sceller d'un sentiment spécial toutes les âmes ainsi colligées. Mais je sais
aussi que le lien national n'est pas le seul lien social ;
que la communauté du sol, la *patrie*, la communauté de

domination, l'*Etat* ; la communauté de foi, l'*Eglise*, sont des sociétés tout aussi fortes que la *nation*, beaucoup plus fortes même dans certains cas. Si donc, toute la société est un organisme, l'Eglise catholique, je suppose, est un organisme aussi bien que l'Etat austro-hongrois, aussi bien que la nation allemande, et la Compagnie de Jésus aussi bien que l'Etat belge. Un Autrichien, par suite, allemand de nationalité, catholique de religion, fait partie intégrante de trois organismes à la fois. Et je prie qu'on me montre le pendant de cette singularité dans le monde vivant.

Autres petites différences. Impossible de préciser tant soit peu le moment où un « organisme social » naît ou meurt. Je conjure les historiens de me dire à 10 ans près, à 50 ans près, à un siècle près, quand est née la nation française actuelle. Chacun d'eux émettra bien sa date, peut-être, mais avec des écarts plus que séculaires. Ils ne s'accorderont pas même si je leur demande, à deux siècles près, de dater la mort de la nationalité athénienne antique, ou à 1.000 ans près, celle de l'antique nationalité égyptienne qui, d'après des égyptologues, peut être regardée comme vivant toujours. Il y a donc des « organismes » dont on ne saura jamais s'ils sont morts ou vivants, et dont la naissance ni le trépas ne sont susceptibles d'aucune constatation légale, je veux dire historique ! A l'inverse, on voit des sociétés, et non des moins prospères, naître un beau jour *ex abrupto*, par génération spontanée : villes américaines, colonies africaines, océaniennes, australiennes, confluent d'immigrants de toute race et de toute nationalité, sans foyers, sans traditions, qui, sous l'empire d'une avidité ou d'une ambition commune, s'agrègent en petit Etat à l'image combinée de leurs patries diverses.

Ces singuliers organismes sociaux ont encore un privi_ lège tout à fait propre : ils n'ont pas besoin de se nourrir, ils peuvent s'en passer pour vivre et même pour croître. Entendons-nous bien. Les individus, qui sont les cellules de l'organisme social d'après M. Worms, mangent, s'alimentent, mais en tant qu'êtres vivants, non en tant qu'êtres sociaux ; leur nutrition est individuelle, non collective. Il y a nutrition collective, dans le cas d'une immigration par exemple, d'une naturalisation abondante d'étrangers. Nourriture dangereuse ! Les nations les plus fortes, les plus vigoureuses, sont celles qui s'abstiennent le plus rigoureusement de cette alimentation exotique. Le jeûne absolu, pour elles, est la meilleure hygiène. Il en est autrement, peut-être, pour les sociétés industrielles, commerciales ou autres, qui ont besoin de se recruter par des afflux incessants d'individus, d'immigrants à l'intérieur ; pour les sociétés religieuses, non au même degré, car elles s'entretiennent par voie héréditaire de père en fils, comme les nations. Il est remarquable que les sociétés les plus vraies, les nations et les religions, sont précisément celles où l'analogue des fonctions de nutrition, si essentielles à tout organisme, est le plus difficile à découvrir. J'allais oublier M. Gumplowicz qui, j'en conviens volontiers, est un sociologue d'une rare et vigoureuse originalité. Suivant lui, toute la vie des peuples consiste à combattre leurs voisins pour les asservir et les absorber. S'il en était ainsi, la conquête et l'assimilation qui s'ensuit pourraient être assimilées sans trop d'efforts à la manducation et à la digestion consécutive des aliments. Mais la vérité est que le terrible autrichien fait vraiment trop belle part à la guerre et à la férocité des convoitises dans les progrès de l'humanité. Les corps sociaux, ne le savons-nous pas ? peuvent fort bien se passer de manger pour digérer, de conquérir pour grandir, comme le prouve le gigantesque exemple des Etats-Unis. Ils n'ont rien conquis, rien avalé, et voyez comme ils ont décuplé de taille en moins d'un siècle. La véritable digestion sociale, n'est-ce pas l'assimilation de l'étranger, soit immigrant, soit demeuré chez lui, et aussi bien des enfants qui naissent chaque jour du mariage des nationaux et qui, non pas mangés, mais humés, et, pour ainsi parler, respirés continuellement par la nation, s'assimilent à elle par l'éducation ? Eh bien, cette digestion-là se fait d'autant mieux qu'elle est plus spontanée et plus pacifique, sans combat ni annexion d'aucune sorte, sans rien qui ressemble à la mâchoire d'un carnivore engloutissant sa proie.

Or, digérer sans manger, c'est déjà une certaine étrangeté ; mais il en est une plus notable encore : se digérer réciproquement. La chose a lieu assez souvent quand plusieurs sociétés voisines, des na··· s européennes notamment, font rayonner leurs exemples les unes chez les autres et, de la sorte, tendent à une mutuelle assimilation, à une socialisation réciproque. Qu'on n'aille pas invoquer à ce propos les cas de parasitisme mutuel, entre deux organismes qui s'entre-exploitent. Ils *s'entr' utilisent*, mais ils ne *s'entr' organisent* pas, je veux dire qu'ils n'organisent pas ou ne tendent pas à organiser chacun l'autre sur son propre plan organique à lui. C'est là une curiosité réservée aux « organismes sociaux ». En somme, je le répète, la vraie nutrition sociale, si l'on tient à conserver ce mot, c'est l'éducation des enfants, d'une part, et, d'autre part, le rayonnement imitatif chez les étrangers, immigrants ou non, beaucoup plus que l'absorption conquérante, laquelle d'ailleurs ne parvient à assimiler et à nourrir que moyennant les deux procédés

indiqués (lesquels se résument, au fond, dans le second). Et, dans ces conditions, on peut dire indifférem-
ment *nutrition* ou *respiration* ou *reproduction*. On n'a
que l'embarras des métaphores.

Pareillement, on peut comparer à la circulation du
sang, ou de la sève, ou de la lymphe, comme on voudra,
la circulation des voyageurs et des marchandises sur les
routes ou les canaux, et la comparaison ne sera pas plus
juste dans un cas que dans l'autre. Arbitraire aussi bien,
et purement verbale, la comparaison du réseau nerveux
avec le réseau télégraphique ou téléphonique. Dans l'organisme vivant, en effet, ce sont des tissus vivants, composés d'éléments vivants, fibres ou cellules, qui constituent ces canaux et ces routes organiques où circulent
les liquides de la vie, ces filets nerveux où s'opère l'inner-
vation *télégraphique*. Il faudrait donc, pour rendre le
rapprochement exact, non seulement qu'il y eût des sociétés où les cellules sociales, individus alignés et
soudés, servissent de moyens de transport et de communication (car, à la rigueur, cela peut se rencontrer vaguement dans des pays très barbares) mais encore que, au
fur et à mesure des progrès de la civilisation, ce caractère
allât s'accentuant et se développant dans les sociétés
comme il s'accentua et se développa dans les êtres vivants, à proportion de leur élévation vitale... Mais on
n'en finirait plus si l'on voulait tout dire, en fait d'objections qui se présentent.

Le reproche que je fais à la thèse de l'organisme social,
c'est d'être le déguisement positiviste de l'esprit de chimère. Stérile en vérités — car elle ne nous découvre rien
que ce que nous savions déjà, et ce qu'elle prétend découvrir, elle ne fait que nous le traduire en langage obscur
— elle est remarquablement féconde en illusions, en vi-

sions chimériques, apocalyptiques parfois, et aussi en aveuglements systématiques. Elle nous force à fermer les yeux à la pleine lumière historique et à les écarquiller dans la pénombre historique et préhistorique où elle nous lance à la poursuite de fantastiques lois de l'histoire, sans lesquelles elle nous déclare que la sociologie ne saurait exister. *Les* sacrifier, ce serait *la* sacrifier. N'est-il pas certain que, si le développement embryonnaire d'une plante ou d'un animal donné, n'était assujetti à aucune série *unilinéaire*, rigoureuse et irréversible, s'il dépendait des circonstances accidentelles ou du caprice individuel de cellules régnantes que l'ovule d'un lapin devînt lièvre ou chat, que le noyau d'un prunier devînt amandier ou chêne, ou n'importe quelle autre espèce tout à fait nouvelle et inédite; n'est-il pas sûr et certain que, dans cette hypothèse, notre conception de la biologie devrait être bouleversée de fond en comble? Ce n'est pas douteux. Il n'en est pas moins vrai que, si l'observation nous montrait des êtres vivants doués de cette liberté de métamorphoses, une science des phénomènes de la vie serait encore possible, mais ce ne serait plus notre biologie. Si nous voulons, par suite, conformer à notre biologie la sociologie, il va de soi que nous devons, bon gré mal gré, torturer les faits historiques pour faire rentrer les transformations des religions, des langues, des gouvernements, des industries, des arts, des mœurs, dans des formules rigides d'évolution, sorte de voyages circulaires, et identiques pour tout le monde, imposés au cours de l'histoire.

Si manifestes et si profondes sont les différences entre les corps vivants et les corps sociaux qu'une grande difficulté est de comprendre comment leur assimilation a pu séduire tant d'esprits éminents, à commencer par

Spencer. Ne faut-il pas qu'il y ait dans cette erreur, malgré tout, une « âme de vérité » ? Oui. D'abord, certaines analogies ne sont pas douteuses, comme en témoigne notre vocabulaire : les mots de *colonies*, de *parasitisme*, de *division du travail*, le mot d'*organisation* lui-même, expriment des notions qui ont plusieurs fois fait la navette entre le monde social et le monde vivant, ou plutôt — comme le remarquait finement M. Gaston Richard — qui, nées de la société, d'où elles ont émigré vers la vie, font retour, plus ou moins dénaturées, à leur terre d'origine. Encore aurais-je bien des réserves à faire au sujet de la division du travail, qui tend, il est vrai, à croître sans cesse, avec la spécialisation des aptitudes, au cours de l'évolution vitale, mais non toujours de l'évolution sociale, laquelle, parvenue à un certain degré, la machinofacture faisant son entrée, aboutit plutôt à l'assimilation des travailleurs, d'autant plus socialisés qu'ils sont de moins en moins spécialisés et changent plus facilement de carrière (1). Mais, en second lieu, et avant tout, la conception de la société comme organisme répond au sentiment intense et profondément vrai de la réalité du tout social et de l'intime solidarité qui lie ses parties intégrantes. Seulement, elle y répond mal, car rien ne nous est plus énigmatique et indéchiffrable que le lien proprement vital des parties du corps vivant. En fait de *lien réel*, nous ne connaissons que notre moi, lien psychologique indéniable de tant d'états de conscience fusionnés en lui, incompréhensiblement du reste. Tout ce qu'il y a de liens réels *hyper-psychi-*

___

(1) Qu'on lise, par exemple, sur ces tendances nouvelles des travailleurs industriels, soit en Amérique, soit en Angleterre, les travaux si documentés de M. Paul des Rouziers (*La Vie Américaine*, notamment).

ques ou *hypo-psychiques*, observés et constatés par nous, il nous faut, si nous voulons nous en faire une idée claire, les concevoir sur ce prototype, ou renoncer à les *penser* et nous borner à les *affirmer*, à les affirmer *autres*. Il nous faut donc, résolument, ou abdiquer toute prétention à la connaissance extérieure, ou projeter au dehors notre moi pour en sortir et faire de la psychologie la science centrale, seule véritablement éclairante, seule rayonnant sa lumière sur toutes les autres sphères de la réalité qui nous la renvoient réflétée ou réfractée. Je me trompe; il nous resterait à la rigueur un moyen, mais héroïque, d'échapper à ce dilemme : ce serait, en affirmant l'inconnu, d'utiliser notre ignorance même, je veux dire d'admettre en principe que l'essence et la substance de toute réalité, c'est d'être *autre* que toute autre, qu'elle ne naît que parce qu'elle est autre, qu'elle ne se réalise qu'en s'altérant, qu'Existence et Différence sont identiques, et que la Différence différenciée, le changement changeant, c'est là au fond la formule de la vie universelle. Je me souviens m'être raccroché, jadis, désespérant, à cette branche métaphysique de salut. A l'épreuve, elle m'a paru faible, malgré l'appui que lui prête l'incontestable loi de la différenciation universellement applicable. En fait, l'affirmation de *l'autre*, c'est la négation du *même*, c'est-à-dire du connu; l'unique contenu de l'idée de différence, d'*altérité*, c'est la faculté que nous avons de *nier* après avoir affirmé. La négation seule, suspendue dans le vide, détachée de toute affirmation correspondante, a beau se replier sur soi, elle n'est qu'un fantôme embrassant son ombre. — Donc, hors de la psychologie universalisée, point de salut pour la raison qui ambitionne de pénétrer l'intérieur des choses. Quant à la science, plus modeste, il lui suffit (science physique, science biologique ou science sociale) de noter les similitudes extérieures des choses et de fondre ces similitudes en ces photographies composites qu'elle appelle des lois.

Aussi, ai-je lu avec grand intérêt dans l'ouvrage de M. Worms ses explications relatives à la réalité du *moi* social. C'est là l'écueil, ou l'un des écueils, de la thèse de l'organisme social. Si l'on veut que cet organisme, étant animé et automobile, soit du type animal plutôt que du type plante, il convient de lui découvrir un moi, et un moi distinct de ceux des individus dont il est composé, ce qui, je l'avoue, est ardu. M. Worms y parvient-il ? Non. Après une discussion vive et serrée, il est conduit à une conclusion que j'admets pleinement, mais qui est tout autre. La conscience sociale, dit-il, s'exprime et se réalise dans les grands esprits successifs « d'où partent les grandes impulsions qui détermineront l'action de tout un peuple. Ainsi, la conscience collective du peuple athénien s'est incarnée, à un certain moment, en Périclès ; celle du peuple français, en Napoléon ». Cela signifie que (comme je l'ai dit quelque part, l'équivalent de la conscience individuelle de la société, c'est la gloire; que le *moi social* c'est tout simplement la série des moi glorieux, tour à tour poètes, législateurs, guerriers, savants, hommes d'Etat, qui ont pris possession de l'attention et de l'admiration publiques. Mais, s'il en est ainsi, qu'avons-nous besoin d'aller chercher, en dehors de la réalité psychologique, qui nous apparaît comme sociologique par un retentissement d'un moi dans d'autres moi ou de ces moi les uns dans les autres, la véritable *réalité sociale*, la véritable *matière sociale*, cette pierre philosophale obstinément poursuivie, dans les voies les plus divergentes, par des penseurs tels que M. Durkeim et M. Hauriou (1) ?

(1) Ce dernier, dans sa *Science sociale traditionnelle* —

Je m'aperçois que nous nous sommes fort éloignés de la *pathologie sociale*. Revenons-y. L'idée de l'organisme social ne saurait être soumise à une épreuve plus décisive que celle qui lui est imposée par le sujet de cet ouvrage. Si une société est réellement un corps vivant, elle doit être quelquefois malade ; et, dans le cas d'une de ses maladies déclarées, il ne doit pas y avoir le moindre doute sur le point de savoir si elle est malade ou bien portante. Si grand que soit le champ du paradoxe, il ne s'est trouvé personne pour prétendre qu'un homme atteint d'une pneumonie infectieuse ou d'une fièvre typhoïde se porte bien. Mais M. Durkheim a pu entreprendre de montrer — et, naturellement, il a eu des échos en Italie — que la criminalité fait partie de la santé sociale. Il n'est pas une de ces *diathèses sociales* dont parle M. de Lilienfeld, pas une de ces convulsions sociales, de ces hystéries urbaines, dont il nous entretient en termes assez vagues, qui n'ait été saluée par quelque historien célèbre et accréditée comme une ère de salut et de régénération. La Terreur même et la Saint-Barthélémy ont eu et ont encore leurs apologistes. Une nation sait-elle jamais au juste comment elle se porte ? Pas plus qu'elle ne sait au juste, ou même par à peu près, l'âge qu'elle a, ou plutôt si elle a un âge quelconque. Sénile et décadente pour tel parti, juvénile et croissante pour tel autre. — Cependant je me hâte de convenir que la légitimité de ce relativisme des appréciations politiques a ses limites ; qu'en fait, lorsqu'il s'agit de nations mortes, étudiées historiquement, la distinction des périodes saines et des périodes

livre extrêmement touffu d'idées et de nouveautés hardies — essaie une conception à la fois positive et théologique de la sociologie. Je ne puis qu'en recommander la lecture, sans avoir le temps d'en rendre compte.

morbides qu'elles ont traversées dans le passé — pour
employer ce langage métaphorique — s'offre souvent
d'elle-même au bon sens de la plupart des historiens,
parce qu'ils ont en main une pierre de touche assurée,
l'événement final. Mais, pour les nations vivantes, le problème est, bien plus souvent encore, insoluble. Un peuple a conscience de ses maladies passées, non de ses
maladies présentes, toutes réelles que celles-ci puissent
être. Voilà des organismes bien particuliers.

Gagne-t-on quelque chose, du moins, à l'emploi des
mots *pathologie, hystérie, épilepsie, thérapeutique,* à
propos des maux sociaux et de leurs remèdes ? Il est à
remarquer que c'est seulement dans le domaine de la
psychiâtrie que la « pathologie sociale » découvre çà et
là des noms de maladies plus ou moins propres à caractériser les affections dont elle s'occupe (1). Et cela ne
doit pas nous étonner, puisque cette image agrandie de
certaines maladies mentales ou maladies sociales vient
confirmer notre notion psychologique de la sociologie.
Par malheur, c'est par leur côté vital que ces maladies
mentales sont et doivent être étudiées par l'aliéniste ; et,
sous cet aspect, elles sont extraordinairement obscures.
Tout autrement claires et transparentes sont les maladies
sociales auxquelles on les compare. Nous savons ce qui
se passe dans une foule en délire, dans une population
soulevée qui renverse un trône en trois jours, beaucoup
mieux que M. Magnan ou M. Motet ne savent eux-mêmes

______

(1) Il ne peut même y avoir, en fait de pathologie sociale, qu'une
psychiâtrie sociale, et je suis surpris que l'auteur ne l'ait pas dit expressément, puisque, d'après lui, et en cela il a raison, « l'organisme
social n'est composé que d'un système nerveux » autrement dit, *des*
systèmes nerveux de ses membres. Il ajoute : « ...et *d'une substance
inter-cellulaire* », ce qui signifie tout l'outillage humain. Singulier
organisme, encore une fois.

ce qui passe dans le cerveau d'un convulsionnaire. Et je
ne parviens pas à apercevoir les lumières que nous apporte ici « la pathologie cellulaire de Virchow ».

Mais je vois fort bien, en revanche, que ce point de
vue biologique détourne l'esprit des observations les
plus simples d'où pourrait jaillir une véritable clarté.
« Grâce aux éclatantes découvertes faites de nos jours à
l'aide du microscope, dit M. de Lilienfeld, la cellule a
été reconnue comme l'élément anatomique primaire dont
sont formés tous les organismes de la nature. La pathologie, en s'appuyant sur ces découvertes. est parvenue
de son côté à prouver que les maladies des organismes
ne représentent que les résultantes des anomalies de
simples cellules dont sont formés les tissus et les organes
malades». Grande découverte, en effet, pour la biologie ;
mais, pour la sociologie, la *découverte* correspondante,
qui consiste à dire que les maladies sociales sont les résultantes de désordres individuels (l'individu étant, d'après
M. de L., la cellule sociale) n'a certes rien de bien neuf ni
de bien instructif; et, de nombreux siècles avant la théorie
cellulaire et même la théorie microbienne, on se doutait
que les états morbides d'une cité ou d'un Empire prove-
naient de mauvais germes d'idées répandus parmi les citoyens. Ce qu'il y aurait intérêt à observer ici, c'est la manière, nullement biologique, dont se propagent de cerveau
à cerveau ces microbes idéaux, c'est la nature toute psychique et sociale de cette contagion ; car c'est seulement
après en avoir précisé les procédés et formulé les lois,
qu'on peut espérer de traiter efficacement, par des contre-
contagions appropriées, les maux de la société, et se
permettre de parler de « thérapeutique sociale ». Mais .
c'est ce que M. de Lilienfeld ne fait pas. Aussi, peut-on
être d'avis qu'il se presse un peu de conseiller la mise en

pratique générale, obligatoire et scolaire, de ses théories. « Ce qui est de première urgence, dit-il en concluant, pour mettre fin à la déséquilibration des esprits dans la société moderne, c'est l'introduction des résultats acquis par la sociologie positive et la pathologie sociale *dans l'enseignement des écoles autant moyennes que primaires,* simultanément avec les éléments des sciences naturelles ».

L'avant-dernier chapitre, d'où j'extrais cette citation, a l'avantage de nous présenter son auteur sous un jour tout à fait inattendu après la lecture de ce qui précède. On est surpris d'apprendre que cette « sociologie positive » est théologique aussi bien et qu'elle se pique de n'être en contradiction avec aucun dogme catholique, de s'accorder parfaitement avec tous, de fournir le meilleur terrain de conciliation à la religion et à la science. A cet égard, ce livre pourrait être utilement rapproché de celui de M. Hauriou, qui paraît en même temps, et où se marque cette même tendance contemporaine à une sorte de syncrétisme religioso-scientifique tout nouveau. L'un et l'autre — mais celui de M. Hauriou surtout — sont fort curieux comme expression originale de ce penchant — que beaucoup de gens appellent maladif et rangeraient volontiers parmi les diathèses dont s'occupe la *pathologie sociale.* Je suis loin de partager ce sentiment d'ailleurs, car ce besoin n'est qu'une des formes de cette passion d'unité logique et systématique qui est l'âme du progrès humain. Mais j'estime que la fièvre scientifique des esprits et le travail religieux des âmes sont deux fermentations hétérogènes qui, pour aboutir, doivent s'opérer à part l'une de l'autre et attendre leur apaisement final pour entamer la lutte ou tenter la fusion de leurs produits séparés. En attendant, leur mélange est bizarre et stérile. « Ce qui est remarquable, dit M. de Lilienfeld, c'est que la théologie chrétienne conçoit l'association des croyants, l'Eglise, comme un organisme réel parfaitement dans le même sens que la sociologie positive pour la société humaine en général. D'après le Nouveau Testament, l'Eglise c'est le corps du Sauveur qui fait son évolution dans l'espace et le temps, et qui, non seulement est soumis aux lois qui président au développement de la société humaine en général, mais qui en subit également les anomalies et les défectuosités... » Mais alors, la pathologie sociale, est-ce la pathologie du Christ ? Et plus loin : « Quel est le lien qui, d'après le dogme chrétien, réunit les différents membres entre eux et le corps de l'Eglise ? Ce sont la parole et les sacrements. Or, la parole, ainsi que l'imposition des mains dans l'ordination et la bénédiction, constituent des réflexes directs; par contre, les sacrements font usage d'une partie de la substance intercellulaire (l'eau pour le baptême, le pain et le vin pour l'eucharistie, l'huile pour la confirmation et l'extrême-onction) et impliquent des réflexes indirects. Et ce qui est à noter surtout, c'est que l'Eglise conçoit l'action de ces réflexes dans un sens tout aussi réel que la sociologie positive... » Je m'arrête, de peur d'offenser par beaucoup de citations de ce génre ce que je regarde comme infiniment respectable, le sentiment chrétien. Mais il m'a paru bon de signaler la persistance de ce théologisme larvé qui, depuis Auguste Comte, est au fond de tout « positivisme » et qui se fait jour à présent par tant de signes à la fois. Et le fait est que l'idée de l'organisme social, au fond, est du pur mysticisme.

CRIMINALITÉ ET SANTÉ SOCIALE (1)

Dans ses *Règles de la méthode sociologique* M. Durkheim essaie de construire — en l'air, je le crois — une sorte de sociologie *en soi* et *pour soi*, qui, purgée de toute psychologie, et de toute biologie pareillement, aurait bien de la peine à se tenir debout sans le talent du constructeur. Ce serait là une sociologie autonome à coup sûr, mais qui achèterait son indépendance un peu cher peut-être — au prix de sa réalité. Je ne prétends pas ici critiquer ce système ; mais, puisque l'auteur a fait quelques applications de son point de vue, et fort logiquement déduites, nous allons nous attacher à l'une d'elles, qui nous a particulièrement frappé et qui nous permettra de juger le principe d'où elle dérive. Il s'agit de sa manière d'envisager la criminalité. Cette manière est neuve assurément, elle consiste à affirmer que le crime est, dans la vie sociale, un phénomène tout à fait normal, nullement morbide ; c'est-à-dire « qu'il n'est pas seulement un phénomène inévitable, quoique regrettable, dû à l'incorrigible méchanceté des hommes, mais qu'il est un *facteur de la santé publique*, une partie intégrante de toute société saine », alors même qu'il est en voie d'accroissement comme de nos jours, et que, en cinquante ans, comme dans notre France actuelle, il a presque triplé (p. 82 et 83).

(1) *Revue philosophique*, février 1895.

On doit concéder au distingué sociologue que cette
conception l'éloigne beaucoup des penseurs « du vulgaire » ; et lui-même ne nous dissimule pas que, lorsqu'il a
été conduit à cette conséquence, logique mais « surprenante » de sa règle générale sur la distinction du normal
et du pathologique, il n'a pas laissé d'être quelque peu
« déconcerté » . Mais, loin de voir là aucune raison de
révoquer en doute la vérité absolue de la règle en question, il a fait appel à toute son intrépidité de logicien et
résolument embrassé ce corollaire, qui lui a paru même
illustrer et confirmer la portée de son théorème, en montrant « sous quel jour nouveau les phénomènes les plus
essentiels apparaissent, quand on les traite méthodique-
ment ».

Pas si nouveau cependant qu'on pourrait le croire. Il y
a une douzaine d'années, j'ai tâché de réfuter un paradoxe tout semblable de M. Poletti, ou plutôt tout voisin.
Cet écrivain, il est vrai, ne concluait pas expressément,
comme M. Durkheim, que « le crime est nécessaire, qu'il
est lié aux conditions fondamentales de toute vie sociale,
et par cela même, *utile* ». Mais il prétendait que si, quand
l'activité criminelle a doublé ou triplé, la prospérité industrielle et financière a quadruplé ou quintuplé, cet accroissement absolu de la criminalité équivaut à son abaissement relatif, le seul qui importe (1), et, au fond de sa

____

(1) Comparer ceci avec ce qui suit, de M. Durkheim (p. 82) : « Si
du moins, à mesure que les sociétés passent des types inférieurs aux
plus élevés, le taux de la criminalité tendait à baisser, on pourrait
croire que, tout en restant un caractère normal, le crime, cependant,
tend à perdre ce caractère. *Mais nous n'avons aucune raison qui
nous permette de croire à la réalité de cette régression. Bien
des faits sembleraient plutôt démontrer l'existence d'un mouvement en sens inverse.* Depuis le commencement du siècle, la statistique nous fournit le moyen de suivre la marche de la criminalité :

pensée, on lisait clairement que, d'après lui aussi, la coïncidence actuelle de ces deux progressions, de la progression malfaisante et de la progression laborieuse, n'est pas accidentelle et déplorable, mais bien inévitable, et dénote que le crime et le travail, le crime et le génie, puisent aux mêmes sources leur vitalité. Or, l'idée de M. Poletti n'a eu de succès ni dans sa patrie ni au dehors ; ce qui n'empêche pas que, en réalité, une bonne partie du public, de ce public scandalisé par lui et, je pense, par M. Durkheim pareillement, ne soit imbue sans se l'avouer de quelque persuasion sourde pareille à la leur, et encore plus dangereuse parce qu'elle est vague et inconsciente. Ces deux penseurs ont eu le mérite d'exprimer avec beaucoup d'originalité une impression très banale, qui se traduit tous les jours par l'indulgence croissante des juges et des jurés, par le relâchement des fibres de l'indignation et du mépris publics en présence de certains attentats. Si cet énervement de la répression pénale et sociale n'avait pour cause qu'un sentiment croissant de la complicité de tous, plus ou moins, dans le crime d'un seul, je serais embarrassé pour le combattre ; mais il se fonde aussi sur l'idée, chaque jour plus accréditée, que le crime contemporain est lié à la civilisation contemporaine comme le verso au recto, qu'il en fait « partie intégrante ». J'ai donc bien peur pour M. Durkheim qu'il ne se trouve d'accord ici avec le sens commun si méprisé par lui. N'importe,

or, elle a partout augmenté. En France, l'augmentation est de près de 300 pour 100. Il n'est donc pas de phénomène qui présente de la manière la plus irrécusable tous les symptômes de la normalité, puisqu'il apparaît comme étroitement lié, aux conditions de toute vie collective ». On le voit, ce n'est pas seulement l'existence d'une criminalité, c'est aussi — dans une certaine mesure, du moins — la progression même de la criminalité qui est chose essentiellement normale aux yeux de M. Durkheim et *conformément à ses principes.*

il nous a rendu le grand service de nous obliger à poser
franchement, à regarder en face ce problème capital :
est-il vrai que *à quelque chose crime soit bon*, comme *malheur*, et que son extirpation ne soit pas plus désirable que
possible ? Le doute est permis ici et la nécessité d'un
examen rigoureux, d'une sorte d'examen de conscience
collective se fait sentir.

Je sais bien que notre auteur s'efforce d'atténuer ou
même de supprimer l'intérêt pratique de la question.
La nécessité et la légitimité de la peine, suivant lui, se
concilient le mieux du monde avec l'utilité et la nécessité
du crime. « S'il est normal, dit-il, que, dans toute société,
il y ait des crimes, il est non moins normal qu'ils soient
punis. » Mais ici, je l'avoue, je ne reconnais plus l'ha-
bileté de sa dialectique ordinaire. Car vraiment les raisons qu'il allègue pour justifier cette identité des contraires auraient paru faibles à Hegel même. Il nous dit,
notamment, que les sentiments d'aversion et « de haine »,
inspirés par le crime, sont fondés parce qu'il n'est salutaire que « malgré lui ». Mais depuis quand est-il permis de
haïr un bienfaiteur même involontaire ? J'accorde qu'on
devrait plus de reconnaissance encore aux voleurs et aux
assassins s'ils travaillaient sciemment et de propos délibéré
à remplir les belles fonctions qui leur sont prêtées, à
nous entretenir hygiéniquement en bonne santé nationale,
à nous fournir des caractères novateurs et entreprenants ;
mais enfin, s'il est prouvé qu'ils nous rendent ce signalé
service, même à contre-cœur, je me demande de quel
droit nous pourrons ensuite non pas leur infliger un châtiment, mais leur refuser un remerciement... « Puérile
objection », soit ; pourtant qu'est-ce qu'on y répond ?
Il ne suffit pas de comparer la pénalité aux fonctions d'*ex-
crétion* du corps vivant ; et même cette comparaison est

singulièrement dangereuse. C'est plutôt aux fonctions de *secrétion* qu'il faudrait comparer la peine au point de vue du savant professeur de Bordeaux ; car ce qui est excrété, c'est l'inutile ou le nuisible, jamais l'utile, sauf le cas de grave et sérieuse maladie ... « La douleur, ajoute-t-il, elle non plus, n'a rien de désirable ; l'individu la hait comme la société hait le crime, et pourtant elle relève de la physiologie normale. » Eh bien ! non, l'individu n'a pas raison de haïr la douleur dans les cas — fort rares d'ailleurs et peut-être imaginaires — où elle est réellement liée à la production d'un grand bien, et, *s'il était prouvé* que, sans un accompagnement suffisant de douleurs atroces, le succès d'une opération chirurgicale ou d'un accouchement serait impossible, il y aurait absurdité à *réprimer* ces souffrances par l'emploi du chloroforme. La société joint donc la folie à l'ingratitude en réprimant le crime si c'est en partie à lui qu'elle doit ses inventions et ses découvertes, et si, grâce à lui, en outre, elle échappe au danger de sévérités, de férocités extravagantes, comme nous le verrons plus loin. Il en revient cependant que les Egyptiens haïssaient et battaient parfois l'embaumeur des cadavres, tout en le jugeant éminemment utile ; mais personne, que je sache, n'a pensé qu'ils faisaient preuve de logique en cela...

Alléguerait-on, par hasard, pour sauver la thèse en la réduisant, que c'est non pas le crime tout seul peut-être, mais le couple du crime et de la peine, symétriquement immortel et universel, qui est hygiénique et normal socialement ? Mais, précisément, c'est le crime impuni et impoursuivi, qui joue en histoire, dans la formation et l'évolution des peuples, un rôle prestigieux et considérable ; c'est de celui-là, de ce crime triomphant, enseveli avec des honneurs royaux ou dictatoriaux, érigé

en statues sur les places publiques, immortalisé, qu'il
serait peut-être permis d'affirmer, avec d'accablantes
apparences de raison, que ce fléau est un aiguillon, ce
poison un ferment nécessaire et indispensable du progrès
historique. Sans lui, en effet, plus d'annexion violente
du voisin, plus d'oppression cruelle de l'inférieur et du
vaincu, et dès lors, faute de conquête et d'esclavage, plus
d'empire romain, plus de cosmopolitisme et de démocratie moderne, plus d'ascension sanglante vers la Justice et vers la Paix... Voilà ce qu'on pourrait dire — en
se trompant d'ailleurs, en méconnaissant les véritables
agents du perfectionnement humain, qui ont été non des
conquérants mais des apôtres, non des ravageurs de provinces mais des découvreurs de vérités, des inventeurs
d'utilités, des thésauriseurs de beautés artistiques, des
allumeurs d'idées aperçues quelque part puis rayonnant
partout par la force de l'exemple et non par la force de
l'épée ; — voilà ce qu'on pourrait dire, malgré tout, du
crime glorieux, du crime qui marche la tête dressée,
comme le serpent biblique, audacieux séducteur et cor-
rupteur de l'humanité et aussi de ses historiens. Mais le
crime bas et rampant, haï ou méprisé, le seul dont
M. Durkheim s'occupe, comment est-il possible de le juger
utile aux sociétés où il se glisse comme un intrus, ouvrier du vice, parasite du travail, destructeur de récoltes
comme la grêle, et où il ne produit rien que la contagion
de son mauvais exemple ? A quoi est-il bon qu'à être pour-
chassé par la police judiciaire, qui elle-même n'est bonne
qu'à ce sport ?

A quoi est-il bon ? M. Durkheim va nous l'apprendre.
Et, de fait, on ne le devinerait pas aisément. Supposez,
par impossible, une société où il ne se commette plus un
seul homicide, un seul vol, ni le moindre attentat contre

les mœurs ; cela ne pourra tenir, nous dit-on, qu'à un excès d'unanimité et d'intensité de la conscience publique dans la réprobation de ces actes ; et la conséquence déplorable sera que, devenue plus exigeante à raison même des satisfactions reçues par elle, cette conscience collective se mettra à incriminer avec une sévérité extravagante les plus légers actes de violence, d'indélicatesse ou d'immoralité ; on sera comme dans un cloître où, faute de péchés mortels, on est condamné au cilice et au jeûne pour les plus vénielles des peccadilles. « Par exemple, les contrats indélicats ou indélicatement exécutés, qui n'entraînent qu'un blâme public ou des réparations civiles, deviendront des délits... Si donc cette société se trouve armée du pouvoir de juger et de punir, elle qualifiera ces actes de criminels et les traitera comme tels. »

A la vérité, il ne semble pas que le danger signalé par notre moraliste ait un caractère très marqué d'actualité ; et, pour qui connaît les progrès désastreux de l'indulgence la plus abusive de la part des juges aussi bien que des jurés, portés à *correctionnaliser* les crimes, à *civiliser* les délits et à acquitter le plus possible, pour qui sait cela, ce n'est pas sans doute l'excès de scrupules de la conscience publique timorée, ni la tendance irrésistible à des pénalités démesurées pour des vétilles, qui est le péril de l'heure présente. Je mets en fait que, dans tels tribunaux d'arrondissement où certains vols sont maintenant punis de 16 francs d'amende, avec application de la loi Bérenger, les mêmes vols auraient valu à leurs auteurs, il y a cent cinquante ans, d'être pendus haut et court par le bourreau de ces mêmes villes, en vertu d'une sentence de leur présidial qui, il est vrai, aurait fait dire une messe le lendemain pour le repos de leur âme. Entre ces deux exagérations, du reste, je conviens que je préfère encore la nôtre, s'il faut absolument choisir entre les deux. Mais est-il donc si évident que, dans le cas où nous n'aurions plus de délits véritables à frapper, nous reviendrions peu à peu à la férocité ancienne ? Je crois plutôt, et il me paraît plus vraisemblable de penser que, ayant perdu l'habitude de punir, nous ne prendrions même plus la peine de châtier suivant les lois un gros méfait accidentellement commis. Nous bannirions purement et simplement le malfaiteur exceptionnel, comme on se borne à expulser d'un cercle d'honnêtes joueurs un filou surpris en flagrant délit. A plus forte raison, continuerions-nous à demeurer indulgents *judiciairement* pour de simples fautes non préjudiciables à la société.

C'est seulement le tribunal de *l'opinion* qui deviendrait rigoureux, exigeant, difficile. Et où serait le mal ? L'erreur, en tous cas, serait de supposer que, parce qu'il n'y aurait plus d'adultères, par exemple, les salons seraient envahis par une béguculerie ridicule, contraire à toute liberté d'allures et de propos dans les relations des deux sexes. Loin de là, c'est dans les milieux où ces relations sont les plus sûres qu'elles sont les plus libres, en Amérique ou en Angleterre, et, si la pruderie du langage était jamais exilée de la terre, c'est dans le salon d'une femme légère, de réputation compromise, qu'elle se réfugierait. Il en serait de même du monde des affaires si nulle escroquerie, nul abus de confiance, ne s'y produisait plus ; on y deviendrait de moins en moins soupçonneux, de moins en moins porté à voir la fraude dans des spéculations un peu risquées. Inversement, là où une branche du délit pousse avec une rapidité et une sève alarmantes, il arrive souvent qu'au lieu de continuer à s'énerver, la conscience des honnêtes gens se raidit enfin.

réagit par une sévérité outrée contre cette invasion criminelle ; et c'est tout justement l'opposé des prévisions de M. Durkheim.

Une autre erreur beaucoup plus grave est de penser que la production des variétés criminelles de la nature humaine est indissolublement liée à celle des variétés géniales ; que, par suite, en étouffant le crime, on tuerait du même coup le génie, deux sortes d'originalités individuelles, pareillement distantes du « type collectif » qui deviendrait de la sorte une règle sans exception. — Et d'abord j'ai grand'peine à accorder sur ce point la pensée de l'auteur avec elle-même. Pour lui, nous allons le voir bientôt, il n'y a d'autre pierre de touche de la normalité d'un phénomène que sa généralité ; pour lui, le type moyen, le type collectif, c'est le type normal ; donc, tout ce qui s'en écarte est une anomalie. Par suite, sa proposition ci-dessus revient à dire que la criminalité est chose normale parce qu'elle favorise l'éclosion d'anomalies, et que sa suppression serait une anomalie parce qu'elle aurait pour effet le règne absolu de l'état normal... Mais passons sur cette contradiction. Est-il vrai, oui ou non, que crime et génie soient solidaires ? Il n'est peut-être pas de problème moral plus anxieux et qui touche à plus de questions brûlantes. Entre la folie et le génie, une solidarité du même ordre a été aussi alléguée, nullement démontrée d'ailleurs, quoique tout autrement spécieuse. Mais, en quelque sens que cette dernière question soit résolue définitivement par les aliénistes, peu importe, après tout, à la conscience morale. Il n'en est pas ainsi de la première. Elle inquiète au plus haut degré la raison pratique, à un plus haut degré même qu'une autre antinomie, très redoutable pourtant, qui surgit devant elle, quand un apologiste de la guerre, tel que le feld-maréchal de Moltke ou le D\u2071 Lebon plus récemment, prétendent démontrer non seulement qu'il n'est pas possible mais qu'il n'est pas désirable de supprimer la guerre, que la guerre, elle aussi, « fait partie intégrante de la santé sociale », et que, sans sa ration périodique de massacres, de pillages, d'abominations belliqueuses, l'humanité tomberait en décomposition. Passe encore cette efficacité de la guerre, après tout : elle est l'homicide et le vol réciproques et par consentement mutuel. Mais si l'homicide et le vol *unilatéraux*, et le viol par-dessus le marché, sont utiles aussi, utiles au libre essor de l'esprit inventeur, et si la théorie *du bloc* est de mise ici même, comme elle a été invoquée pour absoudre les massacres de septembre, inséparables, a-t-on dit, des gloires révolutionnaires, alors, qu'est-ce que c'est, je vous le demande, qui subsiste de la vieille distinction du bien et du mal ?

Or, si, pour la résoudre, on compte sur la statistique, comme source d'informations essentiellement « objectives », on se fait illusion. Les oracles de cette sibylle sont souvent ambigus et ont besoin d'interprétation. Les cartes, par exemple, nous montrent bien que les départements les plus riches, les plus civilisés, les plus lettrés, sont généralement (pas toujours) les plus féconds en crimes de même qu'en cas de folie. Ses courbes aussi et ses tableaux semblent parfois témoigner dans le même sens. Mais il y a des exceptions significatives : celle de Genève, où la criminalité, d'après la monographie de M. Guénoud, diminue à mesure qu'elle se civilise ; celle de *Londres*, plus remarquable encore, où le taux de la criminalité est moitié moindre que dans les villes de province anglaise, et inférieur même, chose extraordinaire, à celui des campagnes anglaises. J'emprunte ce curieux détail à une étude de M. Joly, où il est démontré, en outre, que, depuis dix ans, le crime en Angleterre, sous toutes ses formes, surtout chez les enfants (mais, sur ce point, j'aurais des critiques à faire) aurait diminué de 10 à 12 p. 100. Pauvre Angleterre ! Elle est en train de devenir bien malade ! — A vrai dire, les statistiques officielles fonctionnent encore trop imparfaitement et depuis trop peu de temps pour apporter des éléments décisifs dans le débat qui nous occupe. Elles ne permettent pas de décider si la progression de la criminalité presque partout en ce moment tient aux énergies durables et essentielles de notre civilisation et non pas seulement à ses vices accidentels et passagers, à l'insuffisance de son effort moral comparé à son effort industriel et scientifique.

J'aurais plus de confiance en des statistiques spéciales, circonscrites, entreprises par des particuliers pour serrer de près les causes du crime et les causes du génie séparément. Des recherches du premier genre sont familières aux criminalistes ; or, toutes les fois que l'un d'eux s'est avisé de rechercher les antécédents héréditaires et le mode d'éducation de 100 criminels pris au hasard, il y a rencontré beaucoup plus de débauche et de paresse, d'alcoolisme et de folie, d'ignorance même, que parmi les ascendants et les éducateurs de 100 honnêtes gens appartenant aux mêmes races et aux mêmes classes ; mais plus de génie ? Non pas, que je sache. D'autre part, M. de Candolle a longuement, patiemment, ingénieusement recherché dans quelles conditions de milieu familial et social l'apparition du génie, scientifique surtout, était favorisée ; et il a trouvé que, parmi ces influences favorables, devait être comptée en premier lieu celle d'un foyer domestique essentiellement moral, pur de tout délit et de tout vice, attaché héréditairement à l'honnêteté traditionnelle. En somme, c'est le *minimum* ou plutôt le zéro

de criminalité qui lui a paru lié au maximum de génialité scientifique. Les études de Galton, si je ne me trompe,
l'ont conduit aussi à cette conclusion. Il résulte de là
qu'il n'y a pas le moindre rapport entre les causes du
crime et les causes du génie ; et elles auraient beau être
juxtaposées pendant des siècles, elles n'en resteraient pas
moins étrangères et hostiles les unes aux autres. Ce lien
qu'on voudrait établir entre elles, remarquons-le, apparaît plus insoutenable à mesure que, par les progrès de
la récidive, la criminalité européenne de nos jours devient
plus professionnelle — profession qui assurément n'a rien
d'utile aux autres — et se localise davantage dans des
milieux putrides, anti-sociaux, impropres à toute œuvre
saine.

Et, de fait, raisonnons un peu. En quoi, je vous prie,
la sécurité plus grande procurée aux existences et aux
propriétés par la suppression complète des meurtriers et
des voleurs, serait-elle de nature à entraver le travail gé-
nial des inventeurs ? En quoi l'élimination de tout esprit
de chantage, de spéculation véreuse, dans le journalisme
et dans la finance, ferait-elle obstacle à l'indépendance,
à la puissance, à la libre diversité de la presse, à la naissance et au succès des entreprises industrielles viables et
fécondes ? Certes, dans cette hypothèse, nous n'aurions
pas vu se constituer, avec le *succès* qu'on sait, la société
pour le percement de l'isthme de Panama ; mais, en revanche, sans le *Panamisme* et sa catastrophe, combien de
sociétés utiles et prospères se seraient fondées qui n'osent
naître après le discrédit jeté sur toutes les affaires bonnes
ou mauvaises ! Outre le mal direct, en effet, que produit
le crime, il faut lui imputer, non pas seulement ce mal
indirect et visible des prisons à construire et à entretenir,
de la justice criminelle à faire fonctionner, mais encore,

et surtout, bien d'autres maux indirects et qu'on ne voit
pas : le mal de l'insécurité publique, d'abord, le mal de la
méfiance qui empêche d'utiliser les choses ou les personnes
dont on se méfie, le temps et l'argent perdus à se prémunir
par des revolvers, des serrures et des coffres-forts, etc.,
contre l'éventualité des meurtres et des vols, ou contre la
possibilité des actes immoraux par une réserve excessive
et gênante dans les rapports des deux sexes ; ensuite, le
mal de l'exemple, la perversion de l'esprit public par les
explosions anarchistes notamment, l'amoindrissement du
respect dû à la vie humaine et la diminution de la probité
rigide chez d'honnêtes gens devenus un peu moins honnêtes après la lecture de la chronique judiciaire parce que,
comparés à ces faits monstrueux, leurs propres péchés
prennent la couleur d'innocentes peccadilles.

Supposez, encore une fois, un État purgé de toutes ses
familles de malfaiteurs, de tous ses vagabonds, de tous
ses néophytes et séminaristes du délit. Qu'on ne dise pas
que c'est impossible, car on aurait pu dire la même chose
de l'esclavage dans l'antiquité, et maintenant encore du
paupérisme, de la mendicité dans les rues. Qu'on ne dise
pas non plus qu'il faudrait pour cela un nivellement complet des esprits et des cœurs unis en un « sentiment collectif » beaucoup plus intense et beaucoup plus unanime
que maintenant, si bien que l'originalité individuelle en
resterait mortellement atteinte. Il suffirait, je crois, d'une
réforme radicale, intelligente, de notre système judiciaire
et pénitentiaire et de quelques mesures préventives
surtout. Quoi qu'il en soit d'ailleurs, observons que
le crime est la violation non de toutes les règles mais
seulement des règles les plus élémentaires et les moins
discutables de la morale. De ce que tout le monde serait
d'accord pour flétrir énergiquement et châtier sévèrement

ces violations, il ne s'ensuivrait point que la riche floraison des diversités individuelles fût fauchée ou émondée,
ni même que la liberté de penser théoriquement n'importe
quoi fût amoindrie. Il est possible, à la vérité, que, en ce
qui touche à la liberté de la conduite, la conscience publique devînt plus exigeante, le sentiment de la justice irait
peut-être se développant au point que les réformes sociales les plus hardies s'accompliraient sans effusion de
sang, sous la pression de la moralité généralisée. Sans
doute, faute de crimes passionnels, notre littérature per-
drait quelques-unes de ses plus habituelles inspirations ;
sans ivrognerie, pareillement, il n'y aurait jamais eu de
chansons bachiques. En revanche, nous n'avons pas l'idée
de tous les types de beauté artistique et littéraire dont nos
crimes et nos délits, nos immoralités et nos vices, nous
privent ; nous ne songeons pas à ces flores délicates, à ces
formes nouvelles de l'art, plus pures et plus exquises, que
notre goût ne manquerait pas de se créer pour en faire ses
délices aux lieu et place de nos esthétiques faisandées.

On m'objectera que j'ai trop raison, que j'ai tort d'insister. Je ne le crois pas. Il est bon de réfuter un paradoxe
qui n'est que l'expression vive d'un préjugé sourd et ina-
voué, désavoué même, du sens commun ; le sens commun
renferme ainsi forcé erreurs énormes, nées de confusions
d'idées, dont il n'a nulle conscience, qui lui font horreur
quand on les lui montre, mais qui le font agir. — Il est
plus intéressant cependant de nous demander maintenant
comment un sociologue tel que M. Durkheim a pu être
conduit à la proposition que je combats. Le plus logiquement du monde, par sa manière de concevoir la distinction du normal et du pathologique dans le monde social.
Même dans le monde vivant, la définition de la maladie
et de la santé est d'une difficulté ardue, et notre savant a

consacré les pages les plus intéressantes de son livre à remuer cette fine question. Il montre, ou il croit montrer, que le caractère distinctif de l'état morbide ne consiste ni dans la douleur qui l'accompagne et qui accompagne aussi parfois l'état sain — ni dans l'abréviation de la vie, car il est des maladies compatibles avec la longévité et il est des fonctions très normales, telles que l'enfantement, qui sont souvent mortelles — ni enfin dans l'opposition à un certain idéal spécifique ou social que l'on suppose, car cette hypothèse finaliste est toute subjective et, partant, n'a rien de *scientifique*. Élimination faite de tous ces caractères, il n'en reste qu'un, tout objectif celui-là : le normal, c'est le général. « Nous appellerons normaux (p. 70) les faits qui présentent les formes les plus générales et nous donnerons aux autres le nom de morbides ou de pathologiques ; *le type normal se confond avec le type moyen* et tout écart par rapport à cet étalon de la santé est un phénomène morbide. » Or, on n'a jamais vu, ni nulle part, une société sans un certain contingent régulier de crimes ; donc, comme il n'est rien de plus général, il n'est rien de plus normal.

Ce principe est déjà bien entamé par cette conséquence ; et il en a d'autres aussi étranges. Tous les êtres sont défectueux, imparfaits sous quelque rapport ; donc, rien de plus normal que l'imperfection et la défectuosité. Tous les animaux sont malades un jour ou l'autre, ne serait-ce que du mal dont ils meurent ; donc rien de plus normal que la maladie qui n'a plus rien de pathologique... — Cournot, en quelques lignes, a fait justice de l'erreur de confondre le type normal avec le type moyen. Supposez une peuplade, une espèce animale, et il y en a, où la vie moyenne soit inférieure à l'âge adulte, il s'ensuivra que, dans le cas où tous les individus seraient vraiment conformes, par la durée de leur existence, à ce type moyen, et ne présenteraient de ce chef aucune anomalie, aucun d'eux ne se reproduirait, et que cela serait normal. Prenez dans une foule l'intelligence moyenne, l'instruction moyenne, la moralité moyenne. A quel niveau la normalité va être abaissée ! Au commencement de ce siècle, l'instruction moyenne consistait à ne savoir ni lire ni écrire. La culture supérieure est encore une anomalie, puisqu'elle est ce qu'il y a de moins général et de moins répandu. Certes, l'ignorance, à ce compte, et l'immoralité sont chose plus saine et plus normale que la science et la vertu.

M. Durkheim, en étudiant ce sujet, a omis des distinctions nécessaires. Il dit qu'il est des souffrances saines ; oui, en ce sens qu'elles sont utiles physiologiquement, utiles à l'accomplissement d'une fonction vitale, telle que la génération ou la réparation des tissus. Mais psychologiquement elles sont nuisibles elles-mêmes, quand elles ne servent pas à empêcher de plus grandes souffrances pour l'individu (1). Aussi l'effort psychologique et social tend à les diminuer sans cesse, à les supprimer souvent, à les rendre de moins en moins nécessaires et salutaires, grâce à des inventions comme l'emploi du chloroforme ou de la morphine. Ce qui est spécifiquement normal peut être individuellement pathologique. La parturition, quand elle tue l'individu ou abrège sa vie, est un mal et une maladie pour lui, mais elle est un bien pour l'espèce qui, sans cet accident mortel, mourrait, elle.

Je m'étonne que M. Durkheim n'ait pas songé ici à la

(1) Il y a, vitalement comme socialement, des maux salutaires qui empêchent des maux plus grands : c'est le cas de la vieillesse, de la menstruation, de l'impôt, etc. Car mieux vaut vieillir que mourir, et payer l'impôt que n'être pas protégé par la force publique. C'est le cas du vaccin aussi, petite maladie qui en évite une plus grande, la variole.

fameuse lutte pour la vie. Est-ce que le pathologique ne pourrait pas être défini, ce qui diminue les chances de triomphe de l'individu — ou celles de l'espèce, distinguons bien — dans ce grand combat des vivants ? Or, à ce point de vue, la souffrance apparaît comme un mal et une anomalie qui, en se prolongeant, entraînerait fatalement la défaite de l'individu, ou aussi bien de l'espèce. Il y a des maladies avec lesquelles on peut vivre *hors du combat*, mais il n'en est pas qui permette d'y triompher. A ce point de vue, aussi, se montre l'utilité d'une notion rejetée avec trop de désinvolture par notre auteur : celle d'adaptation. On peut, en effet, définir le normal ce qui est adapté au triomphe dans la lutte. — Ajoutons que, par la considération de *l'alliance pour la vie*, aussi bien que par celle de la lutte, on obtient aisément une définition acceptable : l'anormal n'est-il pas ce qui rend un être impropre ou moins propre à entrer dans une association et à en fortifier les liens ?

La théorie de Pasteur sur l'origine des maladies les plus graves, les plus redoutables, les plus dignes de ce nom, donne lieu à une conception de la maladie qui peut être considérée comme dérivée d'un cas singulier et original du *struggle for life* et dont **M. Durkheim** ne dit rien non plus : la maladie, si l'on généralise cette explication microbienne, se présente à nous comme le combat d'une armée de cellules et d'une armée de microbes, combat dont notre organisme est à la fois l'enjeu et le champ de bataille. Ces deux armées sont composées, séparément, de combattants bien portants jusqu'au moment où ils s'exterminent, mais c'est leur rapport qui est morbide. Rien ne s'applique mieux que cette notion de la maladie à la criminalité. La criminalité, c'est le conflit entre la grande légion des gens honnêtes et le petit bataillon des criminels, et ceux-ci comme ceux-là agissent *normale-ment*, étant donné *le but* que les uns et les autres pour-suivent. Mais, comme ces deux buts sont contraires, la résistance qu'ils s'opposent mutuellement est sentie par chacun d'eux comme un état pathologique qui, pour être permanent et universel, n'en est que plus douloureux.

Le parti pris de M. Durkheim contre l'idée de finalité, *même en science sociale*, l'a empêché de démêler le vrai, dans les obscurités un peu artificielles de la question qu'il s'agite. Comment se faire une idée quelque peu nette du normal et de l'anormal, si l'on s'obstine à proscrire ce qui doit venir ici en première ligne, les considérations *d'ordre téléologique* et aussi *d'ordre logique*, c'est-à-dire si l'on ne considère pas, avant tout, comme anormal ou morbide ce qui trouble l'harmonie systématique de l'être, de l'être organique, de l'être mental ou de l'être social — ce qui empêche l'accord des buts et l'accord des jugements d'y être suffisant pour réaliser la fin dominante ? Cela est si vrai, que malgré son mépris du finalisme qui va jusqu'à lui faire repousser l'idée même d'utilité, le dis-tingué professeur en a fait lui-même sans le vouloir. Il a compris qu'il ne suffit pas de définir la normalité par la généralité, si l'on ne remonte aux causes de cette der-nière, pour se permettre de distinguer des généralités de divers genres, d'accepter les unes, de rejeter les autres, et de ne pas accepter certaines conséquences un peu gê-nantes de son propre principe. Aussi a-t-il cherché les causes et cru les trouver dans ce qu'il appelle « les con-ditions d'existence ». Quand les conditions d'existence d'une société viennent à changer, ce qui était normal jusque-là — par exemple, les pratiques religieuses, ou le caractère individuel de la propriété — devient anor-mal, en dépit de sa généralité persistante. Et voilà comment notre auteur, dans une note, quelques pages après avoir écrit que le progrès de la criminalité à notre époque est chose normale, a pu écrire que la décroissance du sentiment religieux est chose normale aussi, de telle sorte qu'un réveil de ce sentiment, la plus universelle pourtant des manifestations sociales, serait une anomalie tandis que la progression de nos délits ne l'est pas ! Notre état économique actuel, est-il dit encore, « avec l'absence d'organisation qui en est la caractéristique » est universel à la vérité, mais il n'en est pas moins morbide s'il est prouvé qu'il est lié « à la vieille structure sociale segmentaire » et non à la nouvelle structure qui tend à se substituer à celle-ci. — Qu'est-ce cependant que les « conditions d'existence » ? M. Durkheim ne précise pas ; précisons. Ce sont des idées, des croyances qui se sont répandues, des droits ou des devoirs que les hommes se sont attribués, ou bien des buts nouveaux qu'ils se sont mis à poursuivre, ou plutôt à la fois des buts nouveaux et des idées nouvelles. L'idée de finalité est donc impliquée dans celle que M. Durkheim croit mettre à sa place.

Sans nul doute, « ce qui est normal pour un mollusque ne l'est pas pour un vertébré » et chaque espèce a sa normalité propre ; mais pourquoi cela ? Parce qu'on prête irrésistiblement à l'espèce un besoin fondamental (nager, voler, etc.) un désir, une volonté propre, majeure hypothétique et nécessaire du syllogisme implicite d'où nous déduisons la conclusion : « cela doit être, cela est normal ; cela ne doit pas être, cela est anormal ». Bien mieux, pour chaque individu, suivant le but qu'on lui sait ou qu'on lui suppose, la condition de la normalité change. « Le sauvage, nous dit-on, qui aurait le tube digestif réduit et le système nerveux développé du civilisé sain serait un malade par rapport à son milieu. »

Un malade *socialement*, oui, car il serait constitué en opposition avec les besoins et les vouloirs de la tribu ; mais non un malade *individuellement* si son idéal propre, contraire à celui de son milieu, exigeait ce développement cérébral et cette réduction de la vie végétative.

Il me revient, en écrivant ces lignes, une pensée de Stuart Mill qui est bien éloignée de celle de M. Durkheim. L'état normal, dit-il quelque part, est, pour tout être, l'état le plus élevé qu'il puisse atteindre. Autant dire : le normal, c'est l'idéal ; et le morbide, c'est le plus souvent le général, le commun, le « vulgaire », ce vulgaire que notre auteur méprise si fort, mais qu'il n'a pas le droit de mépriser s'il veut rester fidèle à son propre principe. Le normal, donc, pour une société, c'est la paix dans la justice et la lumière, c'est l'extermination complète du crime, du vice, de l'ignorance, de la misère, des abus. Et je sais bien que le danger de cette définition est de trop pencher vers l'esprit de chimère, mais je la préfère encore à l'autre, si scientifique que celle-ci se flatte d'être.

Pourquoi cela ? Parce que je ne puis admettre, avec mon subtil contradicteur, et ce n'est pas mon moindre dissentiment avec lui, que la science, ou ce qu'il appelle ainsi, froid produit de la raison abstraite, étrangère, par hypothèse, à toute inspiration de la conscience et du cœur, ait sur la conduite l'autorité suprême qu'elle exerce légitimement sur la pensée. Où les stoïciens avaient-ils appris le caractère anormal de l'esclavage, malgré sa généralité, son universalité, de leur temps ? En écoutant non les géomètres, non les astronomes ni les physiciens d'alors, mais leur cœur. Faites taire le cœur, l'esclavage est justifié pour eux, comme pour Aristote. J'ajoute que c'est l'homme tout entier qui doit penser, avec son cœur, avec son âme, avec son imagination même, et non pas seule-

ment avec sa raison. Il doit souvent, sans doute, mettre
la pédale sourde sur les premières cordes pour laisser
plus libre jeu aux vibrations de la dernière, aux opérations de son intelligence. C'est ainsi qu'on retient son
souffle, quelques instants, pour ne pas troubler la surface d'une eau pure où l'on cherche à voir le reflet de ses
bords ; et la raison est cette eau pure. Mais il en est de
cette *abstraction subjective*, en quelque sorte, appliquée à
notre propre réalité interne, comme de l'abstraction
objective à laquelle on soumet artificiellement les réalités
du dehors pour arriver à les mieux comprendre en les
analysant successivement sous leurs divers aspects. Pas
plus que celle-ci, celle-là ne doit être prolongée indéfiniment, et ne doit être prise pour autre chose qu'un arti-
fice de méthode, une fiction momentanément utile. De
temps en temps, le penseur le plus abstrait, le plongeur
le plus profond — surtout le plus profond — pour ne pas
se noyer, doit se ressaisir dans son intégrité, remonter
en pleine lumière pour respirer librement ; et c'est dans
ces moments de détente du cœur, d'enivrement imagina-
tif, après une réflexion calme, qu'il lui est donné parfois
de voir un peu plus clair dans l'intimité des choses, res-
saisies elles aussi dans la plénitude de leur existence,
temporairement morcelée par l'analyse.

M. Durkheim croit honorer la science en lui prêtant le
pouvoir de diriger souverainement la volonté, c'est-à-
dire de ne pas seulement lui *indiquer* les moyens les plus
propres à atteindre son but dominant, mais encore de lui
commander son orientation vers cette étoile polaire de la
conduite. Or, il est certain que la science exerce une action sur nos désirs, mais une action principalement négative : elle montre le caractère irréalisable ou contradic-
toire de beaucoup d'entre eux et par là tend à les affaiblir,

sinon à les éliminer ; mais, parmi ceux qu'elle permet de juger réalisables à des degrés égaux ou même diffé-rents, de quel droit nous interdirait-elle de ressentir les uns et nous enjoindrait-elle d'éprouver les autres ? Elle n'a de pouvoir absolu que sur notre intellect ; encore ne lui impose-t-elle ses enseignements qu'en s'appuyant sur des évidences immédiates, sur des données de la sen-sation, qu'elle n'a pas créées et qu'elle postule. A plus forte raison, quand elle s'adresse à la volonté, dont elle n'est que le conseil privé pour ainsi dire, ne peut-elle lui commander ou lui recommander telles ou telles pratiques qu'en se fondant sur certains désirs, majeures néces-saires du syllogisme moral dont elle n'est que la mineure et la conclusion. Si elle a affaire à un ambitieux, pourquoi lui prescrirait-elle l'amour ? Si elle a affaire à un amou-reux, pourquoi lui prescrirait-elle l'ambition ? Pourquoi ordonnerait-elle même au savant sa soif passionnée de vérité plutôt que la soif de l'or ou des honneurs ? Nous naissons, individus ou peuples, avec une force de projec-tion particulière comme les astres, avec une impulsion propre qui nous vient du cœur, du fond sous-scientifique, sous-intellectuel de notre âme ; c'est là un fait comme un autre pour la science qui n'a qu'à le constater ; c'est là le postulat nécessaire de tous les conseils, toujours con-ditionnels, qu'elle peut nous adresser. Et quand il s'agira de modifier soit l'intensité, soit la direction de cette éner-gie intérieure, ce n'est pas un théorème, ni une loi phy-sique ou physiologique, ni même sociologique, qui aura ce pouvoir, mais bien la rencontre individuelle ou na-tionale, dans quelque rue de la vie ou de l'histoire, d'un nouvel objet d'amour ou de haine, d'adoration ou d'exé-cration qui, du fond remué de notre cœur encore, suscitera de nouveaux élans.

C'est en demandant à la science au delà de ce qu'elle peut donner, c'est en lui prêtant des droits qui outrepassent sa portée, déjà bien assez vaste, qu'on a donné lieu de croire à sa prétendue *faillite*. La science n'a jamais failli à ses promesses véritables, mais il a circulé sous son nom une foule de faux billets revêtus de sa fausse signature et qu'elle est dans l'impossibilité d'acquitter. Il est inutile d'en augmenter le nombre.

APPENDICE

A cet article publié dans le numéro de février 1895 de la *Revue philosophique*, M. Durkheim a fait une assez longue réponse, qui a paru dans le même recueil, en mai de la même année. Je n'y relèverai qu'un petit nombre de points. D'abord, le savant professeur me reproche d'avoir dit qu'à ses yeux la progression de la criminalité, constatée par notre statistique, était normale. Cependant, qu'on se reporte au passage de son livre ci-dessus en note (p. 137) : n'est-il pas naturel de l'interpréter comme je l'ai fait. Je sais bien que M. D... ajoute : « Il peut se faire que le crime *lui-même* ait des formes anormales : c'est ce qui arrive quand, par exemple, il atteint un taux exagéré... » Mais où commence cet *excès* « de nature morbide »? On ne nous le dit point, et j'avoue que ce serait difficile à dire conformément aux principes de l'auteur. Dans sa réponse même, n'affirme-t-il pas de nouveau que, « par application de sa règle générale », le crime est chose normale, et que « un certain taux de criminalité est indispensable à la santé collective »? Mais, s'il en est ainsi, n'est-il pas clair que, tant que ce taux ne sera pas atteint, la progression de la criminalité en train de s'élever jusqu'à lui sera normale et salutaire ? Et où nous est-il dit nettement que ce taux — nullement précisé — est à présent dépassé en France ou ailleurs ?

Ce n'est pas seulement parce que le crime peut avoir des utilités directes ou indirectes qu'il fait partie de l'hygiène sociale. « *Utile ou non* (l'auteur nous le redit, et c'est lui qui souligne), il est normal parce qu'il est lié aux conditions fondamentales de toute vie sociale ; il en est ainsi parce qu'il ne peut y avoir de société où les individus ne divergent plus ou moins du type collectif, et que, *parmi ces divergences, il y en a non moins nécessairement qui présentent un caractère criminel* ». C'est cette dernière proposition qui resterait à démontrer, et je ne vois point que M. D... applique ici ses règles si exigeantes sur l'administration de la preuve. Certainement je ne contesterai point, moins que personne, cette tendance à la variation qui, en tout ordre de phénomènes, donne seule à leur répétition sa raison d'être. Mais, par une sélection appropriée et persévérante, ne voit-on pas les variétés nuisibles à un certain but — poursuivi par un éleveur ou un éducateur — diminuer, puis disparaître, et pourquoi ne serait-il pas permis de penser que les variétés criminelles de la nature humaine ou de la conduite humaine sont susceptibles ainsi d'une élimination graduelle et finalement totale ? M. D... dit ne pas comprendre que j'ai pu, à l'appui de cette espérance, invoquer la disparition de l'esclavage. Mais il me semble que l'argument contre lui était tôpique. Est-ce que, au temps d'Aristote, il était rien de plus *général*, dans toutes les sociétés alors connues, que l'esclavage ; et, partant, *d'après le principe de notre auteur sur l'identité du général et du normal*, est-ce qu'il ne s'ensuivait pas que la suppression de l'esclavage eût été une anomalie ? Et suffit-il, pour repousser la force de cette objection, de me répondre ceci : « Il m'est impossible d'apercevoir le rapport entre la disparition du crime et celle de l'esclavage, *l'esclavage n'étant pas un crime ?* »

In fine, mon contradicteur me décoche un trait qu'il croit mortel. De ce que, en terminant mon article, j'ai enfermé dans son domaine propre la science et réservé les droits de l'imagination, de la conscience et du cœur, il me reproche *de ne pas croire à la science.* « Car ce n'est pas y croire que de la réduire à n'être qu'un amusement intellectuel, bon tout au plus à nous renseigner sur ce qui est possible ou impossible, mais incapable de servir à la réglementation positive de la conduite... Ce qu'on met ainsi au-dessus de la raison, c'est la sensation, l'instinct, la passion, toutes les parties basses et obscures de nous-mêmes. Que nous nous en servions quand

nous ne pouvons faire autrement, rien de mieux. Mais, quand
on y voit autre chose qu'un pis-aller qui doit peu à peu céder
la place à la science, quand on leur accorde une prééminence
quelconque, alors même qu'on ne se réfère pas franchement
à une foi révélée, on est théoriquement un mystique plus ou
moins conséquent. Or, le mysticisme est le règne de l'anarchie dans l'ordre pratique, parce que c'est le règne de la fantaisie dans l'ordre intellectuel. »

Il faut vraiment fermer les yeux à l'évidence, à la brutalité
des faits, pour ne pas voir que le déploiement scientifique de
l'intellect et la formation morale du caractère font deux. Pour
montrer cela, je n'ai pas besoin de rappeler que le progrès de
l'instruction n'a nullement, par lui-même et à lui seul, entravé
celui de la criminalité et a seulement *orienté* son cours de la
violence à l'astuce, de la vengeance à la voluptuosité. M. Durkheim pourrait me répliquer qu'en cela il a joué un rôle utile
à l'hygiène sociale. Mais, cette considération écartée, n'est-il
pas clair comme le jour que les connaissances scientifiques, à
l'instar du soleil — on voit que je ne veux pas les rabaisser,
— éclairent le bon comme le méchant et servent à toutes fins
bonnes ou mauvaises, à l'exagération formidable des armements, des boucheries humaines, comme à celle du luxe et
du confort, à la *pandestruction anarchiste* (puisque *anarchie* il y
a) comme à l'universelle production ? Certes, ce n'est pas le
moment que je choisirais pour dire à mon tour du mal des
intellectuels, si supérieurs aux huées de la foule et des flatteurs
de la foule ; mais il n'en est pas moins certain que, si le mysticisme consiste à ne pas faire à la science et à la raison leur
part — ce qui n'est pas, assurément, mon cas, — l'anti-mysticisme, soi-disant positiviste, mais conspué par Auguste
Comte sous le nom de « pédantocratie », l'anti-mysticisme qui
consiste à ne pas faire leur part au cœur, à l'amour, à la sympathie mère des nations, à l'imagination aussi, source des hypothèses et des théories comme de la poésie et de l'art, est bien
plus désastreux encore. Et, à vrai dire, qu'est-ce que cela peut
bien être que cette abstraction personnifiée, la Science, la
Science pure, telle que l'entend mon éminent adversaire ? Je
voudrais bien savoir quelle est la science qui se présente au public, ou même entre intellectuels, autrement qu'habillée de

métaphysique consciente ou inconsciente, utilisée par des préjugés de secte ou d'école, par des passions qu'elle ne dompte point mais qui l'emploient, qu'elle ne dirige point même mais qui la détournent et la tirent à soi ? Il n'est pas jusqu'à la plus objective des connaissances scientifiques, la statistique, qui ne se prête aux interprétations les plus subjectives, comme le livre récent — et d'ailleurs intéressant et si consciencieusement fouillé — de M. D... sur le *suicide* en est la preuve abondante. Car l'erreur n'est pas de distinguer entre ce qui est la science et ce qui n'est pas elle, et il n'y a rien de mystique, ni de frivole, en cela ; mais l'erreur est de confondre ce qui est évidemment distinct, et de se persuader, par exemple, qu'on fait œuvre scientifique quand on fait de la métaphysique sans le vouloir. Et je voudrais bien savoir aussi quelle est la science qui, indépendamment d'un élan généreux, d'une impulsion instinctive et passionnée, jaillie « des parties basses et obscures de nous mêmes », a eu la force de susciter chez l'individu l'acte le plus nécessaire à chaque instant de la vie sociale, le sacrifice de soi, de sa vie ou au moins de son bonheur, au bien de la société ? En se frappant le cœur, non le front, l'homme social trouve en lui la force de l'héroïsme, comme celle du génie. La raison, ni la science — lumières admirables du reste et que j'ai trop de penchant moi-même à adorer — n'ont rien à voir là, et jamais on ne justifiera scientifiquement, ni rationnellement, le dévouement d'un Décius, pas même la résignation pacifique d'un déshérité. Il y faut et l'amour et la contagion des suggestions ambiantes, qui elles-mêmes sont la manifestation imitative de la sympathie innée, pré-scientifique et suprà-scientifique, fondement de toute sociabilité. Toute sublimité est déraisonnable.

LA CRIMINALITÉ PROFESSIONNELLE (1)

I

On peut entendre en deux sens bien distincts l'expression de *criminalité professionnelle*. Daus le premier sens
elle signifie le contingent de délits quelconques fourni par
chaque profession, le nombre de ses infractions de tout
genre à la morale générale ; dans le second sens, le nombre de délits spéciaux et caractéristiques d'infractions à
sa morale propre, que chaque profession fait éclore. La
première acception est la seule répandue parmi les statisticiens et les criminalistes, bien que la seconde présente
un intérêt plus vif et plus profond. Mais, qu'il s'agisse de
l'une ou de l'autre, la mesure tant soit peu précise de la
criminalité relative des diverses professions est un problème des plus ardus, et nulle part le miroitement des
chiffres n'est plus illusoire. En effet, nos dénombre-
ments officiels nous présentent pêle-mêle les deux sortes
de chiffres qu'il serait bon de distinguer, et cette confusion est toute à l'avantage des professions dont les délits
spéciaux sont de nature habituellement cachée ou habituellement collective, et par suite, sont peu susceptibles
d'être poursuivis en justice.

Pour bien juger de la criminalité professionnelle, il
faut se pénétrer de la morale professionnelle qui prête
aux mêmes actions, suivant les préjugés ou les senti-

(1) *Archives de l'Anthropologie criminelle*, 1896.

ments traditionnels des diverses professions, une importance si étrangement inégale et va jusqu'à les faire passer du rang des crimes au rang d'actes de vertus ou inversement. Qu'on songe à la chasteté professionnelle des vestales ou à l'impudicité professionnelle des prêtresses de Cnide et de Paphos ; au secret professionnel de l'avocat et du médecin et à l'indiscrétion professionnelle du reporter, du journaliste chroniqueur.

A ce point de vue, rien n'étant réputé plus criminel pour un ecclésiastique que de scandaliser les fidèles par le libertinage de sa conduite et l'impiété de ses propos, la première vertu pour un prêtre, surtout pour un religieux, étant d'être chaste et la seconde d'être obéissant, la criminalité cléricale a certainement beaucoup diminué depuis le dernier siècle. Il n'est pas de crime plus honteux pour un militaire que la lâcheté devant l'ennemi, ni de délit plus grave que l'indiscipline ; la débandade d'une troupe qui lâche pied sur le champ de bataille est donc le crime militaire par excellence, puis vient la révolte contre les chefs. Mais ce sont là des crimes collectifs et, comme tels, le plus souvent impunis.

Quant aux délits militaires individuels, jugés par les conseils de guerre, ils ne sont pas compris dans nos statistiques, et il est partant fort difficile de s'en faire une idée numérique, en vertu de ce principe qu'il faut « laver son linge sale en famille ».

Pour les commerçants, l'exactitude dans les paiements est la vertu cardinale ; leur point d'honneur s'attache à cela comme celui des gentilshommes d'ancien régime à ne point payer exactement leurs dettes. L'énergie de cet honneur commercial nous a épouvantés dans l'affaire de cet honnête marchand de vins parisien qui, pour éviter de voir son nom déshonoré par les désordres de son fils, l'a froidement assassiné, puis s'est suicidé dans sa prison.

Le délit le plus grave dans le commerce, c'est donc la banqueroute simple ou frauduleuse. Malheureusement pour les commerçants, leurs défaillances à cet égard sont l'objet de poursuites et figurent dans nos statistiques. Nous apprenons ainsi les oscillations de leur criminalité propre ; en 1871-1875, le nombre moyen annuel des banqueroutes simples en France était de 749 ; il s'est élevé graduellement jusqu'à 994 en 1887 et depuis lors a décrû jusqu'à 688 en 1893. Celui des banqueroutes frauduleuses, par suite de la correctionnalisation très probablement, a été en diminuant, de 70 dans la première période quinquennale à 32 en 1890 ; il est remonté ensuite à 40 en 1891, à 41 en 1892, à 45 en 1893 (1). Ce défaut de concordance entre les deux courbes ne laisse pas d'être assez difficile à expliquer.

Pour les notaires aussi la probité est la vertu éminemment professionnelle, l'improbité la plus infamante des fautes. Et le malheur est aussi pour eux que leurs actes improbes, quand ils présentent les caractères plus ou moins nets de l'abus de confiance, figurent en partie dans nos comptes criminels. Je dis en partie, car nous sommes bien informés de la sorte que le nombre des notaires accusés de crimes (d'abus de confiance qualifiés) devant les Cou ; d'assises françaises, après avoir été de 17 en 1877, s'est élevé peu à peu à 43 en 1888, puis est redescendu jusqu'à 28 en 1893 (2) ; mais nos statistiques se taisent sur les nombreuses poursuites disciplinaires dont les notaires simultanément ont été l'objet et qui ont porté sur des faits parfois presque aussi graves que les accusations dont il s'agit.

(1) En 1895, il est descendu à 39.
(2) 32 en 1895.

Une variété importante du crime professionnel, c'est le vol domestique. Mais gardez-vous bien de vous en rapporter à nos statistiques là-dessus. Il en est des domestiques qui volent comme des joueurs qui trichent ; quand par hasard on les découvre, on les chasse pour toute punition. Si, exceptionnellement, le fait est dénoncé à la justice, il est poursuivi le plus souvent comme vol simple et correctionnalisé. Les abaissements numériques de ces vols qualifiés, qui ont diminué de 441 en 1861-1865 à 193 en 1886-1890, à 195 en 1893(1), n'expriment donc que la croissance de la correctionnalisation dont ils sont l'objet.

Le crime professionnel des sages-femmes, c'est l'avortement. N'allez pas non plus ajouter foi aux chiffres des statisticiens sur ce point. Pour un avortement connu et puni, il en est cent, il en est mille qui s'opèrent impunément. Qui croira qu'en 1893, par exemple, il n'y en a eu que 80 ?

Les agents de change ont une morale très particulière : d'une part, ils jugent licites toutes sortes de manœuvres souvent des plus audacieuses, pour faire hausser ou baisser les fonds publics ; d'autre part, ils se piquent de la plus grande honnêteté dans l'exécution des ordres de bourse. « Un trait commun à toutes les bourses du monde, dit Claudio Jannet dans son ouvrage sur le *Capital*, c'est l'extrême simplicité des formes en lesquelles les transactions les plus importantes sont conclues. Une rapide mention sur un carnet suffit à les constater ; un très grand nombre sont même purement verbales. Chose très remarquable, dans aucun genre d'affaires il n'y a moins de difficultés et de déloyauté sur les conditions dans lesquelles les marchés ont été conclus. La nécessité a imposé aux

(1) 102 en 1895.

gens de bourse ce genre d'honnêteté. Si on le comparait avec les fraudes tolérées par l'usage en matière de ventes de chevaux, même entre les gens du meilleur monde, on pourrait écrire un intéressant chapitre de l'histoire de la morale. » Quant aux agents de change, qui, exceptionnellement, font preuve de mauvaise foi dans l'inexécution de leurs engagements, nulle statistique ne s'en occupe, pas plus que de ceux qui abusent d'un renseignement confidentiel pour jouer à coup sûr.

Chez les magistrats, l'impartialité, la résistance aux injonctions ou menaces extérieures, est le premier des devoirs ; il n'est pas de crime judiciaire plus déshonorant que la servilité et la partialité. Mais les défaillances des juges sont le secret de la conscience ou de la Chambre du Conseil. — Quelle est la vertu professionnelle des hommes politiques ? L'incorruptibilité. Le crime parlementaire, c'est la corruption. Mais quelle statistique nous renseignera exactement à cet égard ? — Quelle est la vertu professionnelle des publicistes ? La sincérité. Il n'est donc pas de plus grand crime de presse que le mensonge des écrivains, le mensonge diffamateur ou adulateur, le mensonge par chantage ou par ambition, par vanité ou par vengeance, par haine ou par camaraderie. Rien à ce sujet non plus, ou à peu près rien, dans les comptes annuels du ministère de la justice de n'importe quel État. Les grandes épidémies criminelles, aussi longtemps qu'elles ont régné, et précisément parce qu'elles ont régné, n'y ont jamais eu de place.

Il n'est pas de grève, comme il n'est pas de combat, qui ne soit une occasion offerte à des animosités homicides de se satisfaire impunément. Autant de crimes professionnels non enregistrés. D'autre part, beaucoup de maladies professionnelles et de soi-disant accidents du travail, sont l'effet direct ou indirect de véritables crimes professionnels, souvent difficiles à poursuivre. Le patron qui ne se conforme pas aux prescriptions de l'hygiène dans la construction de son usine ou dans la pratique journalière de son industrie est l'agent responsable des maladies ou des infirmités qu'engendrent son imprévoyance ou son avarice. D'après M. Cheysson (1), il y a en France, annuellement, 279.500 accidents de travail dont 7.500 suivis de mort et 26.000 d'infirmités permanentes. Combien de ces tués ou de ces blessés du travail, victimes en apparence d'un fait fortuit, l'ont été en réalité d'une négligence coupable ou même d'une méchanceté intentionnelle et dissimulée ? Nulle statistique ne le dira jamais. Ce n'est que dans des cas fort rares que la justice est appelée à s'occuper des crimes professionnels de cet ordre, les plus terribles de tous. Par exemple, un jour fut dénoncé au parquet de Sarlat le fait d'un clown qui, de passage avec son cirque dans cette petite ville, avait imaginé le moyen suivant de se venger d'une jeune acrobate par dépit amoureux. Il avait scié aux trois quarts la corde sur laquelle elle devait danser. Heureusement, au moment d'y monter, elle s'aperçut de la chose, et l'auteur, par suite de circonstances particulièrement révélatrices, fut découvert. Mais, sans ces circonstances, on aurait fort bien pu croire que la section de la corde était due à une simple maladresse, à un coup de hache donné mal à propos en plantant la tente, et la chute mortelle de la danseuse, si elle avait eu lieu, eût été classée comme accidentelle ainsi que nombre de morts par submersion qui, dans l'ignorance où l'on est de leurs vraies causes, parfois criminelles, sont classées parmi les accidents ou parmi les suicides.

(1) Cité par le Dr Mongin, élève du Dr Lacassagne, dans sa thèse sur le *Risque professionnel* (Stock, 1896).

Comme on peut le voir par l'exemple qui précède, chaque profession a ses manières de tuer et aussi de voler. D'abord, il est assez naturel que de son outil chaque travailleur se fasse une arme : le cordonnier assassin donne des coups d'alène, comme le pâtre montagnard des coups de *makila* ; le forgeron frappe sa victime avec son marteau comme le journaliste délateur, pourvoyeur de guillotine, avec sa plume ; le médecin se sert pour tuer des poisons qui lui sont donnés pour guérir. Pour voler, le commerçant a ses faux poids, l'industriel ses falsifications et ses contrefaçons, le journaliste ses mille formes et ses mille degrés de chantage, le fonctionnaire ses modes divers de concussion et de prévarication. Le monde du jeu et de la spéculation est riche en variétés de tricheries. Mais, tant qu'il n'y a en cela que des variantes de procédés et si, malgré cette diversité, les mobiles du meurtre et du vol restent à peu près les mêmes, ne recevant de l'exercice de la profession aucune couleur marquée ni aucune excuse particulière, il n'y a pas lieu de classer à part les délits caractérisés par une différence superficielle. Il en est autrement quand, par l'entraînement de l'exemple ambiant, dans son milieu spécial, le professionnel est conduit, sans y viser directement, à des spoliations ou même à des immolations qui, pour avoir des inspirations moins odieuses, ne laissent pas d'être criminelles. Le médecin qui tue par zèle scientifique, en essayant des opérations chirurgicales très dangereuses dont la nécessité n'est point démontrée, ou en expérimentant *in anima vili* des remèdes nouveaux, n'est pas un assassin ordinaire sans doute, mais il n'en a pas moins commis un homicide proprement médical. Je ne voudrais point non plus assimiler à un voleur le notaire ou l'avoué qui exagère ses états de frais, qui se permet des libertés excessives avec la taxe ou le tarif, mais il est certain que c'est là un abus répréhensible, quelque général qu'il puisse être devenu. Le soldat du xvi°, du xvii°, du xviii° siècle encore qui, dans une ville prise, violait les femmes, massacrait les vieillards, pillait les maisons, pouvait invoquer la grande excuse des hommes, la coutume ; mais la preuve qu'il n'a pu s'empêcher de sentir lui-même l'insuffisance de cette justification, c'est que la coutume, à la longue, a changé et que la guerre comtemporaine a proscrit entre peuples civilisés tout au moins — sinon, hélas ! toujours dans les rapports des races supérieures avec les inférieures — la plus grande partie de ces horreurs.

On remarque que, parmi les délits commis dans l'exercice d'une profession, les uns, comme ceux dont il vient d'être question, trouvent dans les mœurs ou les idées de cette profession une circonstance atténuante, tandis que les autres, par exemple un attentat à la pudeur commis par un prêtre, un empoisonnement par un pharmacien, la trahison d'un officier, ajouterons-nous la corruption d'un parlementaire ou le chantage d'un journaliste ? en reçoivent un caractère aggravant. L'expression de « crimes professionnels » est donc ambiguë, puisqu'elle s'applique à la fois et indistinctement à ces deux sortes de méfaits qu'il est si important de distinguer au point de vue de la responsabilité pénale.

Demandons-nous si c'est l'homicide ou si c'est le vol qui a été le plus richement diversifié par la division sociale des métiers au cours de la civilisation. A première vue, on pourrait croire que c'est le vol : il semble avoir bien plus d'avenir encore que le meurtre, être bien plus civilisable que lui. Le nombre des objets à voler s'accroît à chaque produit nouveau de l'industrie ; le nombre des moyens de voler, à chaque progrès du commerce et des communications locomotrices, épistolaires, télégraphiques, téléphoniques. La civilisation étend sans cesse le champ visuel du voleur et allonge ses bras. Mais agrandit-elle moins rapidement le domaine et la puissance du meurtrier ? Sans parler de ce gigantesque assassinat collectif et mutuel qu'on appelle la guerre et qui fait concourir à la multiplication de ses victimes éventuelles, à la diversité croissante de leurs blessures, par la découverte de nouveaux engins destructeurs, toutes les ressources du monde civilisé ; sans parler de ce progrès de l'homicide national, n'est-il pas certain que l'homicide individuel puise dans l'arsenal militaire ainsi que dans l'outillage industriel les éléments d'armes de plus en plus terribles, telles que les marmites à renversement ? Toutefois ce sont surtout les formes involontaires de l'homicide, et aussi du suicide, qui vont se développant : songer aux nouveaux risques de mort, aux nouvelles maladies inédites qu'apporte avec soi chaque nouvelle branche de l'industrie, chaque passage de la petite à la grande industrie, du travail isolé au travail aggloméré, de la manufacture à la machinofacture. Autant de nouvelles manières de tuer ou de se tuer sans le vouloir. Rares sont les métiers intellectuels ou manuels, dans lesquels il ne faut pas, un jour où l'autre, risquer sa vie pour gagner sa vie. La lutte pour la bourse, la lutte pour la vie, c'est la même chose au fond, et la concurrence économique est souvent, pour le vaincu, aussi meurtrière que ruineuse.

II

Par là et par tout ce qui précède, on peut apprécier ce qu'il y a de complexe, de touffu, d'illimité dans ce vaste sujet de la criminalité professionnelle, qui se lie si étroitement à l'exercice normal de chaque profession, à ses mœurs et à ses risques. La difficulté de le traiter s'accroît, en outre, de l'impossibilité où ont été jusqu'ici les statisticiens de s'accorder sur une classification des métiers. Au congrès de statistique de Berne, en 1895, M. Jacques Bertillon a accepté la mission de combler cette lacune, mais il ne s'abuse pas sur le caractère nécessairement arbitraire, en grande partie, que devra présenter son essai de classement uniforme et universel. Je m'empresse d'ajouter, il est vrai, que l'urgence de cette liste définitive se fait de moins en moins sentir, si l'on considère que, au fur et à mesure de l'assimilation démocratique des sociétés, la profondeur de l'empreinte professionnelle sur l'individu va s'affaiblissant au profit de l'empreinte sociale, à proprement parler, et politique sinon nationale. Nous nous éloignons chaque jour du temps où, par le costume, par les habitudes de la vie, par le langage même, les divers métiers étaient profondément séparés et murés, clos d'une barrière infranchissable ; où les magistrats se promenaient en robe dans les rues comme les ecclésiastiques, où chaque corporation imprimait caractère à ses membres. Loin de pousser, comme on l'a cru faussement, à une spécialisation toujours croissante des aptitudes, le progrès de notre civilisation tend, en abaissant les murs de clôture entre tous les métiers, à *déspécialiser* pour ainsi dire le travailleur, le travailleur intellectuel aussi bien que le travailleur manuel. De plus en plus, l'ouvrier moderne, en Angleterre et aux États-Unis notamment (1), est en danger de mourir de faim si, au milieu de cette fièvre inventive qui

(1) Voir à ce sujet les ouvrages si documentés, si instructifs, de Paul de Rouziers et de Max Leclerc.

change incessamment les conditions de travail, il s'attache à se perfectionner en une seule sorte de dextérité
qu'un inventeur de demain, peut-être, va rendre inutile
et remplacer par l'ingéniosité d'un mécanisme très facile
à manier. Aussi l'Américain et le jeune Anglais sont-ils
prêts à passer avec la plus grande facilité d'un travail à
un autre, et à monter ou descendre en quelques années
la gamme des métiers de leur pays. Dans les professions
dites libérales, la même souplesse de métamorphose
commence à se remarquer, elle est déjà merveilleuse-
ment avancée chez nos hommes politiques qui, médecins ou avoués la veille, ministres le lendemain, échan-
gent avec une admirable aisance leur portefeuille contre
un autre ; également propres à diriger toutes les grandes
machines de nos administrations, comme l'ouvrier contemporain à surveiller le fonctionnement d'une machine
à vapeur quelconque.

Il en sera ainsi jusqu'à ce que les syndicats professionnels, amplification internationale des anciennes corporations, aient grandi et consommé leur œuvre, à savoir une division du genre humain civilisé transversale
en quelque sorte à celle des nations et encore plus profonde. En attendant cette transformation radicale, qui
aura *peut-être* pour effet de rendre à *l'esprit professionnel* une partie de son originalité, il n'est pas douteux que
son importance ait singulièrement diminué pendant
notre siècle. La force du clergé provient de ce que l'esprit ecclésiastique, exceptionnellement, n'a rien perdu
de son intensité pendant que l'esprit militaire, l'esprit
judiciaire, etc., s'affaiblissaient chaque jour.

Il est donc moins urgent que jamais de caractériser et
de préciser la criminalité professionnelle. Mais, en revanche, il subsiste des *groupes de professions* aussi

tranchés que jamais, c'est-à-dire des *classes* distinctes ;
car, si l'on échange de plus en plus facilement un métier
manuel contre un autre métier manuel, une besogne intellectuelle contre une autre besogne intellectuelle (1), il
est toujours aussi rare que l'on passe et surtout qu'on
repasse de l'une à l'autre de ces deux grandes catégories
de travaux, surtout d'un travail intellectuel à un travail
manuel. Ces catégories elles-mêmes demandent à être
subdivisées. Parmi les professions manuelles, le groupe
urbain, industriel, ne se confond guère avec le groupe
rural, agricole ; ni, parmi les professions intellectuelles,
le groupe juriste avec le groupe naturaliste, le groupe
artiste avec le groupe mathématicien. La *criminalité* de
classe mérite donc d'être étudiée de plus près que la criminalité de profession. Malheureusement son étude statistique se heurte aussi à de grandes difficultés. Toutefois, nous parvenons, ici, à quelques constatations un
peu nettes et sûres.

Par exemple, les statistiques officielles de la France
nous montrent que la criminalité des classes urbaines,
surtout en ce qui concerne les crimes contre les biens,
mais même relativement aux crimes contre les personnes,
l'emporte sur celle des classes rurales. « La proportion
des crimes imputables à l'ensemble des professions urbaines, dit le compte de 1891, va progressant plus vite
encore que l'émigration des campagnes vers les villes,
c'est-à-dire que la désertion des occupations agricoles. »
En 1865, le nombre des accusés d'origine rurale (c'est-à-
dire habitant des agglomérations inférieures à 2.000

(1) Observons que ces transformations professionnelles ne sont point
entièrement abandonnées au caprice individuel, et qu'elles suivent
dans leur ensemble certains parcours réglés, en partie irréversibles.
Il y a un *cursus laborum* comme il y avait un *cursus honorum* sous
la Rome impériale. Il serait curieux de tracer ces itinéraires sociaux.

âmes) était de 2.135 et le nombre des accusés d'origine
urbaine était de 1.778. Par degré le second chiffre, de
très inférieur qu'il était, est devenu supérieur. En 1892,
le premier chiffre est de 1.711,et le second de 2.021 (1).
Il est vrai qu'en 1893, il y a relèvement relatif du premier : 1.836 et 1.840. Mais ce n'est qu'accidentel (2).— Je
dis que, même relativement aux crimes contre les personnes, la criminalité des classes urbaines est supérieure à
celle des classes rurales. En voici la preuve : « Sur 100.000
habitants de la même classe, dit le document déjà cité,
on compte, en fait de crimes contre les personnes, *45*
accusés ruraux et *47* accusés urbains ; en fait de crimes
contre les biens, *35* ruraux et *84* urbains. » La statistique de 1892 dit aussi : « Si l'on confronte la carte de
France qui, dans le *dénombrement de 1891* (p. 289),
représente par des teintes graduées la répartition proportionnelle de la population vivant de l'industrie dans
chaque département, avec trois cartes de France qui,
dans la statistique criminelle de 1887, exprime par des
graduations de teintes analogues le contingent criminel et
correctionnel de chaque département en fait de crimes
et de délits inspirés soit par la violence, soit par la cupidité, soit par la débauche, séparément, on est frappé de
la coïncidence de ces trois dernières cartes avec la première. Les départements, en effet, qui se distinguent par

(1) N'oublions pas que, si les chiffres des *crimes* proprement dits
vont en s'abaissant, cela tient à la correctionnalisation uniquement.
Or, la correctionnalisation porte surtout sur les crimes contre les
biens, car il est plus aisé de baptiser vol simple un vol qualifié que de
faire passer un assassinat dans la colonne des homicides involontaires.
Les crimes contre les biens étant plus spécialement urbains, il s'en
suit que la correctionnalisation a favorisé les classes urbaines plus que
les classes rurales. Mon argument numérique est donc *a fortiori*.

(2) En 1895, le premier chiffre, celui des accusés ruraux, est de
1506 ; le second, de 1610.

le caractère industriel de leur population sont aussi ceux qui se signalent par la proportion la plus haute des méfaits, cupides surtout et contraires aux mœurs, mais même violents. Au contraire, la carte qui, dans la même publication du ministère du commerce (p. 285), représente la répartition proportionnelle de la population vivant de l'agriculture, donne lieu à une remarque à peu près inverse. L'influence favorable exercée, en somme, sur la moralité par les conditions agricoles de l'existence est rendue manifeste par ces rapprochements. »

La bonne influence à certains égards de l'instruction secondaire et supérieure — je ne dis pas simplement *alphabétique* et rudimentaire — n'est pas non plus douteuse et, dans une large mesure, neutralise l'influence contraire des milieux urbains, où s'exercent la plupart des professions libérales. Quoique l'instruction secondaire n'ait cessé de se répandre, ceux qui l'ont reçue, en dépit de leur nombre croissant, « ont pris une part sans cesse décroissante à la criminalité contre les personnes ». Cela est surtout vrai des professions libérales, qui comprennent une fraction si notable de la population instruite. Leur participation aux crimes contre les personnes a décrû de 8 0/0 en 1881-1885 à 6 0/0 en 1886-90 et à 5 0/0 en 1893. Il est vrai que, parallèlement, leur criminalité contre les biens a fort bien pu grandir sans que la statistique puisse nous en avertir. Suivant nos comptes officiels, les professions libérales, en somme, se signaleraient par l'invariabilité relative du taux de leur double criminalité totalisée : 6 à 7 0/0 depuis plus de trois quarts de siècle. N'acceptons qu'avec toute sorte de réserves ces évaluations où ne peuvent entrer en compte les épidémies intermittentes de vénalité et de corruption qui viennent démentir l'invariabilité prétendue.

A la criminalité des diverses professions se rattache intimement, comme contre-partie et complément, celle des gens sans profession. Ils sont de deux sortes : les oisifs riches et les oisifs pauvres.

Les premiers commettent peu de délits, sauf, parfois, des aberrations voluptueuses ; mais, involontairement, ils en font commettre, soit par leurs parasites qui les exploitent indignement, comme une récente affaire de chantage l'a révélé (1), soit par leurs imitateurs que l'exemple contagieux de leurs vices entraîne à des actes délictueux ou même criminels, à des vols ou à des assassinats, pour se procurer de l'argent. Ils exercent, en général, une pseudo-profession dissipatrice qui consiste à *s'amuser*, c'est-à-dire à tourner éperdûment dans un cercle étroit de plaisirs plus ou moins factices et fatigants et dont le plus vif est peut-être le jeu, auquel ils se livrent avec fureur jusqu'à la ruine et au suicide. — Les oisifs pauvres, les gens « sans aveu » de nos statistiques, ont aussi une pseudo-profession destructrice qui consiste à vagabonder en pratiquant alternativement toutes les variétés possibles de la mendicité, de l'escroquerie et du vol combinés ensemble, avec ou sans accompagnement de violences. Nous en croyons sans peine nos statistiques, quand elles nous disent que la criminalité des gens sans aveu a grandi. « De 4 0/0 il y a quinze ans, dit le compte de 1893, la proportion des crimes contre les personnes qui leur sont imputés s'est élevée à 6 0/0, celle des accusations de crimes contre les biens qui sont dirigées contre eux est montée de 8 à 9 et même 10 0/0. »

(1) Je faisais allusion à l'affaire Lebaudy.

III

Sous le bénéfice des observations qui précèdent, je me hasarde à présenter le résultat des recherches que j'ai faites pour extraire de nos comptes criminels français, combinés avec les indications du dénombrement de 1891, publié par le ministère du commerce, quelques chiffres plus ou moins dignes d'attention. La distinction des classes et des professions, telle que nos statistiques criminelles la présentent — en ce qui concerne les affaires d'assises seulement, non les affaires correctionnelles — ne correspond pas toujours avec exactitude à celle que nos statistiques de la population ont adoptée (1). Je me suis efforcé de les faire concorder et j'y suis parvenu assez souvent. Confrontant alors le nombre total des personnes qui composent une classe ou une profession prise à part avec le nombre *moyen annuel* des accusés qu'elle a fournis pendant la période quinquennale de 1889 à 1893, j'ai facilement obtenu le chiffre proportionnel qui exprime combien il y a d'accusés sur dix mille personnes de ce groupe ou sous-groupe. Dans ce qui va suivre je résume les renseignements numériques relatifs à chaque groupe ou sous-groupe par trois nombres, dont le premier a trait à sa population propre, le second à son contingent annuel d'accusés, le troisième à sa criminalité proportionnelle sur dix mille âmes.

Si l'on prend en bloc la masse entière de la population française masculine et féminine, tous âges compris, les petits enfants comme les vieillards, on constate que sa

---

(1) J'ai dû renoncer à exécuter un travail analogue relativement aux statistiques étrangères ; la difficulté de trouver des quantités *homogènes* à mettre en regard était si grande que le problème, pour le moment, m'a paru presque insoluble.

criminalité moyenne est d'environ un accusé sur dix mille. Ce taux ne peut nous servir de termes de comparaison avec les diverses professions, dont le personnel ne comprend que des adultes et des personnes valides, souvent que des hommes, et doit, par suite, présenter en moyenne un taux de criminalité bien plus élevé. Mais il peut être mis utilement en regard du taux de criminalité propre à diverses grandes fractions qui se partagent la population, notamment à la fraction agricole, à la fraction industrielle, à la fraction commerciale, si du moins l'on a soin de comprendre en chacune d'elles ses membres inactifs ou auxiliaires, femmes, enfants, domestiques. Embrassé de la sorte dans son acception la plus large, chacun des trois groupes indiqués donne les résultats suivants :

Groupe agricole.....	17.435.888	— 1.478	— 0.84
Groupe industriel....	9.532.560	— 1.264	— 1.32
Groupe commercial..	3.964.496	— 399	— 1.00

L'agriculture, on le voit, représente dans ce tableau la teinte claire, l'industrie la teinte sombre, le commerce la teinte grise.

Si nous faisons abstraction de la famille et des domestiques, et ne retenons que la population *active* (ou qualifiée telle par nos statistiques) y compris d'ailleurs pêle-mêle patrons, employés et ouvriers, les chiffres proportionnels vont changer, mais leur rapport restera le même.

Groupe agricole (1)..	6.535.599	— 1.478	— 2.26
Groupe industriel....	4.548.098	— 1.264	— 2.77
Groupe commercial..	1.738.631	— 399	— 2.29

Le groupe de gens sans profession, saltimbanques, bohémiens, gens sans aveu, filles publiques, *gens sans*

(1) Les domestiques de *fermes* y sont compris.

place, etc., demande à être mis à part ; nous le prenons dans sa totalité, famille comprise ; des domestiques il n'en est pas question. Mais le plus souvent la famille même fait défaut. On ne saurait donc faire figurer ce groupe, pour être tout à fait impartial, ni dans le premier des deux tableaux que nous venons de présenter ni dans le second. Il est intermédiaire. L'indice de sa criminalité est élevé, on va le voir, mais il l'est moins qu'il ne le serait si on le rattachait au premier tableau, et plus si on le rattachait au second :

Gens sans profession.   1.304.250 — 334 — 2.56

Essayons de décomposer le groupe industriel. Voici le tableau relatif à quelques-uns de ses sous-groupes (famille et domestiques toujours exclus) :

Industrie de l'alimentation...........	260.900 — 239 — 9.45	
» du bâtiment...............	620.291 — 202 — 3.25	
» de l'habillement et de la toilette	964.265 — 170 — 1.76	
» de luxe...................	102.414 — 49 — 4.78	

On s'exposerait à d'étranges méprises si l'on prétendait juger de la moralité comparée des diverses professions industrielles d'après les indications de ce tableau, où les tailleurs, couturiers, couturières sont singulièrement favorisés, ce me semble, et où les bouchers et boulangers pourraient bien être noircis outre mesure. La même observation s'applique au tableau des *professions libérales,* dont nous allons parler.

Celles-ci, dans leur ensemble, si l'on y comprend famille et domestiques ainsi qu'employés et clercs, donnent le résultat suivant, qui leur est très défavorable :

Professions libérales..   1.114.873 — 267 — 2.39

Si l'on retranche la famille et les domestiques, on a :

Professions libérales...   420.133 — 267 — 6.35

Mais, à vrai dire, ce groupe qualifié professions libérales par nos statistiques est un amalgame assez confus, et nulle part il n'est plus urgent de décomposer pour éclaircir. Spécifions donc la part de plusieurs catégories notables (famille et domestiques exclus).

Clergé régulier ou séculier	126.052	— 9	— 0.71
Professeurs et instituteurs (laïques ou congréganistes (1)	143.616	— 22.8	— 1.58
Médecins, chirurgiens, officiers de santé, vétérinaires	19.295	— 3.6	— 1.86
Pharmaciens, herboristes	10.551	— 4	— 3.79
Sages-femmes	13.475	— 11.6	— 8.60
Hommes de lettres, savants	7.125	— 3.2	— 4.49
Artistes	32.755	— 13.2	— 4.02
Officiers ministériels (notaires, avoués, huissiers)	18.480	— 51	—28.13
Employés des postes	29.371	— 22	— 7.45

Il est à noter, en ce qui concerne ce dernier résultat, que le taux si énorme de la criminalité des officiers ministériels tient en majeure partie à celle des notaires, qui s'explique par des circonstances passagères.

Si l'on distingue les patrons et les employés, là où cette distinction nous est possible, c'est-à-dire dans le groupe commercial, on constate, comme on avait lieu de s'y attendre d'après l'importance du facteur économique et du mode d'éducation, que le taux de la criminalité s'élève plus haut parmi les employés.

Patrons de commerce (y compris petits marchands, colporteurs, etc.)	879.969	— 162	— 1.84
Employés de commerce (non compris ouvriers)	378.348	— 199	— 5.26

Les employés de chemins de fer (ouvriers non com-

(1) La statistique criminelle distingue les professeurs ou instituteurs *congréganistes* et *laïques* ; la statistique de la population distingue les professeurs ou instituteurs *privés* et *publics* (classant à part les maîtres spéciaux). Ces deux distinctions se correspondent-elles ? Dans

pris) fournissent un contingent criminel notablement inférieur à celui des employés de commerce.

Employés de chemin de fer.............. 84.117 — 27 — 3.21

La criminalité des *domestiques* de tout ordre n'est pas beaucoup plus élevée que cette dernière, ce qui peut tenir à la correctionnalisation des vols domestiques, dont nous avons parlé plus haut.

Domestiques...................... 1.251.944 — 454 — 3.70

Il faut enfin féliciter, encore plus que louer, les propriétaires et rentiers, de leur criminalité très faible :

Propriétaires et rentiers............... 956.729 — 47 — 0.49

IV

Par quelles causes expliquer les différences de nature et de degré que présente la criminalité comparée des diverses professions ou des diverses classes, et les variations si grandes que révèle pour chacune d'elles l'histoire de sa criminalité telle qu'il est parfois possible de la suivre ?

Ici, il serait évidemment superflu de demander à la craniométrie ou au sphygmographe pas plus qu'au baromètre ou au thermomètre des éléments d'information. Ce n'est pas qu'il n'y ait certainement un lien entre les caractères anatomiques ou physiologiques et les pré-

une certaine mesure seulement. *Dans la mesure où elles se correspondent,* on peut (mais je ne garantis pas l'exactitude du résultat) présenter ainsi le tableau des deux classes de professeurs et instituteurs.

Professeurs et instituteurs congréganistes   38.616 — 4.6 — 1.19
    »   »   laïques....... 105.020 — 20   — 1.90

En réalité, le taux de criminalité doit être un peu plus élevé pour les congréganistes et un peu moins pour les laïques qu'il ne résulte en apparence de ces chiffres : car, parmi les instituteurs privés, il en est beaucoup de laïques.

dispositions psychologiques d'où procèdent, en partie, la moralité ou l'immoralité de nos actes, mais ce lien nous échappe encore absolumeut; c'est le secret de la cellule cérébrale, qui demeurerait un fort imprenable aux assauts de la science alors même que la photographie de l'invisible parviendrait à nous l'éclairer. Nous constatons, à l'épreuve des relations sociales, que tel individu incline à la déloyauté, à la cruauté, à la débauche, que tel autre est de volonté droite, de cœur généreux, de passions nobles. Ces innéités opposées et toutes les innéités intermédiaires, la vie, continuellement, les fait éclore en chaque race nationale et les livre à la culture sociale qui les emploie. Mais naissent-elles ainsi en proportions toujours égales qui se balancent sans cesse symétriquement comme les variétés des tailles inégales au-dessus et au-dessous de la moyenne? C'est possible. S'il en est ainsi, cette symétrie répondrait-elle, par hasard, à quelque nécessité interne, comme semble y répondre la symétrie des variations individuelles de chaque organe et de chaque fonction relativement à une certaine forme typique ? C'est possible encore. En ce cas, nous ne pourrions donc agir, par l'élevage humain, pour multiplier, par exemple, les prédispositions héroïques sans susciter du même coup un accroissement de prédispositions criminelles? A ce compte (ce n'est, il est vrai, qu'une simple conjecture et qui me paraît, à la réflexion, assez peu probable), à ce compte, l'humanité n'aurait pas autant d'avantages qu'on peut le croire à connaître les secrets vitaux qui lui permettraient, par *l'hominiculture*, de supprimer la production des tempéraments portés à certains vices, puisque en même temps elle tarirait la source de certaines vertus inverses. Le seul bénéfice qu'elle y pourrait trouver, et non sans un extraordinaire appauvrissement du sang, serait, en émondant à la fois à droite et à gauche les *anomalies* folles ou géniales, vicieuses ou vertueuses, en réduisant à une simple tige le chêne de la race dépouillé de toutes ses ramifications, de nous confondre tous, devenus tous semblables et tous *normaux*, en un même type académique, neutre et correct.

Par suite, ce qui importe avant tout, c'est le meilleur emploi possible, par la société, en vue de ses fins propres, des tempéraments variés, des crânes et cervaux quelconques, que la vie lui fournit. Il en est bien peu qui, moyennant une éducation appropriée, ne soient susceptibles d'être utilisés ou qui, sous certaines influences démoralisantes, ne soient exposés à devenir dangereux ou même criminels. Aussi voyons-nous que, les conditions biologiques restant les mêmes, une profession, par exemple, se recrutant dans les mêmes familles d'un pays, la moralité ou l'immoralité de ses membres subit des fluctuations considérables.

Le Parlement anglais a connu, comme d'autres Parlements européens, des périodes de vénalité épidémique. Sa composition anthropologique, avant et pendant ces périodes, était restée la même pourtant. Il n'en est pas tout à fait de même quand il s'agit d'une profession qui, par suite d'une faveur ou d'une défaveur croissante de l'opinion, se recrute successivement parmi des familles différentes ou, pour continuer là métaphore précédente, attire à elle des rameaux de plus en plus hauts ou bas, de plus en plus lumineux ou sombres, tournés à droite où à gauche, du chêne national. C'est sans doute le cas de certains parlements européens, de certaines professions libérales telles que le notariat. Ici les changements survenus dans la criminalité ou l'immoralité professionnelle doivent être en partie attribués à la différence

d'origine héréditaire du personnel. Encore est-ce plutôt
une différence d'éducation familiale que d'hérédité vitale
qu'il faut entendre par là, et il est malaisé de faire la
part des deux. Mais, le personnel, quel qu'il soit, étant
donné avec ses tendances natives, sa conduite variera
étrangement d'après la direction précise qu'imprimeront
aux tendances de chacun de ses membres les influences
combinées des divers groupes sociaux, du groupe professionnel entre autres, dont il fait partie en même temps,
influences qui se modifieront suivant les circonstances
sociales qu'auront à traverser ces divers groupes, le
groupe professionnel notamment.

Par *circonstances sociales* qu'entendons-nous ? Un
exemple fera saisir notre pensée. Les notaires français
ont longtemps été cités avec raison comme une corporation remarquable pour son impeccabilité. Mais depuis
qu'est-il arrivé? Premièrement, le prix de leurs offices a
été s'élevant démesurément, en dépit des prescriptions
de la chancellerie. Pourquoi ? Parce que les concurrents
pour l'achat sont devenus de plus en plus nombreux et
acharnés. Pourquoi ? Parce que la diffusion de l'enseignement primaire et secondaire a multiplié le nombre
de jeunes gens capables d'exercer ces fonctions et que
l'exigence du diplôme de bachelier pour toutes les autres
carrières juridiques, celle-là seule exceptée, a rendu de
plus en plus ardente la compétition de ceux qui, étant
instruits sans être diplomés, et voulant être *hommes
d'affaires*, se trouvaient forcés de se rejeter vers cette
unique issue de leurs ambitions. Ajoutez que, par suite
de la non-exigence exceptionnelle de titres universitaires,
cette carrière, au moins dans les campagnes, ayant peu
à peu perdu de son relief social, ce n'est plus dans les
familles les plus riches de la bourgeoisie mais dans les

rangs moins fortunés qu'elle a été recherchée. De là une double cause d'embarras plus grand pour acquitter le prix de la charge.

Deuxièmement, en même temps que ce prix montait beaucoup en réalité (sinon en apparence), le rendement des offices baissait légèrement, parfois beaucoup aussi. Pourquoi? Pour la même cause au fond : parce que la diffusion de l'instruction secondaire et supérieure permettait à un nombre grandissant de personnes de fixer leurs conventions par des sous-seings privés enregistrés, et de se passer ainsi de notaires.

Troisièmement, enfin, à ces hommes de plus en plus besogneux est venue s'offrir la tentation sans cesse plus forte et la facilité sans cesse plus grande — du moins jusqu'au décret du 30 janvier 1890 — d'opérer des détournements de fonds. Pourquoi? Parce que le paysan français, qui n'a pas toujours été économe et prévoyant (1), mais qui l'est devenu depuis un siècle et le devient chaque jour davantage, est embarrassé pour placer son épargne grandissante et que — du moins jusqu'à ces dernières années — il se précipitait avec une confiance de plus en plus aveugle, de plus en plus moutonnière, chez le notaire son voisin, plus rassurant à ses yeux que le

(1) Il ne l'était guère au siècle dernier, ni au moyen âge, pas plus que le cultivateur anglais de nos jours encore. Ce n'est donc pas là un trait de race, mais un caractère social acquis, une habitude enracinée et généralisée qui a commencé par n'être qu'une volonté faible et éparse chez certains individus plus intelligents que leur entourage. Leur exemple a triomphé ici, comme ailleurs l'exemple d'individus dépensiers et entreprenants, spéculateurs, émigrants. Que si l'on demande pourquoi l'exemple de ces derniers a triomphé en Angleterre, par exemple, et non en France, on en peut trouver la raison dans des gains ou des pertes de grandes colonies, c'est-à-dire dans des victoires ou des défaites coloniales où l'accident du génie individuel a joué un rôle éclatant.

banquier de la ville voisine, pour y déposer le fruit de ses économies en attendant un placement hypothécaire.

Maintenant, si l'on analyse à part chacune des trois causes indiquées, on les verra sans peine se résoudre en propagation imitative, en rayonnements d'exemples imposés ou suggérés, obligatoires ou spontanés, réfléchis ou inconscients, et en croisements accidentels de ces rayonnements. Ajoutons-y une dernière cause, et non moins puissante : l'augmentation des dépenses, parallèle à la diminution des recettes, et causée par l'émulation imitative du luxe d'autrui ou par l'ambition des hommes politiques. Voilà ce que j'appelle des *circonstances sociales*. Elles se compliquent ordinairement de *circonstances naturelles* dont je n'ai pas à m'occuper pour le moment.

Dans l'exemple choisi (et j'aurais pu aussi bien choisir celui des grandes contagions parlementaires de vénalité, dans le présent et dans le passé ; mais le sujet se fût moins prêté à une discussion froide) l'explication est de nature surtout économique en apparence, puisqu'elle semble se réduire à expliquer les défaillances plus fréquentes des notaires par leur gêne pécuniaire accrue. Mais les causes de cette gêne croissante, nous pouvons le voir, ne sont pas toutes du même ordre, et la principale, la diffusion de l'instruction, est due à la surexcitation de besoins intellectuels, bien plus que matériels, à l'éblouissement des découvertes scientifiques et désintéressées de notre âge. Si l'on y regardait de près, on verrait aussi que le déclin graduel de la foi religieuse, phénomène lié aux précédents, a joué un rôle important dans les variations de la criminalité professionnelle ou autre (1).

(1) La criminalité professionnelle est le plus souvent accidentelle. Sous combien de crimes de cet ordre ne rencontre-t-on pas quelque

N'oublions pas que l'individu social fait partie à la fois
de plusieurs corps sociaux parfaitement distincts et très
inégaux, ce qui — soit dit en passant -- serait la chose
la plus extraordinaire du monde, comme on l'a fait remarquer, si ces corps étaient des organismes, car imagine-t-on une cellule appartenant à plusieurs organismes
en même temps ? Quoi qu'il en soit, la profession n'est
pas la seule société où l'individu soit incorporé et dont il
subisse les influences morales ou immorales ; il s'incorpore aussi à une petite famille, à une grande église ou à
une chapelle philosophique, à une coterie mondaine, à
un parti politique, international parfois, à un Etat, à une
nationalité dont les limites ne concordent que rarement
avec celles de cet Etat ; enfin à une société bien plus
vaste que toutes celles-là, à une sorte d'amas stellaire
de nations évoluant ensemble dans la mutuelle attraction
d'une civilisation commune, civilisation chrétienne, civilisation musulmane, civilisation bouddhique...

Chacune de ces catégories de sociétés relatives, où
l'individu n'est jamais engagé que partiellement, va se
subdivisant, au cours de l'évolution, en corporations
multiples, d'intérêt, de plaisir, de savoir, qui pullulent
partout à présent et qui se disputent le cœur de l'individu morcelé entre elles. Est-ce à dire que, en se multipliant, les influences suggestives de ces divers milieux
deviennent de plus en plus irrésistibles et annihilent sa
causalité propre, sa responsabilité personnelle ? Au contraire, son autonomie s'alimente de leur diversité. Plus
se diversifient ces suggestions qui souvent se contra-
rient, et plus s'accentue, avec la conscience de lui-même,

accident professionnel qui l'explique et l'excuse en partie ! Sous la
banqueroute, délit professionnel des commerçants, il y a la faillite, qui
est si souvent pour eux un accident professionnel presque inévitable.

l'importance du caractère individuel qui révèle son originalité par la nature de son choix entre tant de modèles offerts à la fois à son imitation. Son choix est-il libre? Question vaine. Son choix est-il sien? Voilà l'essentiel ; et, à moins de nier que ce choix ait une cause, il faut dire que la cause c'est lui.

Il n'en est pas moins utile de se demander, à un point de vue général, quelle est celle de ces formes différentes d'association qui est en train de grandir aux dépens des autres, et dont l'influence paraît devoir devenir de plus en plus déterminante. Est-ce la profession? Non ; alors même que les barrières d'autrefois se relèveraient sous le nom de syndicats jaloux et inhospitaliers, ce serait en s'élargissant singulièrement et laissant librement passer au-dessus de leurs bas remparts les courants supérieurs de l'atmosphère sociale. Est-ce la nationalité? Non plus ; le patriotisme, une fois dégagé d'un militarisme accidentel, suivra le sort du sentiment familial qui, affaibli peut-être par l'élimination des haines séculaires, des vendettas, des fétiches domestiques, n'en est que plus doux et plus pur, et se sent parfaitement à l'aise dans le sentiment ambiant de la fraternité universelle dont il a été le berceau. Une morale qui n'aura plus rien d'étroit, plus rien de local, ni de professionnel, ni de confessionnel même, une morale commune à tous les civilisés de même origine se substituera de plus en plus aux morales de caste, de culte, de patrie, de métier et dictera seule les arrêts des juges de l'avenir.

En attendant, la saine appréciation des actes délictueux commis par un homme exige qu'on tienne compte dans une certaine mesure de la morale spécifique qui règne encore en partie dans son groupe professionnel. Mais cette exigence est moins forte qu'il y a un siècle,

et surtout qu'au moyen âge. La preuve en est que tout
le monde reconnaissait la nécessité, en bonne justice,
du jugement *par les pairs*, ce qui ne veut pas dire précisément les *égaux* mais les *semblables* socialement et,
avant tout, professionnellement. De là les officialités,
juridiction de pairs ecclésiastiques ; de là les tribunaux
quasi-domestiques de chaque confrérie, qui, comme le
tribunal domestique de chaque famille, disposaient d'un
assez grand pouvoir avant les empiétements de la justice royale. Il ne nous reste plus de tant de juridictions
originales que nos conseils de guerre, jugement par
les pairs militaires, et aussi nos *conseils de l'ordre* des
avocats qui, dans les barreaux des très grandes villes
seulement, ont gardé quelque efficacité. On ne voit vraiment pas pourquoi le corps médical, tout aussi vivace
que celui des hommes de loi, n'a pas pareillement son
petit tribunal à lui. Et, pour réprimer les écarts de la
Presse, problème difficile, ne serait-il pas désirable aussi
que le monde du journalisme eût son Conseil de l'Ordre ? Le fait est que les mêmes actions d'un professionnel, suivant qu'elles sont vues du dedans ou du dehors
de sa corporation, sont appréciées de la manière la plus
opposée. L'espionnage militaire, vertu aux yeux d'un
camp, est crime pour l'autre, ou du moins traité comme
tel. Tel faux commercial qui soulève l'indignation d'un
homme de lettres passe pour une peccadille aux yeux du
commerçant le plus honnête. D'autres fois, le *pair* est bien
plus sévère que ne le serait un étranger. Or, aussi
longtemps que l'existence de l'individu est presque entièrement absorbée dans la vie intérieure de son métier
et ne participe presque pas à la grande vie extérieure, il
est opportun d'établir ou de maintenir les tribunaux
professionnels. Mais quand il respire largement l'air du
dehors, une justice unique s'impose.

Pour les juges de droit commun, d'ailleurs, la difficulté à résoudre, comme pour les *pairs*, est et a toujours été de combiner deux points de vue qui, au premier aspect, paraissent hétérogènes, parfois contraires, et ne laisser d'autre issue à la pensée hésitante que le sacrifice résolu de l'un à l'autre : le point de vue de la culpabilité individuelle et celui de l'utilité générale. Il s'agit, par la peine, d'exprimer le plus ou moins de culpabilité de l'agent et de la proportionner en même temps au plus ou moins d'utilité que présente la répression pour la société, petite ou grande, dont la justice se fait l'instrument et l'écho. Mais les actes qui paraissent les plus excusables par l'entraînement de l'exemple, par le malheur des circonstances sociales ou naturelles, sont souvent ceux dont l'impunité ou la molle répression semblerait devoir faire courir les plus grands dangers au public, soit au public spécial des professionnels, soit au grand public ambiant. Dans l'antique Egypte, le vol des tombes était le crime professionnel des ouvriers funéraires, maçons, peintres décorateurs d'hypogées (1), parce que, connaissant mieux que personne le prix des trésors enfouis déposés près des momies, et le moyen d'y accéder, ils étaient singulièrement tentés de voler les morts ; mais, quoique bien excusables d'avoir cédé à cette tentation, ils devaient être rigoureusement punis, et, même au jugement de leurs pairs, ils l'eussent été sans nul doute, dans l'intérêt même de la corporation. Tel médecin, pour rendre service à un de ses clients, sans nuire d'ailleurs à personne, a révélé la nature de la maladie de ce client : faute vénielle à coup sûr et des

---

(1) Voir à ce sujet d'intéressants détails dans l'ouvrage récent d'un égyptologue distingué, Th. Ollivier-Beauregard (*Chez les Pharaons — Etudes égyptiennes*).

plus fréquentes, mais le fait est rendu public, et le corps médical est intéressé à ce qu'on ne puisse croire que ces violations du secret professionnel sont chose peu grave et vulgarisée. Soyons sûrs que, s'il existait un Conseil de l'ordre des médecins, il ne manquerait pas, en pareil cas, de se montrer sévère, beaucoup plus sévère que nos tribunaux correctionnels. Le Conseil de l'ordre des avocats est souvent d'une sévérité excessive à l'égard de fautes vénielles en soi, pour peu qu'elles lui paraissent porter la moindre atteinte, je ne dis pas à l'honneur mais à l'amour-propre corporatif. D'autres fois, il est d'une extrême indulgence, parce qu'il s'est placé au point de vue de l'individu et des considérations qui excusent son action, plutôt qu'au point de vue de la corporation et des suites fâcheuses qu'aurait pour elle la répétition de cet acte. Pareillement l'hésitation ou l'oscillation entre ces deux points de vue explique la contradiction de certains verdicts de nos jurys et même certains arrêts de nos Cours.

Posé en ces termes, le problème peut, je le répète, paraître insoluble, ou ne comporter qu'une solution, à savoir celle-ci : aussi longtemps que le groupe social, petit ou grand, dont le justicier est l'organe, est mû exclusivement par le sentiment de son propre intérêt, le justicier devra nécessairement n'écouter que la voix de cet égoïsme collectif, le plus dur et le plus impitoyable de tous les égoïsmes ; mais il se montrera plus clément à mesure que le groupe dont il a la défense s'élèvera peu à peu, ascension rare chez les collectivités, à la pitié, à la sympathie compatissante, floraison suprême des civilisations consommées, et lui suggérera de ne pas la déshonorer à ses propres yeux en la défendant trop, d'être plus attentif à son émotion qu'à son intérêt. Mais cette, solution sentimentale, variable au gré du vent de la sensibilité publique, n'en est pas une. La question est précisément de savoir dans quel cas et pour quels motifs se justifie rationnellement la pitié dont il s'agit.

Observons ou plutôt rappelons à cet égard que toute répression pénale doit tendre à empêcher la répétition de l'acte criminel soit par autrui, soit par l'agent lui-même ; et, ramenée à ces nouveaux termes, l'ambiguïté de tout à l'heure va se dissiper, car rien n'est plus aisé à concilier que les deux ordres de considérations qui ont trait au danger de la répétition possible du même acte par son auteur et au danger de sa répétition possible par ses concitoyens. La peine flétrissante, la peine pénale, ne peut servir à prévenir le premier de ces deux dangers (1), non plus que le second, qu'autant que l'acte est volontaire, d'abord ; car les plus grands châtiments du monde infligés à un homicide involontaire n'empêcheront pas d'autres homicides involontaires d'avoir lieu, et probablement en aussi grand nombre. Et il faut aussi que l'acte dénote un penchant virtuel de l'agent à récidiver ; car s'il a agi par suite d'un concours purement accidentel de circonstances qui, très vraisemblablement, ne se reproduiront plus, il est inutile de le frapper : d'une part, il n'aura plus l'occasion de recommencer ; d'autre part, ceux qui seraient tentés de l'imiter n'y sauraient être encouragés par son impu-

---

(1) Quant à la peine non flétrissante, elle peut être *utilitairement* nécessaire dans certains cas, comme l'espion militaire est saisi en temps de guerre et fusillé. Il n'est deshonoré aux yeux de personne, pas même aux yeux des ennemis qui l'ont condamné. La nécessité de le punir se fait sentir aussi bien pour l'empêcher de recommencer que pour prévenir l'imitation de son exemple. — Mais elle ne se fait sentir non plus que parce qu'il s'agit d'un acte volontaire, émané d'une tendance manifeste à récidiver.

nité puisqu'elle se fonde sur des raisons tout à fait singulières, par hypothèse, et qu'ils ne pourront pas alléguer.

La question se complique quand la grande société est intéressée à la non-répétition d'un acte qui, très répandu dans la petite société professionnelle d'où il émane (mouillage des vins, fraudes commerciales et falsifications de divers genres), y est absous par les mœurs de ce milieu spécial. Ici le coupable, qui ne se sent point tel, n'est nullement pervers de nature, et cependant, si on ne le punit pas, il est tout prêt à recommencer comme ses pareils. Que faire? Il ne faut pas oublier que c'est une impunité prolongée qui a fait s'enraciner de tels abus et créé des mœurs si fâcheuses : le premier professionnel qui est entré dans cette voie était, lui, un être malhonnête et dangereux que le châtiment eût arrêté dès ses premiers pas.

D'autres l'ont suivi dès lors, déjà moins malhonnêtes, jusqu'à ce que les plus honnêtes aient été entraînés. L'injustice alors — et cette injustice est inutile — serait de réveiller la loi en sursaut pour l'appliquer brusquement à l'un de ces derniers, qui a pu la croire morte. Au préalable, donc, il convient d'avertir publiquement les professionnels des mesures qui vont être prises pour mettre fin à des abus invétérés. Cet avertissement a pour effet de transformer du tout au tout les actes qui seraient commis de nouveau en dépit de lui. Avant, ils pouvaient être excusables ; après, ils deviennent punissables. En tout ceci, on le voit, il n'y a rien qui ne se prête à de logiques déductions à partir de principes basés sur les vérités psychologiques et sociales les mieux établies.

Mais, quoi qu'on fasse, il est un genre d'injustice

qu'on ne parviendra pas à faire disparaître, aussi longtemps que fonctionnera, à côté et au-dessus de nos petites cours judiciaires, ce grand tribunal anonyme de
l'Opinion, qui condamne si souvent, à raison parfois,
quand celles-là acquittent, et qui dans ses condamnations vagues, passionnées, englobe toujours le coupable
avec les innocents. La vendetta familiale a bien pu être
détruite par l'élargissement du groupe social ; mais on
dirait que ce n'est qu'au profit d'une vendetta plus étendue à la fois et plus atténuée, qui, à un crime émané
des membres d'une profession, ou d'une classe, répond
par une flétrissure générale de toute cette profession ou
de toute cette classe. La faute d'un notaire, poursuivie
ou non, punie ou non judiciairement, entache tous les
notaires ; le chantage d'un journaliste discrédite toute
la Presse ; une turpitude sensuelle d'un instituteur jette
un mauvais lustre sur ses collègues ; la dureté de cœur
d'un patron rejaillit en haine ouvrière sur les patrons les
plus bienfaisants. Il y a là un abus de la généralisation
qu'il s'agit de déraciner peu à peu du domaine pratique et
moral, comme du domaine théorique et scientifique où il a
produit des erreurs d'un autre genre, moins douloureuses,
mais non moins profondes. Rien de plus noble et de plus
fécond que le penchant à généraliser, qui est le propre de
l'esprit supérieur ; mais rien de plus dangereux, en fait
de sentiments comme en fait d'idées, que les généralisations précipitées. La difficulté est de respecter soigneusement cette tendance en réprimant ses écarts ; et, sur
ce point, les criminalistes auraient besoin d'être aidés
par tout le monde, par la Presse en particulier, qui, par
malheur, est bien plus portée à surexciter cette précipi-
tation du jugement public qu'à en moderer les élans.

LA JEUNESSE CRIMINELLE (1)

Lettre à M. Buisson, ancien directeur général de l'enseignement primaire, professeur à la Sorbonne.

Cher Monsieur,

Emu du très remarquable article de M. Alfred Fouillée sur « les jeunes criminels, l'école et là presse » qui a paru en janvier dernier, dans la *Revue des Deux Mondes*, vous me faites l'honneur de me demander mon avis sur ce grave sujet. La difficulté est de le traiter après un tel maître dont les conclusions dans l'ensemble ne sauraient être contredites ; mais la question est si complexe qu'elle appelle encore un examen nouveau.

Précisons d'abord les faits et les chiffres. Ils ont trait à un double accroissement, celui de la criminalité surtout et aussi celui du suicide chez les mineurs.

Dans le rapport officiel qui précède la statistique criminelle de 1880, il est démontré que, en cinquante ans, de 1830 à 1880, pendant que la criminalité des adultes triplait, celle des mineurs de seize à vingt et un ans quadruplait, du moins en ce qui concerne les garçons. En chiffres absolus, l'augmentation a été, pour ces derniers, de 5.933 prévenus à 20.480, et, pour les filles, de 1.046 à 2.839. Le rapport ajoute : « Cette constatation est triste, mais on est autorisé à espérer, en présence des efforts combinés de toutes parts en vue de morali-

(1) *Revue pédagogique*, février 1897.

ser l'enfance, que l'avenir en réserve une meilleure. »
Hélas ! espoir bien déçu. En 1894, le nombre des prévenus mineurs de l'âge indiqué s'est élevé à **28.701** et
celui des mineures à **3.616** ! C'est surtout sur le vagabondage et le vol que porte la progression. Voilà pour les
délits. Me fera-t-on observer que les *crimes* à proprement parler, les « affaires d'assises », ont subi une diminution numérique en ce qui a trait aux mineurs eux-
mêmes ? Oui, une diminution apparente, qui tient aux
progrès de la *correctionnalisation* légale ou extra-légale.
Mais, si l'on n'a égard qu'aux crimes vraiment dignes
de ce nom, et, comme tels, en général non susceptibles
d'être correctionnalisés, aux assassinats notamment, il
n'y a nulle décroissance des chiffres. Qu'on en juge : de
1856 à 1860, le nombre moyen annuel des jeunes gens
de seize à vingt et un ans accusés d'assassinat était de
20 ; en 1876-1880, il s'élève à 30 ; et, en 1890-1894, il
est de 39, ayant presque doublé (1). Celui des enfants de
moins de seize ans accusés du même crime, malgré l'indulgence exceptionnelle et toujours croissante, légale ou
extra-légale, dont bénéficient ces derniers, a lui-même
grandi, et dans une proportion plus forte encore. Dans
la première des trois périodes comparées, il était de 0,8
par an ; dans la seconde, de 2,8 ; dans la troisième de
2,2. L'abaissement de la seconde à la troisième n'est
certainement qu'illusoire, et doit s'expliquer par ce re-
doublement de protection quasi-paternelle dont notre
société contemporaine couvre, avec raison, les méfaits
des jeunes. Ajoutons que l'augmentation apparaîtrait
plus rapide si l'on faisait entrer en ligne de compte les
crimes impoursuivis faute de preuves suffisantes, dont
le nombre proportionnel croît sans cesse.

(1) En 1895, il y a baisse sensible : 32 seulement.

Même sans introduire dans nos calculs ce nouvel élément, non négligeable pourtant, on voit que le nombre
des assassinats imputés aux mineurs a doublé en moins
de quarante ans, pendant que celui des assassinats imputés aux adultes n'augmentait pas ou augmentait à
peine. En 1856-1860, le nombre moyen annuel des accusés d'assassinat était de **234** ; en 1876-1880, de **239** ; en
1890-1894, de **280**. Si l'on retranche de chacun de ces
totaux la fraction afférente aux jeunes gens de seize à
vingt et un ans, et aussi celle des enfants au-dessous de
seize ans, on a, pour les adultes, dans le premier *lustre*,
213 ou 214 ; dans le second, 206 ou 207 ; dans le troisième 239. Eu égard au progrès de la population depuis
trente-cinq ans, la proportion des adultes assassins, je
ne dis pas celle des homicides de tout genre, semble
avoir plutôt diminué que grandi pendant que celle des
mineurs passait du simple au double.

Et de quels crimes s'agit-il ! M. Guillot note « l'exagération de férocité, la recherche de lubricité » chez les
jeunes malfaiteurs. Toutefois, il est bon d'observer que
ce cynisme et cette cruauté sont le privilège exclusif
d'une *élite* ; et, dans son ensemble, cette nouvelle génération se distingue plutôt par sa veulerie. « Ceux qui
voient de près les enfants dans nos prisons et dans nos
maisons correctionnelles, dit M. Henri Joly dans son
compte rendu de l'étude de M. Fouillée, sont plutôt
frappés de l'abandon moral, de l'ignorance, de la faiblesse de caractère et de la légèreté du plus grand nombre ». Ceci est peut-être plus affligeant que ce qui précède ; ils ne sont donc pas du tout des *monstres*, ces
jeunes malfaiteurs, ils sont bien fils de leurs pères....

Passons aux suicides. Tous ceux qui se sont occupés
d'archéologie criminelle savent à quel point le suicide

était rare dans l'ancienne France. Dans leurs intéressants travaux sur la *criminalité rétrospective* en Bretagne, MM. Corre et Aubry ont noté la prodigieuse rareté de ce triste phénomène jusqu'au règne de Louis XV. Il semble apparaître alors ou se réveiller à la faveur de la démoralisation générale. Mais combien rapide a été sa marche en notre siècle ! Au moins aurait-on pu espérer que les enfants échapperaient à cette contagion de désespérance. Voyons s'il en est ainsi.

Pour les enfants âgés de moins de seize ans, le nombre moyen annuel des suicides était, en 1836-1840, de 19. Dans les périodes quinquennales suivantes, il a progressé comme il suit jusqu'en 1876-1880 : 20, 24, 29, **26**, **28**, 31, 31, 51. Observons, entre parenthèses, que les deux seuls abaissements numériques, soulignés par nous, correspondent, chose remarquable, à la période de 1856 à 1865 pendant laquelle la criminalité française a présenté exceptionnellement une diminution bien réelle, comprenant à la fois les délits et les crimes. On voit ce qu'il faut penser de la prétendue marche inverse du suicide et de l'homicide, imaginée par les criminalistes italiens. — Mais continuons. Toujours pour les enfants de moins de seize ans, la progression se poursuit, et même se précipite. Le nombre moyen annuel devient :

en 1881-1885 — 61
en 1886-1890 — 70
en 1891-1894 — 75 (1)

Pour les mineurs âgés de seize à vingt-un ans, la courbe du suicide a monté plus vite encore. De 1836-1840 à 1876-1880, les chiffres moyens présentent, à cet âge, la série suivante : 128, 134, 126, 151, 161, 167, 174, 243. Et ensuite :

(1) La progression continue : en 1895, je trouve 90 suicides d'enfants de cet âge, dont 8 de 13 ans, 2 de 10 ans, 1 de 9 ans, 1 de 8 ans.

en 1881-1885 — 309
en 1886-1890 — 366
en 1891-1894 — 450 (1)

Or, de 1836 à 1880, la progression générale du suicide pour tous les âges réunis a été de 2.574 à 6.259, c'est-à-dire de 243 pour 100, pendant que celle du suicide des mineurs de vingt-un ans (les deux âges ci-dessus confondus) était d'environ 200 pour 100, marchant alors un peu moins rapidement que celle de l'ensemble du pays. Mais, de 1881 à 1894, celle-ci a grandi de 6.741 à 9.703 (2), autrement dit de 153 pour 100 (en quatorze ans seulement !), tandis que celle des mineurs grandissait de 176 pour 100, devançant maintenant la marche, déjà si accélérée et si effrayante, des adultes.

Voilà les faits ; mais, pour les bien comprendre et ne pas s'exposer à les expliquer par des causes sans rapport avec l'étendue réelle du mal, il faut regarder au delà de nos frontières. Ce mal est général. En tout pays, ce sont les mêmes plaintes à propos de la perversité croissante de la jeunesse. Du travail de Mayr sur la statistique criminelle de l'empire allemand, il résulte que, de 1888 à 1893, en six ans, le nombre des condamnés de tout âge s'est élevé de 21 pour 100, et que celui des enfants ou adolescents âgés de douze à dix-huit ans a augmenté de 32 pour 100, accroissement vraiment énorme. Chiffres absolus : en 1888, 33.069 condamnés de cet âge ; en 1893, 43.742. D'après un autre document de source allemande, de 1882 à 1892, « le nombre total des condamnés de tout ordre, dit M. Louis Rivière (3), s'est ac-

(1) En 1895, il y a 474 suicides afférents à cet âge.

(2) Pour la première fois, le chiffre s'est abaissé en 1895 : il n'y a plus, cette année-là, *que* 9.963 suicides. Mais la progression a continué pour les mineurs.

(3) Voir *Revue pénitentiaire*, mars 1895. Voici les chiffres abso-

cru de **28** pour 100 tandis que la catégorie spéciale des mineurs de dix-huit ans s'élevait de **51** pour 100. »

J'avais cru jusqu'ici, comme M. Alfred Fouillée — sur la foi de certaines informations, d'origine d'ailleurs propre à les recommander — que l'Angleterre à cet égard faisait exception parmi les Etats européens. N'a-t-on pas dit qu'elle était parvenue, par des efforts persévérants, à diminuer de 70 p. 100, en quelques années, la criminalité des jeunes gens ? Eh bien, il faut en rabattre. Dans le dernier rapport officiel sur la statistique criminelle britannique de 1894, on relate ce compliment adressé à nos voisins d'outre-Manche, et l'on exprime le regret qu'il soit immérité. On en donne la preuve, malheureusement irrécusable. Quand, par hasard, il arrive aux Anglais de médire d'eux-mêmes, on peut les croire. Un tableau joint au rapport montre que le nombre annuel des mineurs de seize ans condamnés soit à l'emprisonnement soit à la détention dans une *reformatory school* ou dans une *industrial school* ou à subir la peine du fouet, est monté de 11.064 (chiffre moyen par an) en 1864-1868 à 13.710 en 1894. Spécialement, la catégorie des jeunes Anglais *fouettés* présente une augmentation, lamentable, de 585 à 3.194 ! (1).

lus : « en 1882, le nombre des individus condamnés dans tout l'empire pour crimes et délits a été de 329.968, dont *30.719 mineurs* de dix-huit ans. En 1892, le nombre total des condamnés s'est élevé à 422.127 et celui des mineurs à *46.496*. »

(1) Malgré ces chiffres officiels, M. Henri Joly persiste à affirmer (dans le *Correspondant* de mai 1897) la réelle diminution de la criminalité des mineurs anglais. Il se fonde sur ce que les *industrials schools* ne sont point comparables à nos maisons de correction. Soit, mais les *reformatory schools*... et les condamnations au fouet ? — Au surplus, je reproduis ici, en entier, le passage traduit du *Judicial statistics England, and Wales, 1894, criminal statistics (pre-*

La chute de plus en plus fréquente de la jeunesse dans le vice et le délit, dans le crime même, n'est donc pas *sented to parliament by command of Her Majesty*, 1896), d'où j'ai extrait les chiffres qui précèdent.

« Le rédacteur de la *Statistique française* fait observer que tous les grands États civilisés de l'Europe, *à l'exception de l'Angleterre*, ont à déplorer le même accroissement de la criminalité des mineurs de vingt et un ans. Je crains que cette exception faite en faveur de l'Angleterre ne soit due à une fausse interprétation des statistiques pénitentiaires anglaises. Bien que la population juvénile des prisons d'Angleterre ait décru, les résultats que présentent les tableaux VIII et XIII montrent malheureusement que cela n'implique aucune diminution réelle dans le montant de la criminalité juvénile.

« Le tableau suivant montre, pour la période 1864-1894, le nombre des enfants au-dessous de seize ans envoyés, chaque année, dans les prisons, dans les *reformatory schools*, dans les *industrial schools* ou condamnés au fouet. Cette statistique peut être considérée comme une indication approximative du nombre des délinquants de cet âge dont les cours ont eu à s'occuper pendant cette période, *bien qu'il n'y soit point tenu compte de ceux qui ont été condamnés à l'amende et de ceux (dont le nombre s'est accru en ces dernières annés), qui ont été acquittés en vertu de l'article 16 du « Sommary Juridiction Act », ou auxquels ont été appliqués les dispositions du « first offenders Act ».*

« Même avec ces omissions, et malgré ce fait que tant d'enfants sont détenus dans les *industrial* et *reformatory schools*, les totaux de ce tableau présentent une augmentation considérable. Les chiffres qu'il donne représentent la *moyenne annuelle* pour chaque période de cinq ans de 1864 à 1893, et les chiffres absolus de 1894. »

	1864-68	1869-73	1874-78	1879-83	1884-88	1889-93	1894
Envoyés dans les prisons............	8.285	8.266	6.155	4.557	3.659	2.698	1.913
Envoyés en détention dans les *reformatory schools*....	1.228	1.336	1.382	1.333	1.245	1.161	1.790
Envoyés en détention dans les *industrial schools*...	996	1.921	2.234	3.328	5.095	6.737	6.815
Condamnés au fouet.	585	830	1.225	2.723	3.152	3.208	3.162
Total......	11.064	12.362	10.996	11.941	13.151	13.803	13.740

J'ajoute que la question de la criminalité des mineurs anglais, de-

exclusivement le mal français à notre époque ; elle est aussi bien le mal allemand, le mal anglais, le mal italien, le mal européen... Par suite, il n'est pas permis d'attribuer à ce phénomène pour cause *principale* quelque loi, simplement française, quelque innovation, scolaire ou autre, restreinte à la France. Et il convient tout d'abord de bien marquer le caractère secondaire et subordonné des considérations d'ordre législatif et politique auxquelles ce triste sujet peut donner lieu. Avant tout, l'explication profonde doit être demandée aux transformations sociales de notre âge. Mais tâchons de préciser. Un point de fait est à noter : la progression soit de la criminalité, soit du suicide a été d'abord plus rapide chez les adultes que chez les mineurs, ou plutôt s'est fait sentir chez les adultes avant de se révéler chez les mineurs, mais, à partir du moment où elle a atteint ceux-ci, elle a marché d'une allure accélérée qui n'a pas tardé à les faire passer au premier rang. Cette simple remarque suffit à nous démontrer que les germes, quels qu'ils soient, de la contagion dont il s'agit sont venus aux enfants non d'un ensemencement direct sur eux mais après avoir agi sur leurs contemporains plus âgés, et d'abord, avant tout, sur leurs parents. En d'autres termes, les causes quelconques des transformations dont je parle se sont exercées sur les pères avant d'opérer sur les fils, et si, parvenus à ceux-ci, leur action se montre plus efficace, rien de plus aisé à comprendre : un vent nouveau ébranle bien plus fortement les jeunes rameaux que les vieilles branches, à travers lesquelles il leur arrive.

puis notre article, a été étudiée avec la plus grande profondeur de recherches et la plus impartiale discussion par M. Brueyre, dans la *Revue pénitentiaire* (décembre 1897), et que l'auteur arrive à la même conclusion que nous.

On ne doutera pas de la vérité de cette remarque si l'on s'avise d'en faire une autre, à savoir que les causes auxquelles on peut attribuer la progression du suicide et de la criminalité sont en partie les mêmes qui permettent d'expliquer la diminution du nombre des naissances, le déclin de la population. Ces causes, quelles sont-elles ? Intellectuelles, sentimentales, économiques, pathologiques. En premier lieu, le progrès de l'irréligion générale, par la propagation de doctrines qui ont détruit les principes traditionnels de la morale et de la famille avant de les remplacer. De cette déchristianisation purement négative et critique résultent à la fois démoralisation et dépopulation, comme le montre la comparaison statistique des départements français, à ce triple point de vue. En second lieu, l'ambition croissante d'ascension sociale, par la propagation de nouveaux besoins, naguère de luxe, à présent de première nécessité, facteur très important dont M. Arsène Dumont a mis en lumière la puissance en ce qui concerne la natalité, le nombre des enfants étant en raison inverse de celui des besoins dans chaque famille qui s'élève ou tend à s'élever. Son action n'est pas moindre en fait de criminalité : par là s'explique, avec l'exode intérieur des ruraux vers les villes, avec leur détachement du sol et du foyer, la fréquence de leur déclassement démoralisateur. — En troisième lieu, non pas l'accroissement de la misère, mais l'insuffisance de plus en plus vivement sentie du progrès de la richesse, pour répondre à la diffusion, bien plus rapide encore, des convoitises, des désirs multiples dont je viens de parler. On ne peut comprendre qu'ainsi la progression parallèle de la criminalité, du dépeuplement et de la fortune, telle que l'attestent nos statistiques comparées. Enfin, le fléau contagieux de l'alcoolisme, source de dé-

générescence et de déséquilibration, de stérilité et de perversité, d'impuissance vitale et de nuisance sociale.

On le voit, ou on l'entrevoit par ces brèves indications,
nous avons de moins en moins d'enfants par les mêmes
raisons que nous les élevons de plus en plus mal ; sans
compter que le fait seul d'avoir une famille moins nombreuse entraîne les parents, même moraux, à un relâchement de la discipline et des exemples domestiques. Le
père le moins autoritaire et le moins moral, quand il a
sept ou huit enfants à diriger, sent la nécessité de se
surveiller devant eux et de les soumettre à une règle. Le
père le plus austère, quand il n'en a qu'un ou deux, est
porté à les traiter avec une mollesse excessive. Quand les
Américains et même les Anglais seront devenus aussi
malthusiens que nous — car ils y courent, et déjà la
région de l'est des États-Unis, la plus civilisée, la plus
rayonnante en exemples de tous genres transmis peu à
peu à l'Ouest même, a une natalité presque aussi abaissée que la nôtre — on verra si les fils uniques yankees
ou britanniques montreront beaucoup plus d'esprit d'entreprise et d'énergie de caractère que les fils uniques
français. Leurs fils multiples ne montrent déjà guère plus
de moralité (1).

Je ne veux pas insister davantage sur les rapports entre l'abaissement numérique des naissances et l'accroissement numérique des délits. A coup sûr, bien des influences, par exemple le développement de la prévoyance
et du besoin de sécurité, agissent sur le premier de ces
phénomènes sans atteindre le second, ou ne s'y font
sentir qu'en sens contraire. Je sais bien aussi qu'il y a
des pays à paternité abondante et surabondante, tels que

(1) Voir à ce sujet le grand *Traité d'Économie polit.* de M. Paul
Leroy-Beaulieu, t. IV, p. 593-618.

l'Italie, où la criminalité déborde — sous des formes, il est vrai, toutes primitives, plus violentes et brutales qu'astucieuses et voluptueuses. Malgré tout, dans la mesure indiquée, cette régression et cette progression, également déplorables à l'heure actuelle, présentent en France une trop réelle liaison, et il en découle une nouvelle présomption en faveur de l'idée, évidente du reste, qu'il faut faire remonter aux parents, avant tout, la responsabilité des fautes ou des malheurs, des vices ou des désespoirs de la jeunesse. Soyons certains que, dans la plupart des cas, sinon dans tous, c'est au logis paternel que les élèves de nos écoles ont sucé le lait empoisonné du scepticisme religieux et moral, de l'irrespectueuse et ambitieuse vanité, de la cupidité précoce, du vice, de l'alcoolisme même... Quand ce n'est pas au foyer, c'est à l'atelier, c'est au café, c'est par les suggestions de la Presse, que le microbe de ces virus a pénétré dans le cœur de l'enfant ou de l'adolescent. Doit-on ajouter que c'est à l'école aussi ? Voilà la question, au fond, qui est examinée par M. Fouillée, et sa réponse est que, si l'école n'est pas directement coupable, on est en droit de lui imputer une partie — une très faible partie — du mal qu'elle n'a pas empêché et qu'on la jugeait unanimement capable de prévenir... Que penser de ce reproche ?

J'irai plus loin que M. Fouillée : à mon avis, il n'est pas possible que la vie scolaire, après comme avant les réformes scolaires, ait joué le rôle neutre ou simplement négatif qu'il lui prête ; elle est toujours et nécessairement active dans un sens bon ou mauvais ; si elle a contribué pour sa petite, très petite part, à la progression de la criminalité ou de l'immoralité des mineurs, ce n'a pu être que par une action positive et directe ; mais il ne s'ensuit nullement que, directement ou indirectement, les maîtres soient à blâmer. Ils ont fait, laïques ou congréganistes, ce qu'ils ont pu, en toute conscience ; et il est à remarquer que, de toutes les catégories de citoyens, celle des professeurs, portant redingote ou soutane, est placée par nos statistiques criminelles au premier rang de la moralité générale (1). A ce point de vue, donc, leur exemple, s'il était suivi par leurs élèves, serait certainement ce qu'il y a de plus propre à retenir ou remettre dans la droite voie ceux que l'exemple du père ou de la mère *aiguille* dans une fâcheuse direction. Seulement, l'est-il ou peut-il l'être ? Et quand il semble l'être, est-il bien sûr que ce ne soit pas plutôt celui de condisciples bien élevés, dans des écoles recrutées par une sorte de sélection sociale, qui a produit la supériorité d'éducation dont on loue ces dernières ? Ou bien quand le maître a réellement ajouté son action éducatrice à celle du milieu scolaire, est-ce en tant que maître ou n'est-ce pas plutôt en tant que prêtre, et ne confond-on pas ici deux choses bien distinctes, l'efficacité propre de l'école avec celle de la religion ?

(1) Dans un rapport sur la *Criminalité professionnelle*, présenté au Congrès d'anthropologie criminelle de Genève en 1896, j'ai énuméré dans l'ordre de leur criminalité croissante, en tenant compte de leur population respective, les diverses classes ou professions. Il en résulte que, sur mille personnes, la classe des professeurs laïques ou congréganistes — placée presque en tête — fournit un contingent annuel de 1,58 accusations criminelles, tandis que les hommes de lettres et les savants en donnent 4,49, et l'ensemble des professions libérales 6,35. — Je ne répondrais pas, il est vrai, que, dans le monde des professeurs, la classe des instituteurs primaires se distinguât éminemment au point de vue qui nous occupe. Il y aurait beaucoup à dire sur sa composition, sur l'esprit qui l'anime, sur les déviations de son rôle véritable dans les campagnes. Mais ce sujet nous entraînerait trop loin. Malgré tout, c'est faire une injure imméritée à ce personnel que de le représenter comme fauteur d'immoralité et « facteur » de criminalité.

Il est facile de dire à l'instituteur : « Instruisez moins,. élevez davantage ; attachez-vous à former le caractère et le cœur plus qu'à exercer l'intelligence » ; mais la difficulté est de lui pro urer les moyens pratiques de suivre ces beaux conseils. En fait, l'éducation que les enfants se donnent entre eux, par leur mutuel exemple, ou par l'exemple dominant de l'un d'eux, meneur des autres, rarement le meilleur — et qu'ils se donnent pour l'avoir reçue de leurs parents — l'emporte infiniment sur celle qu'ils peuvent recevoir de leur maître. Ce dernier préside plus qu'il ne coopère à la formation du caractère de ses élèves ; son prestige sur eux est tout intellectuel et favorise la contagion de ses idées dans leur esprit, non celle de ses sentiments dans leur cœur. En général, d'ailleurs, et sauf l'exception du père et du prêtre, exception elle-même en voie de déclin, les connaissances d'un âge passent au suivant, mais non les émotions et les impulsions, et, si nous héritons de gens plus âgés nos manières de penser, nos lumières, c'est à nos contemporains que nous empruntons nos manières de sentir, la chaleur et la force qui nous poussent. On aura beau enseigner la morale en classe, ce sera surtout en récréation, par les petits jeux, les petits contrats, les batailles et les alliances des camarades, que se fera leur moralité ou leur immoralité. Et il suffira souvent de deux ou trois « brebis galeuses » pour pervertir toute une division.

Là est le nœud du problème pour l'école publique, et M. Fouillée l'a bien indiqué. « Sur 100 enfants détenus à la Petite Roquette, l'école congréganiste n'en fournit que 11, l'école laïque 87. Mais, sans nier l'heureuse influence des convictions religieuses, nous devons faire remarquer que l'école congréganiste peut trier ses élèves, tandis que l'école publique a été obligée de tout recevoir. Celle-ci a quatre fois plus d'élèves, et de toute provenance. Les familles qui choisissent l'enseignement religieux pour leurs enfants les ont déjà sévèrement élevés. Le seul fait de choisir délibérément un enseignement qu'on juge supérieur indique chez les parents un noble souci de la moralité, qui a dû déjà se communiquer aux enfants eux-mêmes. » Que faire cependant? Et comment remédier à cette cause d'infériorité morale qui pèse sur l'école publique? D'une part, celle-ci est forcée d'être ouverte à toutes les familles, aux pires comme aux meilleures; d'autre part, la foule écolière n'est pas plus heureuse qu'une foule quelconque dans l'élection de ses chefs ; et, dans les cours des collèges comme ailleurs, la popularité, qui ne s'attache ni au talent ni à aucun autre mérite perceptible, mais on ne sait à quoi ni pourquoi, est un mystère aussi insondable que la grâce des théologiens.

Il en est de l'école publique, en cela, comme de la prison commune, où les détenus, quoi qu'on fasse, achèvent de se corrompre sous l'influence entraînante des plus pervers. Aussi les établissements de ce genre sont-ils d'autant plus corrupteurs qu'ils sont plus peuplés. Après une étude comparée et faite sur place, des résultats donnés par les maisons de correction pour enfants dans la plupart des Etats européens, M. Joly (voir la *Revue pénitentiaire* de février 1897) conclut ainsi : « Toutes choses égales d'ailleurs, la récidive des libérés est proportionnelle à l'agglomération des détenus », et cela, ajoute-t-il, est spécialement vrai pour les enfants. Mais, ici, on a la ressource de substituer à la prison commune la prison cellulaire ou la prison divisée en catégories spéciales. Imagine-t-on une école cellulaire, ou même une école dont la division en sections serait fondée sur

le degré de moralité des enfants, autant dire des familles ?
Tout ce qu'on peut dire, c'est qu'il est plus utile de multiplier et de diversifier les écoles, de même que les hô-
pitaux et les prisons, que de les agrandir et de les uni-
fier ; à la place d'un « palais scolaire », foyer de microbes,
comme un hôpital monumental, deux ou trois locaux
modestes donneraient des résultats meilleurs en offrant
à divers groupes de la population un moyen de ségré-
gation spontanée (1). A cet égard, comme à d'autres, la
réforme scolaire a-t-elle été législativement conçue et
administrativement exécutée suivant l'esprit de ses pro-
moteurs universitaires ? Je ne le crois point. Quand les
hommes de science et de dévouement s'associent à des
hommes politiques dans une même œuvre, il est inévitable que la divergence de leurs visées compromette le
fruit de leur collaboration et que parfois l'ivraie des uns
étouffe le bon grain des autres.

Mais, à vrai dire, est-il bien sûr que ces considérations
soient ici à leur place, qu'elles aient quelque chose à voir
avec notre sujet ? On en pourrait douter à lire certaines
statistiques, notamment celle-ci sur la fréquentation des
écoles. Il y a un écart très grand, dit M. Bonzon (2), entre
le nombre des enfants inscrits aux écoles primaires et
celui des enfants présents. Sur 250.000 enfants inscrits,
« 45.000 environ n'y sont pas assidus, dont 31.500 appartenant aux écoles publiques. Il ne faut pas s'étonner
si c'est dans ces écoles que l'assiduité est moindre. Les

____

(1) A coup sûr, les inconvénients de l'école mixte pour les deux
sexes sont moindres que ceux de l'école mixte pour les enfants de familles honnêtes (quelle que soit leur situation sociale) et pour les
enfants de familles vicieuses ou criminelles. La mauvaise éducation
chasse la bonne.

(2) *Le Crime et l'École*, par Jacques Bonzon, avocat à la Cour
d'appel (Paris, Guillaumin, 1896).

moins surveillés, les plus délaissés des enfants sont ses clients ». Or, est-ce parmi les enfants assidus ou parmi les enfants inscrits mais non présents à l'école que se recrute le personnel des maisons de correction ? Les registres de celles-ci vont nous l'apprendre : nous y constatons qu'à leur entrée dans ces établissements les plus délinquants sont ceux qui présentent une ignorance proportionnellement bien supérieure à celle des enfants honnêtes du même âge.

Je lis dans la *Statistique pénitentiaire*, qui vient d'être publiée, pour l'année 1893, par le ministre de l'intérieur, que 2 p. 100 seulement des garçons possèdent l'instruction primaire et que 36 pour 100 sont complètement illettrés. — Ainsi, la criminalité des enfants, pourrait-on dire, est en raison inverse de leur assiduité à l'école et il est prouvé que celle-ci, publique ou privée, *quand ils la fréquentent*, les retient, dans une mesure insuffisante, soit, mais dans une certaine mesure enfin, sur la pente du délit. Il est injuste de lui imputer la moindre part, directe ou indirecte, dans la progression de la criminalité juvénile. Elle l'enraye, au contraire, autant qu'elle peut, sinon autant qu'on l'espérait. Est-ce la faute des instituteurs si l'on s'est leurré de vaines chimères sur la panacée de l'instruction ? — Encore un argument de chiffres dans le même sens. Si l'on examine avec soin nos statistiques criminelles, on s'aperçoit que la progression dont il s'agit, dans les dernières années du moins, n'a porté que sur les jeunes gens de seize à vingt et un an, c'est-à-dire déjà échappés de l'école primaire et livrés sans contrepoids aux suggestions de la rue, de l'atelier, de la famille, du débit de boisson. Quant aux mineurs de seize ans, « pas plus au point de vue des délits qu'à celui des crimes, dit le rapport officiel de 1893, la statistique ne révèle une aggravation » en ce qui les concerne; « le nombre des prévenus de cet âge est même en diminution notable si l'on ne remonte pas plus haut que 1890. *Cette amélioration s'applique aux délits les plus importants, tels que le vol et l'escroquerie*, non aux outrages publics à la pudeur, dont le chiffre est resté à peu près stationnaire, ni aux coups et blessures dont le nombre a légèrement grandi. » La statistique de 1894 n'a point infirmé ces conclusions (1). De 1889 à 1894, en cinq ans, le nombre des garçons de moins de seize ans prévenus de vol s'est abaissé de 4.080 à 3.582, et celui des mineures du même âge, de 728 à 620, pendant que le nombre des jeunes des deux sexes, âgés de seize à vingt-un ans et prévenus du même délit, s'élève, dans le même intervalle de temps, de 8.370 à 8.701 et de 1.613 à 1.773. Il est à noter que, par une exception remarquable, de l'une de ces dates à l'autre, le nombre total des prévenus de vol, tous les âges réunis, hommes et femmes, est descendu de 50.427 à 47.709.

Il est donc certain que, ni directement, ni indirectement, je le répète, l'école n'a agi dans le sens du crime, et il serait outrageant pour elle de prolonger plus loin cette démonstration. Mais s'ensuit-il — car c'est là toute la question — qu'elle ait agi en sens contraire avec toute la vigueur qu'on était en droit d'attendre d'elle? Ce que dit M. Fouillée de la religion, qu'elle est « un frein moral et encore plus un ressort moral », on voudrait pouvoir le dire de l'école aussi, et au même degré. Par malheur, l'école vaut, non pas précisément ce que valent les maîtres, mais, encore une fois, ce que valent les parents des élèves. Là où les familles où elle se recrute ont une moralité exceptionnelle, elle peut faire beaucoup de bien ;

(1) Ni celle de 1895.

là où l'immoralité des familles est notoire, elle ne peut produire que des effets plus ou moins mauvais. Pour s'en convaincre, il convient de considérer non pas l'ensemble de la population scolaire, masse hétérogène où se présentent confondues des causes complexes que la statistique a de la peine à dégager, mais une catégorie spéciale d'enfants sur lesquels une sorte d'expérience sociologique, pour ainsi dire, et concluante se fait tous les jours. Ce sont les jeunes détenus des établissements d'éducation correctionnelle. Ils arrivent là coupables de méfaits divers, et nous venons de voir que la plupart ne fréquentaient pas l'école. Mais le document officiel qui nous donne cette information nous apprend aussi que, dès leur entrée, ces enfants sont forcés de devenir des écoliers modèles, et un tableau nous montre, à leur sortie, les progrès rapides de leur savoir : 70 p. 100, alors, savent au moins lire, écrire et calculer, et la proportion des illettrés est tombée à 5 p. 100. — Eh bien, en dépit de leur instruction croissante, ils se hâtent de retomber dans le délit avec une rapidité qui va en augmentant. C'est la statistique pénitentiaire qui nous fait ce cruel aveu.

Le *Bulletin de la Société des prisons*, la résumant, écrit à ce sujet (1) : « En 1888, les récidivistes représentaient 11 p. 100 de l'effectif des colonies de garçons ; en 1889, 13 p. 100 ; en 1890, 14 p. 100 ; en 1891, 15 p. 100 ; en 1892, 17 p. 100. » Ajoutons : en 1893, 19 p. 100. « La proportion des filles récidivistes, qui, jusqu'en 1890, ne s'était pas élevée sensiblement au-dessus de 8 p. 100, montait, plus rapidement encore, à 12 p. 100 en 1891, à 15 p. 100 en 1892 », et au même taux en 1893. L'écrivain auquel j'emprunte ce résumé signale la corrélation de

(1) Voir livraison de février 1895, étude de M. Astor.

cet accroissement de la récidive chez les enfants avec l'absence de la vie de famille ou avec la fréquence plus grande, chez les parents, de la négligence, de l'immoralité, des mauvais exemples. Pour les filles, pas de doute. « La proportion des orphelines d'un des parents ou de deux, qui n'était que de 49 p. 100 en 1890, montait à 52 p. 100 en 1891 et 56 p. 100 en 1892 ; celle des filles illégitimes de 21 p. 100 en 1890 et 1891 à 25 p. 100 en 1892 ; celle des filles de repris de justice, qui était de 39 p. 100 en 1891, atteignit en 1892 un chiffre non encore atteint, ni même approché au cours d'aucune des années précédentes : 51 p. 100. Je dois encore ajouter que, de 70 p. 100 en moyenne, la proportion des filles sans instruction *professionnelle* au moment de leur entrée dans les maisons pénitentiaires, s'est élevée en 1892 à 75 p. 100 ». Quant aux garçons, le langage des chiffres est peut-être moins clair. Néanmoins, on constate que « les départements qui comptent le plus d'enfants dans les établissements d'éducation correctionnelle sont les départements où se trouvent les grands centres de population, ou encore les départements producteurs d'alcool où les quantités d'alcool imposées sont les plus fortes, tous les points par conséquent où l'on est fondé à présumer que les parents, par leur intempérance ou leurs habitudes vicieuses, se mettent habituellement hors d'état d'élever convenablement leurs enfants. Il en est partout ainsi. Au Congrès pour l'*Union du Sauvetage de l'enfance*, qui a eu lieu à Berlin en mai 1896, deux rapporteurs (1) confessent que « les créations de maisons d'éducation et de réforme (en Allemagne) n'ont pas amené une diminution bien sensible de la criminalité » euphémisme pour dire qu'elles n'ont pas empêché une progression de la criminalité

(1). Cités par le *Bulletin de la Société des prisons*.

plus alarmante encore que chez nous ; et cela tient, d'après eux, « aux lacunes de la législation. Il faudrait que les enfants moralement abandonnés pussent plus facilement être enlevés à l'autorité des parents indignes ». En Amérique pareillement ; la statistique du *Reformatory* d'Elmira nous renseigne sur les parents des jeunes détenus de cette maison de correction : 38 p. 100 sont alcooliques ; 54 fois sur 100, le « milieu domestique est *très* mauvais » ; 38 ou 39 fois sur 100, il est mauvais. En somme, d'après M. Alimena (*Imputabilitá*, t. II, p. 279) « un bon milieu domestique ne s'y rencontre que 7 à 8 fois sur 100 ». Et, comme on a beaucoup vanté l'efficacité des moyens de thérapeutique morale mis en œuvre dans ce célèbre pénitencier, il n'est pas inutile à ce propos de faire observer, avec M. Garofalo, que « les libérés d'Elmira donnent 20 p. 100 de récidivistes six mois après leur sortie. »

Il est donc surabondamment prouvé que, en ce qui a trait au monde des petits malfaiteurs en herbe, l'école n'a été ni un *frein* moral, puisqu'elle n'empêche pas le progrès de leurs récidives, ni un *ressort* moral, puisqu'on s'accorde à reconnaître leur lâcheté, leur faiblesse de caractère. Mais élevons-nous au-dessus de ce triste groupe ; dans l'ensemble de la population enfantine, y a-t-il lieu de penser que l'école est un frein et un ressort moral d'une certaine force ? Hélas ! non. Elle n'est guère qu'un stimulant intellectuel, un apéritif mental, et ce n'est pas assez.

C'est quelque chose pourtant, et ce serait beaucoup si l'appétit éveillé par elle, la curiosité, trouvait à se satisfaire tout d'abord par une nourriture salutaire et choisie, par de bonnes bibliothèques populaires partout libéralement ouvertes jusque dans les plus humbles bourgs, par

des lieux d'honnêtes réunions, des cercles, des sociétés
artistiques. Mais c'est la Presse ordurière et haineuse,
friande de scandales, bourrée de chroniques judiciaires,
qui attend l'écolier au sortir de l'école. Le petit journal,
complétant le petit verre, lui alcoolise le cœur. L'instruction primaire, en effet, n'est qu'un outil, bon ou mauvais
suivant la nature de son emploi.

Par une coïncidence déplorable, signalée par M. Fouillée, les lois scolaires ont été contemporaines de la loi de
1881 sur la liberté de la presse, et de celle de 1880 sur la
liberté des débits de boissons. Contre le gré de leurs auteurs, assurément, celles-ci ont rompu les derniers obstacles au déchaînement du journalisme et de l'alcoolisme.
En 1880, la France consommait 18.000 hectolitres d'ab-
sinthe ; en 1893, 108.000 ; en 1896, 125.000 (1). Non
moins rapide, non moins effrayante, a été la double progression de la pornographie et de la diffamation, deve-
nues les deux mamelles du journal. La *Chronique judiciaire*, à elle seule, a fait commettre plus de crimes, par
la « contagion du meurtre » (2) et du vol, qu'elle engendre, que l'école n'a jamais pu en empêcher. Car il ne
se commet pas un assassinat que la presse ne s'en émeuve
— sauf quand il s'agit de 2 à 300.000 assassinats d'Ar-
méniens, qu'elle nous laisse ignorer. Et quand, parallèlement à ce débordement grandissant d'excitations au
vice et à la haine, à la luxure et au meurtre, la criminа-
lité générale, la criminalité juvénile surtout, déborde à
son tour, et déborde, chose frappante, sous des formes
atavistiques de violence plus encore que de cupidité, qui

(1) Voir un rapport lu en février 1897, par M. Louis Rivière, à la
Société des Prisons.

(2) Lire, là-dessus, le substantiel et instructif ouvrage du docteur
Aubry : *La Contagion du meurtre*, p. 102 et s.

lui donnent la couleur d'une rétrogradation sociale, on s'en étonne, on s'exclame, et on s'en prend à qui ? Aux journalistes ? Aux marchands de vin ? Aux meneurs et falsificateurs de l'opinion et aux empoisonneurs publics ? Non, aux maîtres d'école ! Cette plaisanterie a vraiment trop duré (1).

Si l'on ajoute à ces gigantesques soufflets de forge qui atisent en bas les passions, le puissant bélier scientifique ou philosophique qui, en haut, fait brèche aux croyances, aux principes chrétiens de la morale traditionnelle, et travaille, en déchristianisant les fils après les pères, même les plus religieusement élevés, à les démoraliser plus ou moins, momentanément ; ce dont on aura le droit d'être surpris, c'est que la crise de la moralité ne soit pas plus aiguë. Elle l'est beaucoup moins, assurément, que la crise de la morale (2). Car le mal est grand, mais peut-être bien qu'on l'exagère et qu'on s'abuse sur ce qu'il a de réellement exceptionnel. Si la statistique criminelle datait de plusieurs siècles, elle fournirait, je crois, des preuves irrécusables du fait que chaque époque critique de la conscience, aussi longtemps que dure l'ébullition des appétits suscitée par la conversion d'un peuple à une nouvelle religion, qui guerroie avec l'ancienne, a été marquée par une floraison noire de forfaits, même quand l'ébranlement causé par cette contradiction

(1) Il est vrai que ces boucs émissaires n'ont pas fait tout le bien qu'ils auraient pu faire. Mais pourquoi ? La politique, pour parler franc, a faussé le rôle de l'instituteur comme celui du juge de paix. Tant que le juge de paix ne sera pas inamovible et indépendant du député, tant que l'instituteur dépendra du préfet ou du député plus que du recteur, l'un et l'autre ne répondront que très imparfaitement à la mission qui leur incombe.

(2) A celle-ci se rattache la *Crise universitaire,* sur laquelle on pourra lire, dans la *Revue bleue,* du 13 février, une intéressante discussion entre M. Maurice Spronck et le comte de Mun.

interne était dû à l'avènement d'une religion plus pure
et plus haute. Je ne doute pas que, dans beaucoup de
régions de l'empire romain, l'invasion du christianisme
n'ait été passagèrement accompagnée d'un abaissement
de vertu et d'un accroissement d'audace criminelle, je ne
dis pas chez les premiers chrétiens, mais chez les derniers païens, désancrés de leur foi sans être encore rattachés au nouveau rivage. Il en a été de même au xvie siècle, durant le cruel déchirement des peuples écartelés
spirituellement pour ainsi dire, partagés entre Rome et
Genève. Moins sanglante au xve siècle, ou moins générale, localisée en un cercle étroit d'humanistes, mais,
là, très profonde, a été aussi la démoralisation produite
par le renouveau littéraire d'idées païennes dans des
cœurs déchristianisés. Un Machiavel ne peut naître qu'en
des temps pareils. Tout autre, il est vrai, est l'état moral
quand, après cette période de conflits douloureux, une
paix, même boîteuse, s'établit, et que des sectes et des
philosophies différentes coexistent sur un même territoire ; leur coexistence alors peut n'être pas un mal
moral, à la condition toutefois qu'elles s'accordent, en
morale, sur quelques points capitaux. Et même, indépendamment de l'émulation de moralité provoquée par
leur juxtaposition, leur désaccord sur tout le reste met
en relief et en singulière valeur leur unanimité sur ces
seuls articles.

Or, jusqu'à une époque assez récente, tel a été à peu
près partout, dans l'Europe contemporaine, en France
même, le rapport des doctrines religieuses ou philoso-
phiques, tant soit peu accréditées, qui se coudoyaient ;
tel il est encore chez les peuples qui ont gardé une intégrité relative du caractère. A vrai dire, il s'agit toujours
là de rejetons différents du même tronc chrétien ou de

quelque squelette schématique du christianisme appelé spiritualisme, soit spiritualisme vague à la Cousin, soit spiritualisme original, kantien ou issu de Kant. Si bien que, lorsque chez ces peuples, on ressent le besoin d'enlever à l'enseignement scolaire et officiel de la morale tout caractère confessionnel, on n'a pas l'idée de le rendre irréligieux, encore moins antireligieux. Partout, en effet, où il y a des *credo* distincts en présence, l'école à tous les degrés, primaire, secondaire, supérieure, cherche à se fonder, soit sur l'un soit sur l'autre ou les autres, ou bien, quand ils sont des variétés d'une même espèce —protestantisme ou catholicisme, sectes protestantes — sur ce qu'ils ont de commun. Dans certaines provinces du Canada, au Manitoba par exemple, ou en Angleterre, on enseigne aux enfants un *minimum* ou plutôt un *extractum carnis* de doctrine chrétienne : les dix commandements de Dieu, l'oraison dominicale. On obtient ainsi ce qu'on croit être une « religion naturelle » et qu'on superpose aux religions positives comme les jurisconsultes philosophes croient découvrir un « droit naturel » par dessus toutes les législations. Mais, à mesure que les *credo* se multiplient, il devient nécessaire — et la nécessité se fait sentir d'abord pour l'enseignement supérieur, puis pour l'enseignement secondaire, enfin pour l'enseignement primaire — de réduire de plus en plus l'extrait qui est censé exprimer leur partie commune. On a ainsi, comme en France dans plus de la première moitié de ce siècle, ce spiritualisme vague dont j'ai parlé, schéma du christianisme simplifié et rationalisé. Le malheur est que cela même est devenu trop substantiel, depuis que des philosophies plus radicales ont surgi, en possession d'un succès sans pareil : le positivisme et le transformisme. Ce n'est pas que je croie la morale positiviste ni même la morale transformiste inconciliables en soi avec la morale chrétienne, sauf en ce qui touche au côté sexuel de celle-ci : la première, sous la forme qu'elle a reçue de Comte, appuie excellement sur l'utile social le beau intérieur que les meilleurs saints ont réalisé, que les meilleurs docteurs ont *maximisé*. Mais la seconde cherche encore sa forme véritable et ne l'a pas trouvée, et, en attendant, se présente sous la contrefaçon déplorable d'une espèce de darwinisme social que Darwin eût réprouvé et qui, précisément, est le seul aspect sous lesquel l'Evolutionnisme moral ait envahi les cœurs, après les intelligences, et soit entré même dans les faits, depuis la catastrophe de l'*Année terrible*.

Et voilà le côté vraiment nouveau, vraiment périlleux de l'heure présente : c'est que, pour la première fois, une grande et populaire philosophie, en cela différente de toutes celles qui ont régné jusqu'ici et de toutes les églises, conduit logiquement, inévitablement, à des maximes en contradiction absolue avec les préceptes séculaires. De la concurrence vitale mal comprise, et jugée à tort suffisante et nécessaire pour expliquer les harmonies vivantes, on a déduit la nécessité universelle de la lutte et de la guerre en vue du plus grand bien de l'univers ; et quelle morale voulez-vous construire là-dessus si ce n'est une morale antireligieuse et non pas seulement irréligieuse ? Bonté, modestie, respect, dévouement : de quel droit louer ces vertus du passé, si elles sont réputées une cause d'abâtardissement des peuples et des races ? Si vous croyez que la lutte sous toutes ses formes, même et surtout violentes, est la voie sacrée et sanglante du progrès, c'est la dureté de cœur appelée *caractère*, c'est l'orgueil, c'est l'ambition, c'est le mépris d'autrui, c'est la combativité cruelle qu'il importe de préconiser et de cultiver chez nos enfants. Ou plutôt, il sera bien inutile de le leur dire, ils se le diront bien assez d'eux-mêmes, ils ne se le sont que trop dit déjà. Et, je vous le demande, quand une société civilisée en est arrivée à se persuader que la vie sociale est essentiellement une bataille, une exaspération naturelle d'égoïsmes surexcités, et qu'il est bon qu'il en soit ainsi, et que tout bien sort de là, et qu'il convient de pousser à bout ces contradictions d'appétits, de généraliser cette mêlée et de la rendre gigantesque pour parvenir à l'Eden futur ; quand cette aberration triomphe, est-il surprenant que les crimes, les suicides, les accès de folie, coups d'épée du *struggle for life*, se multiplient ?

Comment, encore une fois, cette cause de dépravation n'a-t-elle pas été plus féconde ? Supposez qu'à une époque quelconque du passé, une doctrine pareille se soit répandue, légiférant le droit de la force, justifiant les « revendications » des voleurs de grands chemins et les « propagandes par le fait » des assassins, et imaginez la traînée de meurtres et de pillages qui auraient rempli et déshonoré nos annales !

Faites une autre hypothèse, qui se rattache un peu à la précédente. Demandez-vous ce qui serait arrivé jadis si la justice criminelle d'ancien régime, au lieu d'être férocement sauvage, eût été aussi paternelle, aussi relâchée que la nôtre. Car, c'est encore là une cause de criminalité dont je n'ai rien dit encore, et qui n'est nullement négligeable, n'en déplaise à ce criminaliste italien qui l'exclut du nombre de ses « facteurs du délit ». Nous savons tous cependant à quel point l'intimidation par la peine redoutée est efficace, surtout chez les jeunes gens et les enfants. Aussi est-il naturel que, au fur et à mesure des progrès de l'indulgence judiciaire — de l'indulgence des juges comme des jurés — attestés par des preuves multiples, la criminalité des jeunes grandisse encore plus vite que celle des adultes. A cela on m'objecte, il est vrai : « Mais cette indulgence émolliente n'est-elle pas elle-même un symptôme de l'immoralité croissante ? » — Non, dites plutôt qu'elle est l'expression même du Devoir qui s'impose comme conséquence logique de l'incertitude des principes, par suite de leur contradiction. La sévérité chez un sceptique serait immorale et contre nature : il n'appartient légitimement qu'à un homme de foi de condamner à mort. L'indulgence, à vrai dire, est la grâce morale du scepticisme, si pernicieux, au point de vue utilitaire, que puissent être ses effets sociaux. Ainsi, la même cause, la contradiction doctrinale, favorise à la fois la multiplication des délits et la diminution des peines. Et allez donc, après cela, vous étonner de cette progression criminelle ! Sans paradoxe, on pourrait soutenir que l'accroissement même de nos homicides, dans ces conditions, témoigne, par sa lenteur, du réel adoucissement de nos mœurs.

Il n'est rien de plus redoutable pour une société qu'un changement général de *credo*, et il faut admirer même que cela soit possible (1). Il faut plaindre aussi un malheureux instituteur chargé de faire un cours de morale dans des temps pareils. Quelle morale voulez-vous qu'il enseigne? Il y en a deux au moins en présence, et nettement contradictoires : la morale de la guerre et la morale de l'amour. S'inspirera-t-il de celle-ci ou de celle-là, ou

____

(1) Entre parenthèses, la possibilité, la fréquence même de ce fait, établit entre les sociétés et les organismes une différence tranchée et vraiment irréductible qui enlève toute valeur sérieuse à la fameuse métaphore de l'*organisme social*. Un *credo*, en effet, est pour une société ce qu'est un type spécifique pour un corps vivant. Et imagine-t-on un individu adulte se mettant à changer d'espèce !

des deux pêle-mêle ? Ajoutera-t-il, pour achever de brouiller la conscience de ses élèves, l'incohérence de ses préceptes à celle des exemples ambiants? Heureux le maître d'école dans les temps et dans les pays où tout le monde, en dépit de dissidences doctrinales, est d'accord pour regarder un Livre — la Bible, l'Evangile, le Coran — comme le trésor de la vérité : il fait lire ce livre aux enfants, et tout est dit. Mais nous, quel est notre livre saint? Pas même, certes, le Code pénal. C'est à croire que moins on parlera morale aux écoliers, et mieux cela vaudra pour leur moralité. Il en est un peu de la morale comme de l'orthographe, sur laquelle il est dangereux de raisonner. Quand on entreprend de réformer celle-ci, on s'aperçoit vite de l'impossibilité d'une réforme limitée et vraiment pratique. Entré dans cette voie, on est poussé comme par un ressort bien plus loin qu'on ne veut aller, et alors se pose le problème, logiquement insoluble, d'une orthographe rationnelle. La morale a aussi ses archaïsmes et ses bizarreries, aussi respectables qu'encombrantes, ses lettres inutiles dont nécessaire est le maintien jusqu'au moment où il devient impossible.

Et je sais bien qu'il est ainsi dans le monde social, comme dans tout l'univers, une foule d'insolubilités apparentes qui finissent par trouver d'elles-mêmes leur solution. Il y a quelque temps, à propos de chimie et de cristallographie (1), M. Berthelot écrivait : « La nature organique, aussi bien que la nature minérale, opère à la façon de l'industrie humaine, je veux dire en harmonisant des effets inconciliables en géométrie absolue. Ces arrangements approximatifs présentent d'ailleurs des degrés différents, des solutions multiples, dans la série des cristaux aussi bien que dans la série des êtres vivants ».

(1) Voir la *Revue scientifique* du 26 déc. 1893.

Et, se souvenant qu'il était homme d'Etat, il ajoutait :
« Telle est aussi la règle nécessaire des sociétés humaines. ». Rien de plus juste que cette vue : la logique sociale excelle à ces harmonies d'antinomies, à ces quadratures de cercles jugées absurdes par la logique individuelle.
Religions et partis, sectes et philosophies, races et classes, si irréconciliables que soient tous ces adversaires, ce
n'est qu'un jeu pour elle, à certains moments, de les faire
s'embrasser. Que faut-il pour cela ? Une apparition, celle
d'un grand homme ou d'une grande idée qui nous frappe
au cœur ; une apparition, suivie d'une grande émotion.
Qu'aux petits Français énervés, découragés, *en panne*,
une étoile se montre, une étoile de première grandeur,
l'énergie des grands jours va reparaître, la loi du Devoir
se faire reconnaître, et toutes les difficultés de la Raison
s'évanouir.

Mais où le voyez-vous luire, ce grand but collectif
propre à soulever toutes les âmes ? Là ι · écueil, à ce
tournant de notre histoire, d'une morale *civique*. L'appui
que le patriotisme prête à la morale pouvait être suffisant
dans les petites républiques de l'antiquité, parce que les
murs de la cité tenaient au cœur plus étroitement que
les frontières des Etats modernes. Aussi l'éducation purement civique des Spartiates et des Athéniens, des Romains primitifs, a-t-elle donné des résultats — dont nous
ne saurions du reste nous contenter ni nous applaudir à
notre époque de fédération internationale en train de
s'opérer insensiblement. Encore est-il certain que le patriotisme, même sous sa forme moderne, considérablement
élargie et adoucie, est susceptible d'être hautement mo-
ralisateur, quand la patrie est en voie de progrès, de
prospérité ascendante, et que la perspective de ses succès
futurs, de sa population, de sa richesse, de sa puissance

prochainement grandioses, électrise les citoyens. Mais, quand il semble que l'heure du déclin fatal ait sonné pour elle, à quoi bon s'efforcer, et pourquoi ? Le découragement s'empare des cœurs.

C'est que, dans ses plus profonds malheurs, la cité antique restait toujours, non seulement chère à ses enfants comme la patrie moderne, mais susceptible de se relever par leurs propres efforts, suffisamment dévoués, tandis que les causes de la défaite des Etats modernes dans la grande bataille, pacifique ou belliqueuse, de la vie européenne, semblent avoir quelque chose d'impersonnel, de prédéterminé, comme les mouvements astronomiques. Nous voyons, par exemple, que notre population va décroître, et nous en souffrons, mais dépend-il de nos efforts individuels, à chacun de nous, d'entraver sensiblement ce courant? Ce que nous pouvons faire est si peu de chose! En nous mariant jeunes et ayant beaucoup d'enfants, nous travaillerons pour la perpétuité ou la prospérité de notre famille, à laquelle nous aurons sacrifié notre bien-être individuel, mais le service que nous aurons rendu à notre patrie se montre à nous comme infinitésimal et hors d'état de compenser notre sacrifice. En apparence au moins ; car nous avons toujours le tort d'oublier le rayonnement de notre exemple autour de chacun de nos actes et son efficacité sociale inaperçue, souvent très prolongée. — Il semble donc que, dans la situation présente, la moralité des Français gagnerait à s'appuyer davantage sur le *sentiment familial ;* mais, par malheur, ce sentiment-là va déclinant plus vite encore que le patriotisme, bien que pour une cause toute différente. Le patriotisme baisse parce que l'avenir patriotique apparaît — maintenant et à tort, je le crois — comme décourageant ; le *familisme,* parce que l'individualisme

à la fois et la socialisation croissante de la vie contemporaine le tuent.

Donc, on ne sait plus sur quoi appuyer le Devoir? Religion, patrie, famille, tout s'en va? Mais non, tout se
transforme plutôt. Et qui sait si nous n'approchons pas
de l'heure où la vraie et puissante attraction majeure sera,
non pas l'absorption mais la sublimation de tout cela,
retrempé, rajeuni, dans ce *fédéralisme* supérieur, dans ce
patriotisme transcendant et international qui tend à devenir, dans les couches les plus élevées des nations modernes, le sentiment tonique, destiné peut-être à remplacer « l'immense espérance » d'autrefois? Il y a là, dans
le culte et l'amour de notre civilisation européenne à
propager, à déployer, à épurer, à établir pacifiquement,
quelque chose de plus réellement attractif et fascinateur
que dans l'idéal socialiste, qui aura servi, je l'espère, à
lui préparer les voies.

Je m'arrête... J'ai déjà assez abusé, cher Monsieur, de
l'hospitalité que vous avez bien voulu m'offrir, et dont je
vous remercie.

SOUVENIRS DE TRANSPORTS JUDICIAIRES (1)

A monsieur Labori, avocat près la Cour d'appel.

CHER MONSIEUR,

Vous avez fait appel — pour intéresser, pensez-vous,
vos lecteurs — à mes spéculations de sociologue, à mes
théories de criminaliste, à mes chiffres de statisticien.
Mais voici qu'en me recueillant pour songer à ce que je
pourrais bien vous dire, je revois sortir peu à peu de
l'ombre de ma mémoire, je ne sais pourquoi, les spectres
de tous les criminels grands ou petits que j'ai vus défiler
dans mon ancienne vie judiciaire. Ils me parlent encore,
ils me répondent ; je reconnais les lieux, presque toujours pittoresques, où ils ont laissé les vestiges de leurs
méfaits, taches de sang, carreaux brisés, empreintes de
pas ; et de ce passé triste, de ces dix-huit ans d'instruction criminelle, l'évocation me captive si fort malgré tout,
que je ne puis résister au désir de vous en détacher
quelques silhouettes, souvenirs épars d'un juge d'instruction de province, d'une province reculée, réputée
retardataire, en voie de rapides transformations sociales
d'ailleurs, mais où, fort heureusement, les paysages n'ont
pas changé. Un paysagiste, en effet, eût trouvé son
compte à être magistrat instructeur en ce coin sarladais
du Périgord, où j'ai toujours admiré et déploré l'instinct
spécial qui pousse les malfaiteurs à choisir les sites les

(1) *Revue du Palais*, 1897.

plus riants ou les plus délicieusement sauvages comme théâtre de leurs exploits. Les assassins m'ont gâté mon pays natal ; il n'est presque pas d'endroit charmant dans la vallée de la Dordogne, de la Vézère, du Céou, ou sur les collines environnantes, ravinées, accentuées de rochers, incrustées de ruines féodales, il n'est pas de grotte ou de caverne, même les cavernes préhistoriques des Eyzies, qui ne s'associe à jamais dans mon esprit à l'image de quelque homicide, guet-apens conjugal, vendetta familiale, infanticide, ou du moins de quelque vol avec effraction et escalade.

Est-ce à cause de cet attrait d'une nature accidentée qu'on a eu de tout temps au tribunal de Sarlat, un goût prononcé pour les transports de justice, soit criminels, soit civils ? Je ne le crois pas ; je crains plutôt que, en remontant aux causes anciennes de cette habitude locale, on ne vînt à découvrir dans le passé quelque mobile moins esthétique, tiré de l'excellente cuisine habituelle aux auberges de la région, si tant est que le désir de faire bonne justice ne suffise pas entièrement à rendre compte de ce penchant traditionnel. Quoi qu'il en soit, je dois dire tout d'abord que je l'approuve pleinement, du moins en matière criminelle. En matière civile, c'est différent. Sur une vingtaine de transports civils auxquels j'ai pris part comme juge, je ne me souviens que d'un seul dont l'utilité fût bien démontrée. Il s'agissait le plus souvent de questions de servitude, de chemins de passage notamment, où la valeur pécuniaire de la demande n'égalait pas, je ne dis pas la moitié, mais le quart ou même le dixième des frais du procès. Arrivés sur les lieux, l'objet de la contestation apparaissait à tous si misérable que c'était une stupéfaction générale et comme un remords d'être venus, si coûteusement, pour si peu de chose. On s'évertuait alors, un peu tard, à accorder les parties, et bien rarement on y parvenait. La loi ici n'est pas à blâmer, ni les tribunaux, ni même les hommes d'affaires, mais l'opiniâtreté démente des plaideurs, qui dépasse toutes les limites imaginables : il a été impossible à l'un de mes collègues d'empêcher le cours d'un procès roulant sur la question de savoir si une brouettée de terre enlevée sur la limite de deux champs par l'un des deux voisins lui appartenait légitimement. Coût : 1.000 fr. de frais, que le tribunal, après avoir adjugé la brouettée de terre au demandeur, a divisés par moitié entre le défendeur et lui, à raison de leurs rapports de voisinage. N'importe, le demandeur est sorti triomphant de l'audience.

En somme, neuf fois sur dix ou dix-neuf fois sur vingt, les transports civils sont des gaspillages de temps et d'argent, et l'institution des juges de paix, si elle n'était pas de plus en plus détournée de sa mission conciliatoire par l'immixtion de la politique, devrait avoir pour principal effet de prévenir ces actes de folie ruineuse.

Au contraire, les transports criminels sont, de tous les modes d'instruction, le plus sûr, le plus rapide, et même le plus économique, les témoins entendus sur les lieux n'ayant droit à aucune indemnité de déplacement. Sur les 2 ou 300 transports criminels que j'ai faits, je ne me souviens pas d'un seul qui n'ait servi à quelque chose, et presque toujours c'est là que j'ai puisé mes éléments décisifs d'information. Un matin, au pied d'un rocher des Eyzies, est trouvé le cadavre d'un homme qui, la veille au soir, avait eu une discussion violente dans une auberge voisine avec un de ses ennemis, homme dangereux et très mal famé. Toutes les circonstances semblaient accuser ce dernier, l'enquête lui était contraire ; la vue des lieux suffit à démontrer, sans le moindre doute possible, que la mort de la prétendue victime était le résultat d'un simple accident. En suivant la nuit, après être sorti de l'auberge, ivre, un étroit sentier de chèvre qui côtoie en haut le bord du rocher, il était tombé de plus de vingt mètres de haut. L'explication nous parut d'autant plus acceptable que l'un de mes compagnons de voyage, en voulant refaire le trajet du malheureux et voir de trop près les traces laissées par le glissement de sa chaussure, faillit cheoir de la même façon.

Même quand un transport, par hasard, n'apporte aucune lumière directe dans l'affaire, il peut encore exercer indirectement une action utile en faisant bavarder les gens et révélant de précieux témoins. Parfois, il amène ainsi le coupable lui-même à lâcher d'imprudents propos. Un vieillard de 80 ans venait d'être assassiné la nuit dans les circonstances les plus mystérieuses, et notre visite sur les lieux n'avait abouti à aucune indication. Mais, quelques jours après, des ouvriers parlaient entre eux de notre transport et se demandaient de quelle manière le crime avait pu être commis. C'est bien facile, dit tout à coup l'un d'eux, vigoureux gaillard à la physionomie de hyène, au regard terne et dur : on saisit l'homme à la gorge, on lui donne un croc-en-jambe, il tombe et on l'achève. Et, en parlant ainsi, il accompagnait ses paroles de gestes si expressifs qu'il était impossible de n'y pas voir la reproduction d'une réalité vécue, plutôt que la traduction d'une simple idée. L'assassin s'était trahi. Cet exemple m'a servi à comprendre pourquoi, en général, les malfaiteurs parlent trop : c'est que le souvenir vivant et obsédant de leur crime devient promptement en eux une idée fixe, et qu'il est presque impossible de penser toujours à une chose sans en parler jamais.

Pour apprécier avec exactitude l'utilité des transports, il faut tenir compte des transformations profondes que les progrès de la locomotion et le changement des mœurs ont fait subir dans notre siècle à cette mesure importante d'instruction. L'instruction criminelle va s'urbanisant et se civilisant comme le crime et la peine. Il y a loin d'une descente sur les lieux, telle qu'elle s'effectue encore dans l'une de nos provinces arriérées et dans nos pays de montagnes, à cheval, gendarmerie en tête, avec un appareil imposant, à une visite de même nature opérée par des magistrats parisiens que nul ne regarde passer dans la rue, portés par un fiacre quelconque qui les dépose devant une porte numérotée. Et, même dans un arrondissement rural, il y a loin de ces sortes de processionnelles cavalcades de justice, qui avaient lieu il y a cinquante ans encore à travers des contrées sans routes, ou des chemins de charrette ou de périlleux « *raspechs* » (1) le long d'abîmes, à nos déplacements judiciaires d'aujourd'hui en une voiture plus ou moins confortable ou dans un compartiment de chemin de fer, demain peut-être à bicyclette... Ce sont les inventions industrielles relatives à la force de la vapeur qui nous ont valu ces changements judiciaires. Ajoutons qu'il y a plus loin encore, si l'on y regarde de plus près, de l'*homme de l'art*, médecin ou géomètre, qui chevauchait près du juge autrefois, à l'homme de l'art qui l'accompagne encore aujourd'hui en landau ou en wagon. A présent, c'est un photographe souvent, et, si c'est toujours un médecin, quelle différence entre la médecine légale d'il y a un demi-siècle et celle de nos jours, qui a utilisé à son profit toutes les découvertes de la physiologie et de la chimie contemporaine ?

(1) En patois du Midi, *raspech* signifie sentier qui suit le bord d'un rocher, le flanc d'un coteau escarpé, dominant un précipice.

En somme, il faut bien reconnaître que les transports criminels ont gagné en célérité et en utilité effective et directe ce qu'ils ont perdu en solennité, en efficacité indirecte, impressionnante... Nous ririons maintenant d'un magistrat qui, comme un certain juge de paix périgourdin du commencement de ce siècle, ferait ses transports de justice en robe et en toque et à cheval; j'ai ouï dire que, de son temps, cette chevauchée carnavalesque émouvait les populations.

Mais il est tel cas où le caractère solennel d'une descente de justice n'a rien de déplacé. Je n'oublierai jamais l'impression profonde que j'ai ressentie un matin de printemps à mon arrivée dans un petit village du canton de Villefranche-de-B..., où près de trois cents personnes, foule énorme dans cette région sauvage et primitive, attendaient religieusement autour d'un cadavre. Je vois encore, sur la crête d'un mamelon isolé dans ce désert de bois, ce groupe de trois ou quatre vieilles maisons basses couvertes de pierres noires, et, sur le devant de la moins humble d'entre elles, une mare; au bord de la mare un drap blanc posé sur le corps de la victime, à l'endroit de la tête un crucifix, des cierges allumés; et, derrière, parmi la population debout et chapeau bas, les parents du mort assis et groupés, formes noires de pleureuses silencieuses, en l'attitude immobile de saintes femmes dans une descente de croix. A quelque distance, le curé, le sacristain, venus pour l'enterrement des débris humains que l'autopsie devait leur laisser bientôt. Il s'agissait d'un crime qui, de nos jours, est presque une survivance, et dont la nature archaïque s'accentuait bien par le spectacle que j'avais sous les yeux. La victime était un jeune laboureur de 23 à 24 ans, qui, depuis plusieurs années, courtisait une de ses voisines, Marguerite X..., l'héri-

lière de la principale maison de ce petit village, exclusivement habité d'ailleurs par des membres de sa famille. Mais
le père, le patriarche du lieu, par un caprice aussi inexplicable qu'opiniâtre, ne voulait pas de cette union. Marguerite, aussi têtue que son père, et, de plus, amoureuse,
avait beau se compromettre avec ce beau garçon, laborieux du reste et de bonne souche, aller à ses rendez-
vous le soir en conduisant ses moutons, après un coup
de sifflet entendu, sur la lisière d'un bois, le vieux bon-
homme résistait toujours. Enfin, on se décide à lui faire
signifier un « acte de respect », et alors, à la grande sur-
prise de tous les voisins, il change tout à coup de mine,
se dit prêt à donner son consentement. On prend jour
pour le contrat, et, la veille au soir, le fiancé vient voir
Marguerite dans la maison de son futur beau-père, qui
lui fait le meilleur accueil, ainsi que son futur beau-frère,
le nommé P..., viveur de village, endetté, résolu, taillé
comme un brigand calabrais. A onze heures, il part ; mais,
le lendemain, ni les jours suivants, nulle nouvelle de lui.
Grand émoi dans le pays : y avait-il assassinat ou simple
accident ? La question ne se posa pas longtemps pour
Marguerite : dès son absence au rendez-vous pris pour le
contrat, elle jura qu'il était assassiné et que c'était P...
qui avait fait le coup sur les ordres du père. Elle ne se
trompait pas. Encore cette fois, l'assassin se trahît lui-
même. Pendant que la gendarmerie fouillait en vain
toutes les grottes, tous les ravins creux, tous les fourrés
de ce sol pittoresque pour y découvrir le cadavre, P...,
exalté par le souvenir de son crime, s'oublie jusqu'à dire,
dans un accès véritablement singulier de lyrisme bachi-
que, quelques phrases énigmatiques où il semblait parler
du mort et dire : « Il dort là-bas, sous l'eau... » On vida
la mare et on y trouva le malheureux jeune homme, cou-

vert de blessures significatives. Avertis aussitôt, nous arrivâmes ; mais, avant que nous eussions eu le temps d'arriver, l'éparse population des hameaux voisins avait eu le loisir de se rassembler là et de manifester ses sentiments sous une forme elle-même caractéristique.

Ce n'était pas, en effet, une manifestation expressément dirigée contre le despotisme paternel et les vieux préjugés de famille, une protestation indignée telle qu'on aurait pu l'attendre, en pareille occurrence, d'une foule parisienne.

Ces braves gens m'avaient tout l'air de respecter, jusque dans ses aberrations criminelles, le principe de l'autorité familiale, et ils s'abstenaient, pour ne point paraître même l'attaquer, de toute démonstration trop vive de leur sympathie, bien réelle et bien profonde cependant, pour Marguerite. En leur condoléance silencieuse, je croyais lire au fond de leurs cœurs quelque chose d'analogue à ce que n'eût pas manqué de dire devant un malheur semblable un chœur de vieillards, dans une pièce antique : « Ma fille, soumets-toi à la destinée... Toi, belle et vaillante, lui, robuste et fin laboureur, quels superbes enfants vous auriez eus ! Les dieux ne l'ont pas voulu. Mais Erinnys poursuit le coupable, prends courage. Il sera vengé, l'élu de ton cœur ! » Ce qu'il y avait de remarquable en cette scène muette, c'était de voir, assise à côté de la mère du jeune homme, Marguerite elle-même, en grand deuil, comme il convient à une veuve qu'elle n'était pas mais qu'elle entendait être en dépit de tout. C'était un caractère abrupt, cette paysanne, et digne, par la ténacité intense de ses sentiments, de jouer le premier rôle en cette tragédie ; et elle avait bien le genre de beauté qu'exigeait son rôle, une robustesse gracieuse, un solide et honnête attrait. La gendarmerie eut alors pour elle une inspiration géniale. Une fois le drap blanc soulevé, le corps du jeune homme apparut, vigoureux, très beau ; l'un des gendarmes, avant de le transporter dans la maison où devait avoir lieu l'examen médical, fouille les poches et y découvre, avec le sifflet de métal qui servait à leurs rendez-vous, deux alliances d'or... Il prend l'une des alliances et, s'approchant de Marguerite, il la passe à son doigt, au milieu d'un murmure d'attendrissement et presque de ravissement général. Il semblait que ce fût là la consécration publique de ce mystique hymen avec ce mort, le sceau mis à cet amour plus fort que le meurtre. Et le curé, présent, avait l'air d'être venu moins pour un enterrement que pour un mariage. J'étais ému, je l'avoue, comme tout le monde, et je le suis encore à ce souvenir... On ne sait pas ce qui se cache de délicatesses morales, et non pas seulement de sentiment héroïque du devoir, dans le corps admirable de notre maréchaussée.

Cette même affaire, je m'en souviens, me servit à mieux pénétrer la psychologie rurale. Parmi les témoins était une jeune bergère de 18 ans; elle affirmait, témoignage important, avoir, en suivant le chemin au-dessous de la mare, le lendemain de la nuit sinistre, reconnu les empreintes de pas du jeune homme jusqu'à un certain endroit où elles s'arrêtaient. Et, comme je m'étonnais qu'elle n'eût pas hésité à les reconnaître, elle me dit, de l'air le plus ingénu et le plus assuré du monde, qu'il n'y avait pas un jeune homme de son voisinage dont elle ne discernât l'empreinte du pied avec certitude, même dans un champ labouré. C'est là un flair spécial, d'une subtilité *sui generis*, comme l'acuité de vue du Peau-Rouge. Et je n'ai pas eu de peine, après cela, à comprendre pourquoi le plus grossier des paysans ne se trompe ja-

mais en reconnaissant, après des années, ce qui lui a
appartenu ne serait-ce qu'un jour, sa bêche, son couteau,
sa poule qu'on lui a volés. Ici s'ajoute un élément nouveau, l'intensité de la notion de propriété chez le paysan ;
mais, avant tout, ces observations révèlent la force et la
profondeur habituelles de l'*attention spontanée*, pour
employer l'expression de Ribot, chez des esprits simples
que ne disperse point la multiplicité d'idées changeantes.

Mais je m'aperçois que mes souvenirs de transports
m'entraînent loin d'eux et qu'il est temps, pour finir, d'y
revenir. J'y reviens pour déplorer la rareté actuelle de ces
modes d'instruction. Les transports civils, qui sont rui-
neux, ai-je dit, et le plus souvent superflus, ont-ils diminué en nombre ? Oui, mais bien moins vite : en vingt ans,
de 1874 à 1894, ils ont décru de 621 à 449 ; ajoutons que,
depuis 1891, leur chiffre se relève sensiblement, tandis
que le nombre des transports criminels, qui sont la plus
intelligente des économies, ne cesse de décroître rapidement. Un mot de statistique le prouvera. En 1886 encore,
le total des frais de transport alloués aux magistrats en
matière correctionnelle s'élevait à 378.366 fr. *Régulièrement*, ce chiffre s'est abaissé, à tel point qu'en 1895, il
est descendu à 145.761. Avant peu, si cela continue, la
magistrature, de plus en plus casanière, ne connaîtra plus
que par ouï-dire les émotions des déplacements judiciaires dont j'ai parlé ; et il est temps, on le voit, que les
juges d'instruction s'apprêtent à écrire leurs mémoires...

C'est d'autant plus urgent que, à vrai dire, le juge
d'instruction ne tardera pas beaucoup — en province, du
moins, non à Paris — à devenir un mythe, une légende
bonne à mettre en roman, un vain titre ne répondant
plus à aucune fonction réelle. Chose remarquable, à
mesure que les délits deviennent plus nombreux, les affai-

res mises à l'instruction par le Parquet se raréfient progressivement. Le ministère public — partout, sauf à
Paris — préfère instruire lui-même les faits qu'on lui
dénonce, au lieu de mettre en mouvement cette vieille
machine compliquée et paperassière, qui répugne toujours davantage au pas accéléré de la vie moderne. Et,
qu'on y prenne garde, rien ne sera plus propre à accentuer encore cette tendance du Parquet que les projets de
réforme du Code de procédure criminelle en ce qui concerne l'instruction. Cette machine qu'il s'agirait de simplifier et d'alléger pour lui restituer son utilité ancienne
ou lui prêter une utilité qu'elle n'a jamais eue, on songe
à la compliquer et à l'alourdir un peu plus. Qu'arrivera-
t-il ? Que, lorsque sera achevé ce chef-d'œuvre de réglementation des fonctions du magistrat instructeur, on
cessera presque entièrement d'instruire. J'exagère, soit ;
mais, à coup sûr, je ne serai pas contredit si je dis que
les progrès de l'information officieuse tendent à refouler,
à annihiler dans la mesure du possible le rôle de l'instruction, de même que les progrès de la *correctionnalisation* tendent à l'élimination graduelle du jury. C'est,
au fond, une sournoise et profonde révolution qui s'opère
dans notre justice pénale, sans qu'il y paraisse. En ce
qui concerne l'instruction, je suis bien d'accord avec les
réformateurs qu'elle est loin d'être parfaite ; mais je crois
qu'il y a mieux à faire que de la ralentir encore pour
l'amoindrir, et qu'il convient de tenter l'inverse. L'avantage des transports, et voilà pourquoi je regrette leur diminution numérique, c'est qu'ils sont une phase de l'instruction à la fois libre et publique, où, sous les regards
de la population, le juge, affranchi de toutes sortes de
formalités illusoires qui l'emmaillottent dans l'ombre de
son cabinet clos, fait des enquêtes rapides en plein air.

prend des renseignements à droite et à gauche, consigne ses observations, ses croquis des lieux, sur un bout de papier, hâtivement, pressé d'atteindre le but par le chemin le plus court. En quelques heures alors, il avance plus sa besogne qu'en quelques jours ou quelques semaines au Palais de justice. Si l'on veut faire une réforme pratique, qu'on l'oblige à se transporter sur les lieux dans toutes les affaires, qu'on le pousse aussi à déployer son maximum d'initiative sous sa responsabilité personnelle : ce sera le meilleur moyen d'abréger encore la durée de la détention préventive, et de remédier aussi à un phénomène des plus fâcheux qu'a révélé notre statistique criminelle : la progression des crimes et délits restés impunis parce qu'il a été impossible d'en découvrir les auteurs.

LA GRAPHOLOGIE (1)

Je voulais me borner à donner ici un aperçu sec et précis des modifications, des rectifications, heureuses à mon sens, apportées par M. Crépieux-Jamin à son livre *l'Ecriture et le Caractère* dont la quatrième édition vient de paraître. Mais voici qu'en lisant, ou plutôt en relisant cet ouvrage, tout pénétré du suc d'observations accumulées et coordonnées dans le plus judicieux esprit, je me suis laissé ressaisir au charme captivant du sujet non moins que de la manière dont il est traité, et je demande la permission de causer librement graphologie à propos du graphologue si distingué où elle s'incarne presque. Qu'ajouter d'ailleurs, en ce qui le concerne, à l'éloge muet, mais d'autant plus significatif, qui a été fait de son ouvrage par un célèbre criminaliste étranger,

(1) Cet article a été publié pour la première fois dans la *Revue philosophique*, le *1er octobre 1897*. A cette époque, il n'était pas encore question de la retentissante affaire à laquelle le nom de M. Crépieux-Jamin a été mêlé, et où il a été si fort question de graphologie, mais dans une acception de ce mot qui n'a rien de commun avec la nôtre. Qu'on choisisse pour experts en écriture des graphologues, rien de plus naturel ou de plus souhaitable ; mais cela ne veut pas dire que la graphologie se confonde avec l'expertise en écriture. Celle-ci, auxiliaire de la justice, se prononce sur l'identité ou la non-identité de deux écritures ; celle-là, curiosité psychologique, tâche de deviner, d'après une écriture, le caractère et la nature d'esprit du scripteur. Le tort de la première est de prétendre souvent à un degré de certitude auquel la seconde n'a jamais visé.

quand celui-ci — si l'on en croit un jugement de tribunal
confirmé par un arrêt de la Cour de Rouen — lui a fait
l'honneur de se *l'assimiler*?

Il n'est rien de si attachant qu'une science naissante
ou adolescente, une science en herbe, voire même en
espérance ou en projet. Voilà pourquoi l'anthropologie,
à une époque récente, puis la psychologie expérimentale,
puis la sociologie, la graphologie enfin — et je suis loin,
comme on pense, de mettre cette dernière sur le même
rang que les autres, mais elle mérite tout au moins d'être
nommée bien au-dessous d'elles, comme une branche de
la psychologie appliquée — ont ou ont eu tant de secta-
teurs. C'est un bien et c'est un mal. Un mal, parce que
l'engouement pour une chose nouvelle qui se montre au
loin attire à elle un flot de *conquistadores* entreprenants
et chimériques, plus propres à la discréditer qu'à la faire
croître ; et, en approchant des « nouveaux horizons »
que ces enthousiastes nous signalent, on découvre souvent qu'ils ont pris pour un solide et pur profil de monts
éternels les contours d'un nuage épais qui va se défor-
mant. L'essentiel ici est donc, avant tout, de ne pas confondre les deux, d'écarter à la fois les préventions et les
exagérations.

I

Il est, d'abord, un fait certain, c'est que, pour les adultes lettrés, l'écriture, du moins l'écriture dans la langue
maternelle et l'écriture contemporaine, a une *physionomie*. Je ne dis pas toute écriture, même de notre temps
et d'une langue que nous connaissons. Il en est d'à peu
près inexpressives comme certains visages, et, d'une
écriture à l'autre, comme d'un visage à l'autre, le degré

d'expressivité est très variable, ce que les graphologues ont tort de ne pas inscrire en tête de leurs recueils. Une erreur très grave, qui semble assez répanduc parmi eux, est de croire implicitement que leurs inductions peuvent s'appliquer avec une confiance à peu près égale à toutes les écritures. Leur premier soin doit être de mesurer à vue d'œil, d'après le degré d'expressivité d'une écriture, le degré non moins variable de probabilité dont le diagnostic fondé sur elle est susceptible. C'est ainsi que, lorsqu'on est habitué à consulter le baromètre, on sait fort bien discerner les cas où, d'après la vitesse ou la lenteur, la brusquerie ou la continuité de ses mouvements de hausse ou de baisse, on peut prédire à coup sûr ou seulement avec une probabilité plus ou moins grande le temps qu'il fera.

Mais ne parlons pas des écritures *qui ne disent rien;* occupons-nous de celles qui sont vives et *parlantes,* et elles sont les plus nombreuses. N'est-il pas déjà frappant et significatif que l'écriture puisse avoir de la *physionomie?* Précisons bien le sens de ce terme. Il ne veut pas dire seulement qu'une chose a son caractère individuel, qui la rend discernable, ni même son caractère individuel et vivant, qui fait que le plus humble produit de la vie, le moindre coquillage, la moindre plume d'oiseau, un mouvement d'insecte ou d'amibe, a son empreinte propre et se distingue nettement, éminemment, de l'œuvre la plus haute ou du jeu le plus compliqué d'un mécanisme physique ou humain, astronomique ou social. Assurément, l'écriture, étant le geste fixé d'un être vivant, participe à cette propriété, et il n'est pas d'écriture, même la plus insignifiante, qui n'ait l'air vivant et individuel. Mais *physionomie* veut dire, en outre, air parlant et personnel ; et il est fort peu de choses vivantes qui aient le privilège de cet air-là. Dans le corps humain même, il n'y a que le visage qui nous impressionne de la sorte. Eh bien, parmi les résultats de nos travaux manuels, parmi les formes nées de nos mouvements corporels, notre écriture est privilégiée de la même façon que notre visage. Autrement dit, à la vue de ses traits, comme à l'aspect des traits d'une personne inconnue, avant tout examen, ce semble, et toute analyse de leur détail, leur synthèse spontanée s'imprime en nous et nous suggère un jugement vague, sympathique ou antipathique, favorable ou défavorable, sur la signification mentale de ces caractères extérieurs. Est-ce jugement ou sentiment qu'il faut dire ici ? L'un et l'autre. L'étude de ces jugements *physionomiques* (1), en ce qui concerne soit l'écriture, soit le visage, présente au psychologue l'occasion de saisir, sous une forme bien nette, l'origine judiciaire des sentiments ; j'ajoute, en remontant plus haut, et contrairement, en apparence, à ce que je viens de dire, l'origine analytique des synthèses.

En effet, si, maintenant, à la vue d'un inconnu, nous synthétisons visuellement ses traits en une impression forte et caractéristique, avant de les avoir analysés, persuadons-nous bien qu'il n'en a pas toujours été ainsi, de même que nous n'avons pas toujours perçu d'un coup d'œil toute une phrase d'un livre ou d'un morceau de musique, comme nous le faisons quand nous sommes lettrés ou musiciens. Il fut un temps, très lointain, où, encore au berceau, nous avons dû commencer à *épeler* le visage des personnes qui nous entouraient avant de le *lire* couramment. C'est peu à peu, ainsi, à force d'étudier un à un des

(1) D'autres diraient *physiognomoniques*, mais je bannis cet *augment* superflu.

nez, des bouches, des oreilles, et de monographier ces
éléments d'expression, avec cette intensité et cette instabilité d'attention habituelles aux nouveau-nés, que nous
sommes arrivés à nos *instantanés* d'ensemble. Le visage
humain est la première région où voyage l'enfant qui ne
marche pas encore, en ses promenades visuelles ; le visage humain est cent fois, mille fois parcouru par son
regard nomade avant d'être embrassé, étreint par lui dans
sa totalité. A quel âge sa mère, sa nourrice, ses parents,
ont-ils eu une physionomie pour lui ? Assez tard sans
doute. Et qu'on ne m'objecte pas que, de très bonne
heure, il reconnaît ou semble reconnaître deux ou trois
des personnes qui l'approchent. C'est comme si vous me
disiez que, parce qu'un paysan, en police correctionnelle,
discerne toujours, entre mille, sa bêche ou son couteau
qu'on lui a volés, cet outil a une physionomie à ses yeux.
Nos bêtes domestiques aussi, nos chats, nos chevaux,
nous reconnaissent, ce qui ne prouve pas le moins du
monde qu'ils aient le sentiment de la physionomie humaine. Autre chose, répétons-le, est d'être individuellement discernable et d'être mentalement expressif.

La physionomie des écritures, en ceci, peut nous aider
à mieux comprendre la physionomie des visages. Car, si
nous ne parvenons qu'à conjecturer, et bien vaguement,
l'âge où celle-ci s'est formée en nous, il nous est presque
toujours possible, en recueillant nos souvenirs, de préciser l'époque de notre adolescence où les écritures de nos
amis ont commencé à nous impressionner d'une certaine
façon spéciale. Nous savons très bien qu'avant cette
époque nulle écriture ne nous disait rien, et que, depuis
cette époque, le nombre de celles qui nous ont dit quelque chose, ainsi que la clarté et la vivacité de leur expression physionomique, n'ont cessé de croître. Nous

avons assisté en témoin intéressé et non oublieux à tout
ce travail intérieur, tandis que l'évolution mentale qui
nous a conduit à l'expression physionomique des visages
échappe entièrement à notre mémoire. Il est donc naturel
de demander au premier de ces phénomènes des explications sur la manière dont le second a dû se produire.
Et, si l'on accorde que, dans les deux, l'analyse a précédé
la synthèse, on déduira naturellement que, de part et
d'autre, la synthèse vaut ce qu'a valu l'analyse. A ce point
de vue, il sera logique de penser *a priori* que la physionomie de l'écriture, formée par des épellements opérés en
plein âge de raison, a bien des chances pour être moins
trompeuse encore et plus instructive que la physionomie
du visage, née de mêmes observations faites au berceau.
Et l'expérience vient confirmer cette induction. Ajoutez
que l'impression physionomique des visages est, dès
notre enfance, un sentiment net et fort, presque achevé,
et par conséquent, susceptible de moins de perfectionne-
ments et de rectifications au cours de la vie que ne peut
l'être l'impression physionomique des écritures, restée
embryonnaire et imparfaite jusqu'au jour où l'étude de
la graphologie, en la nourrissant de nouvelles analyses,
la renforce, la rectifie et l'achève.

On dira que les mouvements propres de notre plume
sont contenus dans certaines limites infranchissables et
assujettis à certaines directions impérieuses par les formes traditionnelles et conventionnelles de l'alphabet...
Mais les mouvements individuels et originaux des muscles de notre visage, qui lui impriment sa physionomie,
ne sont-ils pas encore plus limités par les exigences héréditaires et arbitraires de notre structure anatomique et
physiologique ; et les particularités de celle-ci, en tant que
variations individuelles, ne sont-elles pas enchaînées plus

strictement encore par la nécessité de reproduire un type
spécifique, tradition religieuse aussi et convention obligatoire de la vie ? Nos traits physiques ne sont-ils pas en
quelque sorte l'écriture de la vie qui nous trace un moment sur le sable de la matière mouvante et puis nous
efface ? Et cette écriture-là, comparée à la nôtre, n'est-
elle pas une écriture d'écolier, faiblement caractérisée en
somme ? Aussi a-t-on pu dire avec quelque vraisemblance
— à tort du reste, selon moi — que, par rapport au type
de l'espèce ou de la race, les variations individuelles sont
secondaires, qu'elles sont pour lui, pour le détailler et le
déployer, et non lui pour elles, pour les soutenir et les
supporter. Mais rien de pareil ne peut être dit de l'écriture
d'un lettré adulte. Il est clair ici que l'équivalent du type
vivant, le type scriptural correct, est un simple moyen
dont se sert et se joue librement l'individu, en des variantes originales, pour s'exprimer, pour transvaser son idée,
imprégnée de son âme, dans l'âme d'autrui. — Aussi ne
puis-je comprendre pourquoi les écrivains, par exemple
les jeunes poètes, qui tiennent à se faire connaître à nous
personnellement, nous offrent leur portrait en tête de
leurs œuvres, quand il serait si simple de nous offrir
plutôt à la première page leur autographe qui, le plus
souvent, nous renseignerait beaucoup mieux. Et, certes,
l'échange de photographies entre fiancés a du bon ; mais,
tout d'abord, je conseille sérieusement aux jeunes gens
de ne jamais demander la main d'une jeune personne
avant d'avoir consulté quelques échantillons de son écriture. Car c'est par des incompatibilités de caractère plutôt
que d'intelligence ou même de cœur qu'on se brouille en
ménage ; et, précisément, rien n'est mieux exprimé par
l'écriture que la douceur ou la raideur, la patience ou
l'irritabilité, la bonhommie ou la prétention.

Comparaison qui peut aider à comprendre la raison d'être des répétitions et des similitudes universelles, et pourquoi il n'y a pas de variations sans ces thèmes, point d'originalité passagère sans ces banalités durables. Si on laisse le crayon d'un ornemaniste courir avec une entière liberté sur le papier, est-ce que les arabesques ainsi produites seront aussi significatives de lui-même, de son for intérieur, que son écriture ? Non, si du moins il s'agit d'arabesques absolument fantaisistes, c'est-à-dire ne s'assujettissant à reproduire aucune forme vivante. Car les formes vivantes, je le répète, sont une sorte d'alphabet, et, précisément parce qu'elles s'imposent à la main du dessinateur comme les formes des lettres à la main de l'écrivain, elles lui permettent de se peindre soi-même en dessinant n'importe quoi. Et, à ce propos, il serait curieux de rechercher les rapports que peut présenter l'écriture des dessinateurs ou des peintres avec leur manière artistique. Je suis persuadé qu'il en existe d'étroits et d'intimes. Je suis frappé, par exemple, en regardant l'écriture de M. Paul Baudry, dans le livre de M. Crépieux-Jamin (p. 325), de je ne sais quelle affinité qu'elle offre avec ses peintures. Je m'explique, en voyant cet autographe, pourquoi les élégantes femmes d'une nudité si fine et si distinguée qu'aime à peindre cet artiste ont le nez droit et un peu pointu avec une mollesse de corps si charmante.

Mais l'écriture, après tout, n'est que la fixation d'une partie de nos mouvements corporels ; est-ce que la fixation, par un procédé quelconque, d'autres parties de nos mouvements, de notre démarche, de nos gestes corporels, ne pourrait pas donner lieu tout aussi bien à d'autres sciences nouvelles, analogues à la graphologie ? Non, pas tout aussi bien. Accordons cependant une bonne part de

vérité à cette assimilation. Il me semble apercevoir entre
l'écriture de beaucoup de gens de ma connaissance et
leur démarche ou leur gesticulation habituelle une ressemblance assez étroite. Par exemple, l'écriture saccadée,
précipitée, incohérente, d'un de mes anciens collègues,
m'a toujours rappelé étrangement la vivacité ridicule de
ses gestes et sa façon de marcher avec accompagnement
de tics nerveux. L'écriture gracieusement arrondie et
nonchalamment évoluante de Mme *** a le caractère de tous
ses mouvements, qui sont d'une grâce et d'une douceur
parfaites. Je sais un magistrat qui écrit comme il parle,
comme il marche et comme il gesticule : avec un *recto
tono* d'une déductivité fatigante et infatigable ; il a le
geste et le pas, comme la plume, rabâcheurs. Un de mes
amis avait dans son écriture une gaucherie, une circons-
pection embarrassée, qui se retrouvait dans sa façon de
marcher en appuyant prudemment le talon d'abord, puis
le reste du pied, et dans son geste indécis. D'ailleurs, en
songeant à toutes les personnes d'extérieur gauche que
j'ai connues, j'observe que leur écriture aussi a quelque
chose de gauche. La gaucherie imprime caractère. Je suis
persuadé qu'il y a des hommes dont tous les mouvements,
même ceux des organes intérieurs, le battement du pouls,
ou la respiration, ont quelque chose de mou, de peu
formé, de timide. Si l'on tentait à ce sujet des expériences
avec le sphygmographe ou les appareils enregistreurs de
M. Marey, je suis sûr qu'on aurait à noter des coïncidences curieuses. Je jurerais que, chez certaines femmes,
tout est gracieux. même leurs courbes sphygmographi-
ques ; et que, chez certaines autres, tout est impérieux,
dogmatique. autoritaire, même la circulation du sang.

Mais, cela dit, empressons-nous de faire une remarque
qui va restituer à la graphologie son rang véritable. C'est

dans les plus petits mouvements des petits muscles volontaires que se concentre ou se précise l'expression des états d'âme. Les grands gestes et les grands mouvements du corps, même d'origine volontaire, sont beaucoup moins expressifs à cet égard que les moindres plis de la face; ils sont surtout propres à traduire des états de vie. Il en est ainsi par la raison bien simple qu'une force est d'autant plus aisée à diriger, et, par suite, d'autant plus semblable à ce qui la dirige, qu'elle est moins intense. Un filet d'eau est plus maniable qu'un fleuve, et, d'après les sinuosités d'un petit ruisseau, vous devinez bien mieux les désirs et les idées de l'ingénieur qui l'emploie aux fins de son usine, que vous n'avez l'idée de Paris à voir les contours de la Seine. Voilà pourquoi, entre tous les gestes corporels, l'écriture, suite de très petits gestes, notés comme par une série continue de photographies instantanées, est ce qu'il y a de plus éminemment expressif. — Le même principe est propre à nous expliquer pourquoi certaines écritures sont plus expressives que d'autres, pourquoi, par exemple, la grande écriture offre moins d'intérêt au graphologue que la petite (1), et pourquoi M. Crépieux-Jamin a raison de dire (p. 264) que « les petites marques d'inégalités (dans la dimension des lettres) ont plus de valeur pour mesurer la sensibilité générale que les grandes ». On comprend ainsi l'extrême difficulté qu'il y a à entrevoir le caractère de certaines femmes du monde à travers l'écriture à la mode, à la fois grande et anguleuse, derrière laquelle elles semblent se dissimuler en se drapant. En effet elle est doublement inexpressive, par ses dimensions et par ses angles.

(1) Jusqu'à un certain point du moins ; car l'écriture minuscule présente à la direction psychique des mouvements de la main une difficulté inverse de celle que lui oppose la grandeur exagérée des caractères.

Autre observation. L'écriture est d'autant plus expressive et animée, comme la parole, qu'elle est moins voulue pour elle-même, comme elle l'est chez le calligraphe et aussi chez les mondaines dont je viens de parler. Quand elle est un but, elle se propose de reproduire un modèle extérieur, un idéal imposé par autrui ; mais, quand elle est un simple moyen, elle se conforme dans le vouloir à notre type intérieur et personnel par les déformations simplifiantes et abréviatives qu'elle fait subir au type conventionnel des lettres pour les plier le plus commodément possible à nos fins en écrivant. De même que ceux qui *s'écoutent parler* ont un parler factice et poncif, sans couleur ni relief, ainsi ceux qui *se regardent écrire*, c'est-à-dire qui soignent leur écriture pour la conformer à quelque idéal de convention, ont une écriture sans caractère. Inutile de *graphologiser* là-dessus. Autant vaudrait appliquer la *physiognomonie* de Lavater à un masque.

N'oublions pas cependant que, même quand nous écrivons le plus naturellement du monde, notre écriture n'est jamais purement utilitaire. Si lâchée qu'elle soit, elle répond toujours — et d'autant mieux qu'elle est plus lâchée, dans une certaine mesure — à une sorte de préoccupation esthétique, à un type personnel d'idéal scriptural que nous cherchons inconsciemment à réaliser pour nous satisfaire l'œil en écrivant. — Car, et c'est une nouvelle analogie de l'écriture et du visage, le sentiment du beau s'éveille en nous à la vue de certaines écritures de la même manière qu'à la vue de certains visages ; et, en fait d'écritures belles aussi bien que de beaux visages, nous distinguons deux classes de beautés : la beauté *académique* ou *calligraphique*, dont la beauté à la mode, changeante d'après le temps et les lieux, est une variété singulière; et la beauté *expressive*. La calligraphie nous

procure un plaisir *sui generis* analogue à celui d'un pur
profil grec. Mais combien plus profonde, plus vivante,
plus mordante, est la sensation causée par la plénitude
d'harmonie interne que présentent, dans leur caprice et
leur désordre apparents, dans leurs raccourcis pittoresques, maintes écritures de philosophes, d'artistes, de
poètes, celle de Locke par exemple (p. 179 du livre de
Crépieux-Jamin), celle de Victor Hugo *quand il écrit ses
vers* (p. 317), celle de Mirabeau (p. 88), celles aussi de
Rubens, de Gounod, d'Alfred de Musset ! Elles ressemblent à ces visages d'une savoureuse incorrection qui
passionnent on ne sait pourquoi ni comment. La plupart
de ces géniales écritures sont masculines ; mais il en est
aussi de féminines, plus gracieuses que belles, dont la
vue est une joie amoureuse des yeux. J'entends celles de
femmes en général artistes, ayant eu la chance, par le
privilège de leur émancipation, d'échapper au mensonge
conventionnel de l'écriture à la mode. Mais celle-ci même,
en dépit de sa hauteur et de sa rigidité métallique, ne
laisse pas d'avoir son charme parfois, et c'est un attrait
de plus de deviner la forme vraie sous ces baleines d'acier,
le visage sous cette voilette rabattue.

N'oublions pas non plus une chose qu'on est porté à
méconnaître quand on n'a vu que les écritures de son
temps et de son pays, mais que les paléographes m'accorderont sans peine : c'est que l'écriture est, avant tout,
un produit social, autant qu'une œuvre individuelle.
Quand on commence à déchiffrer des manuscrits du xve,
du xvie siècle, on éprouve une illusion semblable à celle
du voyageur qui, pour la première fois, met le pied en
Laponie ou en Cafrerie : on trouve que toutes ces écritures contemporaines sont identiques, comme le voyageur croit avoir affaire toujours au même Cafre ou au

même Lapon, tiré à un certain nombre d'exemplaires.
A l'inverse, nous nous abusons non moins profondément
à propos des écritures de notre âge et de nos compatriotes où nous ne sommes frappés que de leurs différences
caractéristiques (1). En réalité, l'écriture la plus originale est une combinaison de reflets conscients ou inconscients de l'écriture d'autrui : conscients, quand c'est *une*
ou *quelques* écritures que nous imitons comme un modèle extérieur ; inconscients, quand à l'aide de nombreuses écritures reflétées et assimilées, nous nous sommes
fait un type interne, un sceau propre dont nous timbrons
tout ce qui échappe à notre plume. Ici comme partout, il
y a une complexité d'imitations entrelacées, car les imitations s'entrelacent incessamment comme les ondulations. Et les minuscules inventions d'où ces imitations
rayonnent sont les créations individuelles de types d'écritures un peu plus saillants que d'autres, remarqués
comme tels, et parmi lesquels il en est toujours un petit
nombre qui, à une époque et dans un milieu donnés, pré-
dominent, s'imposent, donnent un air de famille à tous
les manuscrits d'un même siècle et d'une même région·
N'allez pas m'objecter par hasard, que cette suggestion
imitative à laquelle le « scripteur » obéit est un démenti
au postulat sur lequel la graphologie se fonde. D'abord,
la mesure dans laquelle chacun de nous échappe à cette
contagion ambiante est propre à renseigner le grapholo-

(1) Aussi M. Crépieux-Jamin a-t-il raison d'écrire (p. 389) : « Pour
bien parler d'un caractère, il faut connaitre son milieu... Notre but,
en traçant un portrait (graphologique), est de faire ressortir une personnalité sur son entourage... Dire d'un Espagnol qu'il est vif, ce
n'est pas le différencier d'un autre Espagnol, tandis que le même trait
de caractère qualifiera un Anglais... » D'où il conclut très bien que
l'étude des *caractères nationaux* (et aussi bien régionaux, locaux)
s'impose au graphologue. La graphologie ainsi comprise est sociologique autant que psychologique.

gue sur la portée et la puissance de notre individualité. Puis, et surtout, notre originalité scripturale, et par suite intellectuelle ou morale, se marque précisément par le choix des reflets élémentaires dont nous l'avons composée et nourrie à notre insu.

II

Peut-être, il est vrai, me fera-t-on remarquer que, s'il en est ainsi, s'il faut tenir compte de tant d'éléments enchevêtrés et démêler dans ce fouillis la personnalité qui s'y entrevoit, le problème de la graphologie n'est pas facile. Et j'en conviens. Et j'ajoute même que c'est la raison, au fond, du peu de cas qu'il faut faire, avec M. Crépieux-Jamin, de toutes les menues règles, de tous ces soi-disant liens indissolubles entre telle forme de telles lettres alphabétiques et telle tendance de la personne, sur lesquels l'abbé Michon et la plupart de ses élèves ont prétendu jusqu'ici construire leur méthode de divination. Le malheur de tous ces signes particuliers, ce n'est pas seulement d'être faux parce que exclusifs, mais encore d'être étroits parce que bornés, dans leur emploi possible, à l'écriture d'une génération et d'une nation, et inapplicables en dehors de ces limites. Un moment, en lisant notre auteur, j'ai cru qu'il allait combler cette grande lacune de ses prédécesseurs.

Il essaie, en effet, très heureusement, dans sa dernière édition, une classification hiérarchique des signes graphiques, — non sans analogie avec la classification hiérarchique des caractères végétaux et animaux où l'histoire naturelle s'est fixée depuis Jussieu. Il met fin de la sorte à ce pêle-mêle sans principe, à ce dédale sans fil, où l'on brouillait les signes les plus particuliers avec les plus généraux. C'est un réel progrès de dégager ces derniers

et d'établir leur domination, et les conséquences de ce
perfectionnement seraient considérables au point de vue
que je viens d'indiquer, si l'on était autorisé à penser,
comme je le conjecture, que ces signes dominateurs,
tirés de la vitesse et de l'énergie de l'écriture, de sa dimension, de sa forme générale, de sa direction ascendante ou descendante, de sa continuité ou de sa discontinuité, de son ordonnance d'ensemble (1), sont susceptibles
d'application aux écritures anciennes ou étrangères, qui
sait même, *mutatis mutandis*, par delà les frontières de
notre alphabet latin, à l'écriture cursive des Egyptiens et
d'autres peuples de l'antiquité. Mais je dois reconnaître
que M. Crépieux-Jamin ne se lance point dans cette voie,
périlleuse, je l'avoue, encore plus que féconde. Le temps
n'est pas encore venu, il viendra, je l'espère, des paléographes graphologues qui, ayant expérimenté quelques-
uns de ces signes généraux et reconnu leur signification
à longue portée, les emploieront, beaucoup plus sérieusement que l'abbé Michon, à résoudre une foule de problèmes historiques, à éclaircir les obscurités de certaines
grandes figures voilées et énigmatiques du passé, de
certains génies troubles, équivoques, dont l'écriture heureusement nous reste et pourra nous permettre un jour
de les photographier moralement à la distance de plusieurs siècles. Que de grands hommes dont nous ne possédons pas même un portrait gravé, un profil, une sil-
houette, mais qui nous ont laissé des autographes tracés
d'une main timide ou hardie, lente ou fiévreuse, et d'au-

(1) « Si nous opérons une réduction sévère des signes généraux, par
éliminations successives, nous nous trouvons en présence de six éléments fondamentaux : l'intensité (ce terme comprenant la vitesse et
l'énergie), la forme, la dimension, la continuité, la direction, l'ordonnance. Les signes particuliers sont des modes des signes généraux... »
(p. 91).

tant plus expressifs parfois que plus indéchiffrables ? Si, au lieu de se borner à les déchiffrer comme sens, on cherchait à interpréter leur physionomie, à la scruter, à l'analyser, je crois que bien souvent on serait mieux payé de ses peines. Il y aurait aussi à étudier curieusement, à embrasser d'une vue d'ensemble les *types nationaux* et les *types historiques* d'écritures, et à rechercher s'ils correspondent aux différences d'idéal national et d'idéal historique des peuples. — Laissons là ces perspectives cependant, et revenons à la réalité actuelle.

L'écriture n'est pas seulement un produit social, elle est aussi un rapport social, un rapport de nous à autrui le plus souvent, mais, souvent aussi, de nous à nous-même. Or, elle se modifie un peu, beaucoup, suivant que nous écrivons pour nous seul, pour fixer nos souvenirs et les relire plus tard, ou pour enseigner ou commander quelque chose à autrui ; et elle diffère, dans ce dernier cas, suivant le rang, le sexe, l'âge, le degré d'instruction, le degré d'intimité avec nous de notre correspondant. Voilà pourquoi, notamment, l'écriture de l'adresse d'une lettre, qui est destinée à être lue par le facteur, est toujours plus lisible et tout autre que celle du corps de la lettre. On n'écrit pas à une dame comme à un paysan, à une femme que l'on courtise comme à un personnage dont l'on demande la protection. A un inconnu on écrit d'une écriture plus apprêtée. Pour bien connaître un « scripteur » il faut avoir de lui des autographes adressés à diverses sortes de gens.

Ce n'est pas tout. Si l'idée se fait son style, le style se fait son écriture, et, en changeant de style, c'est-à-dire de sujet, on modifie son écriture (1). Je le demande aux

(1) Ajoutons que chacun de nous a sa plume de prédilection et qu'on ne sait pas écrire avec la plume d'autrui. La variété si grande

jeunes poètes : n'est-il pas vrai qu'ils ont une écriture
spéciale quand ils recopient leurs propres vers, une écriture bien plus harmonieuse alors, bien plus esthétiquement formée, que celle dont ils font usage pour recopier
leur prose ? C'est que en recopiant leurs vers ils ont cherché
instinctivement à mettre leur écriture en harmonie avec
ce formalisme esthétique inhérent à la poésie, splendeur
des mots, où la forme (comme dans le droit primitif) emporte le fond. Ils sont rentrés ainsi, momentanément,
dans la peau de leur rôle poétique. Il y a de l'auto-sug-
gestion graphologique là-dedans. Mon pauvre ami Del-
bœuf m'a dit un jour (avec preuves à l'appui) que son
écriture, quand il écrivait sur des sujets mathématiques,
se redressait, s'émondait, se ralentissait étonnamment,
et, de fait, ne ressemblait guère alors à son écriture ordinaire, si fiévreusement mouvementée, plus riche que
sobre, toujours lisible du reste, et d'une netteté singulière
en sa fougue et son inclinaison quasi juvéniles.

Il y a, à l'usage des graphologues, une manière excellente de pratiquer le *connais-toi toi-même* de Socrate :
« observer avec soin sa propre écriture » : elle est le
fidèle miroir et des changements profonds qu'apporte en
nous la suite des âges (1) et des oscillations de hausse ou
de baisse que traverse notre santé physique, morale et
intellectuelle. Telle *phase* de mon écriture — je la reconnais très bien au passage — marque l'apogée de mon

des plumes fabriquées tient à la nécessité de fournir aux clients un
choix abondant qui permette à leur écriture propre de trouver la plume
qui lui convient le mieux.

(1) Notons, en passant, qu'on devrait, avant tout, pour faire avancer la graphologie, s'adresser à un nombre notable de psychologues
et leur demander des spécimens variés de leur écriture aux divers âges
de leur vie. La comparaison mettrait sur la trace des *tendances générales* qui président à l'évolution individuelle de l'écriture.

état mental, le maximum de vie cérébrale où il m'est permis d'atteindre ; telle autre, mes états de dépression maxima. Chacun peut faire les même remarques sur soi-même. Il est des écritures joyeuses, d'autres tristes, cela saute aux yeux.

Et, à travers toutes ces variations, l'identité de l'écriture, au fond, persiste, énigmatique et indéniable, comme l'identité de la personne ! Toutefois, les transformations mentales produites par un épanchement et une lésion du cerveau, s'accompagnent de transformations graphiques qui rendent l'écriture à peu près méconnaissable. J'ai observé le fait, d'une manière frappante, chez un de mes amis, qui, après sa guérison, retrouva sa grande et belle écriture subitement perdue après son attaque et remplacée par une écriture menue, timorée, *décaractérisée*. La *décaractérisation* de l'écriture, même faible et passagère, me paraît être un symptôme inquiétant. — Est-ce à dire que l'observation des écritures puisse sérieusement aider le diagnostic du médecin, et spécialement de l'aliéniste ? Non, M. Crépieux-Jamin a cherché les signes graphologiques de l'hystérie, mais il reconnaît avec une bonne foi des plus louables qu'il ne les a point trouvées. Et, malgré tout, que dites-vous de ceci ? « Etudiée sur quarante-cinq écritures, l'hystérie s'est révélée vingt-quatre fois par de l'inégalité et de grands mouvements de plume très vifs ; neuf fois par les mêmes signes et de grandes lettres ; trois fois par de grands mouvements de plume et de la confusion ; cinq fois par une écriture très inclinée et des traits vifs ; quatre fois par une écriture très incli-née et une vivacité apparemment modérée. » Eh bien, cela ne lui a nullement suffi. Il a conclu que « les résul-tats de cette expérience sont assez insignifiants » et que « l'indice graphologique de l'hystérie nous manque ». Il y a loin de cette sagesse à l'illusion de ces anthropologistes qui, parce qu'ils ont cru constater chez les criminels, dans la proportion de 30 à 40 sur 100, certaines et multiples malformations craniennes ou corporelles, se persuadent avoir découvert ainsi le *type* anatomique du criminel-né. La seule conclusion que l'éminent graphologue se juge autorisé à tirer de son expérience ci-dessus relatée et de beaucoup d'autres observations en s'appuyant sur l'autorité de Tardieu, c'est que « toutes les marques de désordre dans l'écriture, qu'elles soient constituées par des exagérations, des omissions ou des adjonctions anormales, sont des signes graphologiques possibles de la folie ». Voilà, *mutatis mutandis*, tout ce qu'il y a à dire des anomalies anatomiques et physiologiques comme indices quelconques de prédispositions natives à la criminalité.

A propos des changements que les altérations de la personnalité et ses dédoublements peuvent apporter dans la manière d'écrire, je n'ai pas besoin de rappeler aux lecteurs de la *Revue philosophique* les remarquables expériences, dont ils ont eu la primeur, relatives aux métamorphoses scripturales produites par suggestion hypnotique (1). Ce sont là, quoi qu'on ait pu dire, de fortes présomptions en faveur de la vérité de certaines règles graphologiques. (Je dis *règles* et non pas *lois*, car on sait que toute règle comporte exception.) M. Crépieux-Jamin a repris ces expériences en essayant de la suggestion à l'état de veille, et il est arrivé, chose assez significative, aux mêmes résultats.

(1) Voir *Revue philos.*, avril 1886, *Essais de graphol. expérimentale*, par Ferrari, Héricourt et Richet.

III

Mais, par toutes les considérations qui précèdent, et
qui concourent à donner confiance dans les inductions à
tirer de l'écriture, c'est-à-dire dans la possibilité de la
graphologie j'ai plutôt fait le tour de mon sujet que je n'y
suis entré à fond. Pénétrons-y davantage maintenant, et
demandons-nous dans quelle mesure les graphologues
sont réellement parvenus à préciser les rapports entre
l'écriture et la personne, et avec quelle probabilité, en
appliquant leurs règles, on peut se risquer à induire
celle-ci de celle-là. Leur travail, en somme, a-t-il été vain
ou utile à quelque chose ? — Il a eu cela de bon, d'abord,
à mon avis, de superposer peu à peu une graphologie
consciente à cette graphologie inconsciente qui l'a pré-
cédée, qui toujours l'accompagne, en vertu de ce sentiment physionomique dont j'ai parlé plus haut, et à laquelle elle doit servir de correctif et de complément. Un
examinateur au baccalauréat, qui n'est point graphologue,
me disait récemment qu'il était assez fortement influencé
par l'écriture des candidats, et qu'il en recevait, à première vue, avant toute lecture, une impression favorable ou défavorable. En général, a-t-il ajouté, la lecture
des compositions confirme cette impression au lieu de la
démentir. — Pour moi, je puis affirmer que, ayant reçu
un nombre considérable de lettres émanées d'inconnus,
je me suis souvent laissé guider, pour la réponse à leur
faire, par l'examen graphologique de leur écriture, et
n'ai jamais eu à m'en repentir. Plusieurs fois, j'ai pris
des renseignemens après coup sur ceux dont le caractère
m'avait paru suspect et suggéré d'évasives réponses, et
j'ai appris qu'ils avaient un penchant marqué à l'escroquerie. — Rien ne m'irrite autant que de recevoir d'un

inconnu une lettre écrite avec la machine à écrire. Et, disons-le en passant, de tous les abus d'un philonéisme extravagant, il n'en est point de plus absurde que l'invasion de cette *machinoscripture*. Une lettre amicale ainsi *imprimée* perd tout caractère d'intimité ; et on n'imagine pas un billet d'amour sorti de cet appareil.

En lisant les graphologues, je dois le reconnaître, on ressent un grand embarras, surtout si on les compare et si on s'aperçoit de leurs contradictions de détail, pas très fréquentes d'ailleurs. Mais, quand l'écolier qui commence le latin cherche dans son dictionnaire la signification du mot *legere*, et qu'il trouve cette énumération d'acceptions disparates : « *rassembler, dérober, replier, longer, élire, passer en revue, lire* », il n'est pas moins embarrassé que ne l'est l'apprenti graphologue qui lit ceci : « *angles aux finales, entêtement, netteté, violence* » ; ou bien : « *n et m* (minuscules) *en forme d'u, douceur, faiblesse, bienveillance* » ; ou bien « *e minuscule en accent circonflexe, bienveillance, douceur, réserve* », etc. Cela veut dire que la graphologie est une langue qui, comme toute langue, abonde en synonymes et prête à chaque mot de multiples acceptions. Rebuté par cette multiplicité de sens et ces synonymes, l'écolier aurait tort pourtant de rejeter son dictionnaire, de le regarder comme une œuvre de pure fantaisie. Evidemment, c'est par le contexte que le sens de chaque mot, et aussi bien de chaque signe scriptural, veut être précisé. De même que du groupement logique des mots se dégage quelque chose de net et de précis, qui n'est le sens d'aucun mot, à savoir le sens de la phrase, ainsi de la combinaison logique des signes scripturaux s'engendre ce que les graphologues appellent une *résultante*, sens de leur phrase à eux.

Mais les résultantes, il ne faut les demander à aucun
manuel. Elles doivent jaillir d'elle-mêmes, après un examen plus ou moins minutieux, de cette synthèse physionomique qui, je l'ai déjà dit, se forme à nous spontanément et que la graphologie a tout simplement pour effet
de refondre en pleine conscience, d'aviver, d'aiguiser, de
réformer en la reformant. Le graphologue est devant une
écriture comme le critique d'art devant un tableau, ou
plutôt une galerie. Après avoir regardé attentivement,
vu, revu, les tableaux d'un même maître ou d'une école,
que fait le critique ou que doit-il faire, d'après Taine? Il
se recueille, condense ses souvenirs en une impression
finale et interroge cette impression ; c'est sa propre sensibilité maintenant qu'il analyse comme tout à l'heure
les peintures ; c'est à elle, synthèse lente et originale,
qu'il demande, en l'attisant, en l'aiguisant pour la mieux
sentir poindre, le mot propre, le mot juste, où se résu-
mera le caractère dominant d'un style individuel ou collectif. Mais, pour cela, il sera nécessaire avant tout qu'il
ait disséqué chaque toile séparément, étudié, deviné les
procédés, refait pour ainsi dire avec la main les mouvements du pinceau. Alors, ayant synthétisé les traits de
chaque toile, de chaque paysage par exemple, en un état
d'âme du peintre, il sera en mesure de synthétiser ces
états d'âmes divers en un même timbre d'âme tout personnel dont il percevra finement l'écho dans son propre
cœur.

Et le graphologue ne fait pas autre chose. Il a appris,
je le suppose, tous les signes graphologiques, clavier délicat dont il faut qu'il joue avec légèreté ; il les essaie, il
les applique rapidement à l'écriture qu'on lui soumet,
mais ce travail n'est que préparatoire et propre seulement
à former peu à peu en lui, à éclaircir, à accentuer, une

impression caractéristique qu'il écoute en fermant les yeux. S'il écoute bien et longtemps, il finira souvent, très souvent — pas toujours cependant, car, je le répète, il est des écritures inexpressives — par ressentir une sorte d'impulsion interne qui l'inclinera à diagnostiquer en tel ou tel sens. Seulement, sa recherche est quelque chose de bien plus subtil que celle du critique d'art. Ce n'est pas simplement ni précisément un type d'imagination ou de sensibilité, c'est une organisation mentale qu'il doit caractériser en spécifiant surtout ses rapports complexes et infiniment variés avec le milieu social. Aussi un seul regard ne saurait-il lui suffire ; après avoir fermé les yeux pour se recueillir, il est nécessaire qu'il les rouvre pour scruter de nouveau les vivants hiéroglyphes ; et, par une série d'interrogations de ce genre, suivies de réponses qu'il se fournit à lui-même, il parvient, s'il a du flair, à dérouler, en se laissant guider par je ne sais quelle orientation indéfinissable, un signalement psychique parfois extraordinaire de ressemblance. Il semble, en somme, que cette espèce de divination soit de nature assez semblable à la *lecture des pensées* d'une personne dont on tient la main et qui à son insu nous renseigne, grâce à d'imperceptibles mouvements (1). La main ici, c'est celle du « scripteur », main absente, il est vrai, mais redevenue présente et active, par sa reviviscence intérieure.

Telle est du moins la méthode que je me permets de conseiller et que j'ai vue fréquemment réussir. On commence par faire de la graphologie ainsi pour s'amuser, et on finit par se prendre à ce jeu, qui devient vite une passion et une conviction des plus fortes. Au début, on

---

(1) Aussi n'est-ce pas sans une certaine affinité réelle et vaguement sentie que ces deux *divertissements*, la graphologie et la lecture des pensées, ont été souvent rapprochées dans des réunions mondaines.

s'étonne de tomber si juste en voyant se confirmer des
diagnostics qu'on formule avec hésitation, et sans beaucoup y croire. A la fin, on ne s'étonne plus que de ses
échecs, quand, par exception, on se trompe... Car il faut
bien avouer que le graphologue s'égare parfois dans le
dédale de ses inductions, comme le pigeon voyageur dans
les airs.

Ce qui manque le plus aux graphologues, avouons-le
enfin, c'est d'être psychologues. Comment se ferait-on
une idée nette et juste des signes, si l'on ne possède
qu'une idée confuse ou fausse de la chose signifiée ? Ce
reproche s'adresse surtout à l'abbé Michon (le créateur de
la graphologie pourtant, ne l'oublions pas) qui faisait
jouer, par exemple, à la prétendue opposition de la *déductivité* et de l'*intuitivité* un rôle si disproportionné à
son importance. Mais, chez M. Crépieux-Jamin lui-même,
je ne vois point se dessiner clairement les grandes lignes
psychologiques, car sa division tripartite de l'*intelligence*,
de la *moralité* et de la *volonté*, mises sur le même rang
comme aspects généraux de la personne, méconnaît visiblement le caractère subordonné de la moralité, par laquelle on entend un ensemble de directions de la volonté,
singulièrement intéressantes, il est vrai, au point de vue
social. Son énumération des qualités de la personne en
tant que morales est aussi assez arbitraire : « l'activité,
la sensibilité, la simplicité, la modération, la distinction,
la droiture, l'altruisme, avec leurs contraires. » Ces trois
mots : *franchise, équité, bonté*, avec leurs contraires, me
paraissent suffire pour résumer tout ce qui a trait à
l'homme moral. L'*activité* et la *paresse* se rapportent à
la volonté en général, la *simplicité* et la *prétention* sont
relatives à l'opinion qu'on a de soi-même et qui tient
encore plus à la justesse ou à la fausseté de l'esprit qu'à

une disposition vertueuse ou vicieuse. La *distinction* ou la *vulgarité* n'ont rien à voir ici. — S'il ne s'agit que d'une division pratique, j'aime bien mieux celle de la *supériorité* ou de l'*infériorité* mentale en général, et ce n'est pas un faible mérite d'avoir montré, comme l'a si bien fait notre auteur, que les mêmes signes changent tout à fait de sens suivant qu'ils se combinent avec ceux qui dénotent un homme supérieur ou un homme inférieur à une certaine *taille moyenne* d'intelligence et de caractère.

Ce qui excuse les graphologues, c'est que les psychologues sont loin encore de s'accorder sur une classification un peu stable et complète, je ne dis pas des *caractères* seulement, mais à la fois des *natures d'esprit* et des *caractères*. Malgré les beaux travaux de MM. Ribot, Paulhan, Fouillée sur ce champ si vaste, qu'ils ont eu l'honneur de défricher (sans oublier Sainte-Beuve quelque part à propos des *natures d'esprit*), il reste beaucoup d'obscurités à éclaircir. La première chose à faire, ce nous semble, c'est de distinguer les deux versants de la personne, le versant *judiciaire* et le versant *volontaire*. Le premier est formé (je n'ai pas à dire ici comment) par le développement de la croyance, le second par le développement du désir, et les deux par la combinaison de l'un ou de l'autre l'un avec l'autre et avec les impressions des sens, en des harmonies complexes où tour à tour l'un et l'autre donnent le ton. Je sais bien que tout cela s'enchevêtre en nous, mais c'est cet écheveau qu'il s'agit de débrouiller.

La première question est donc de savoir comment se traduit graphiquement cette dualité psychique, et, ensuite, si l'écriture offre des moyens de reconnaître : 1º l'intensité relative de la croyance ou du désir, de l'affirmation ou de la volonté ; 2° leurs différences de direction, du moins en tant qu'elles intéressent l'homme social ; 3° leur répartition, ou leur tendance à se répartir soit entre petit groupe compact d'idées fortement crues ou désirées, solidement enchaînées (fanatiques ou savants — obstinés ou passionnés), soit entre un groupe relativement vaste d'idées faiblement crues ou désirées, d'un enchaînement moins rigoureux (sceptiques ou philosophes critiques, — caractères légers ou modérés), soit enfin (grands systématiques — grands politiques) entre les éléments à la fois très nombreux et très fortement saisis de grandioses synthèses. — En d'autres termes, il s'agit de spécifier la manière de croire et la manière de désirer, encore plus que la manière de sentir, qui est cependant le point commun d'application de ces deux forces internes. La manière de croire, de juger, et aussi bien de désirer, de vouloir, peut être faible ou forte, lente ou prompte, changeante ou constante, incohérente ou logique, étroite ou vaste, superficielle ou profonde. La diversité des *talents* ou des *vocations* provient tout simplement des divers points d'application que celle des sensibilités et des tempéraments fournit à une même *trempe d'esprit* ou *de caractère* définie comme il vient d'être indiqué. N'oublions pas surtout de distinguer, dans n'importe quel type de la pensée ou du vouloir, l'attitude naturellement active ou passive, la tendance à l'initiative, soit dogmatique, soit impérieuse, ou à l'imitation, soit crédule, soit docile : division en quelque sorte perpendiculaire à la précédente. Ne confondons pas les *meneurs* avec les *menés*, ce qui serait encore plus grave que de confondre les supérieurs et les inférieurs, et ne revient pas du tout au même. Ne confondons pas non plus les meneurs dogmatiques avec les meneurs autoritaires. Certes, on peut être

à la fois l'un et l'autre, mais non au même degré. Est-ce
que la plupart des despotes ne sont pas, au fond, des
sceptiques ? Et est-ce que les grands dogmatiques, les
esprits systématiques, ne sont pas en général assez faibles de caractère et assez docilement menés dans la vie
pratique, dans la vie politique? D'autre part, les dogmatiques peuvent être violents ou persuasifs (Bossuet et
Fénelon) et les autoritaires peuvent être impérieux ou
suggestifs, despotes ou diplomates (Napoléon et Talley-
rand).

Il convient aussi de distinguer, en fait de manières générales de croire et de désirer, certaines tendances capitales dans la vie de société; par exemple : 1° le croire
principalement affirmatif ou principalement négatif, l'un
qui fait l'inventeur, l'autre qui fait le critique (ou le con-
tradicteur-né), et le désirer principalement positif ou
principalement négatif, l'un qui fait l'homme de gouvernement, l'autre qui fait l'homme d'opposition (ou le re-
belle-né) ; 2° le penchant au croire, au désirer optimiste,
enthousiaste, joyeux, ou le penchant au croire, au désirer
pessimiste, découragé, triste ; deux pôles de l'âme, re-
présentés dans les maisons de fou par les maniaques et
les mélancoliques, entre lesquels oscillent les personnes
dites raisonnables ; 3° la propension au jugement désin-
téressé ou intéressé, à l'action généreuse ou égoïste. —
Mais je m'arrête, n'ayant point la prétention de tracer en
quelques lignes une classification complète des types
psychologiques.

Ce que je tiens à faire remarquer, c'est que l'esquisse
précédente permet déjà, si je ne m'abuse, de prêter aux
signes graphologiques une coordination et une interprétation meilleures. — D'abord, est-ce que la croyance,
avec tout le côté de l'âme qui s'y rattache, ne se peint

pas, avant tout, par la *forme*, et le désir ou tout le côté
désireux de la personne par le *mouvement* de l'écriture ?
— Qu'on ne m'objecte pas qu'il est impossible de discerner le mouvement scriptural des formes scripturales par
lesquelles il est perçu ; car, s'il est perçu à travers elles,
et d'autant mieux qu'elles sont plus déformées, il n'est
pas elles, tandis que les formes, elles, sont perçues directement *et d'autant mieux qu'elles suggèrent moins le
mouvement de la main* d'où elles procèdent. En effet, elles
seraient mieux perçues encore s'il n'y avait pas de mouvement du tout; et c'est le cas des caractères d'imprimerie. Observons que les caractères d'imprimerie sont droits
et non inclinés, et qu'ils sont détachés et non liés, clos
en soi et non poussés hors de soi ; et je ne crois pas
m'aventurer en affirmant que l'écriture, quand elle recherche le maximum de clarté, ce qui est le cas des dogmatiques et des persuasifs (1), affecte le redressement et
le détachement des lettres. Ce ne sont pas là des signes
d'insensibilité et d'intuitivité, comme le croyait Michon,
mais bien des signes d'affirmation forte. Toutes les fois
qu'on fait porter l'affirmation sur un mot, sur une phrase,
qu'on veut accentuer, on redresse alors son écriture et
on détache les lettres, on les individualise. Redresser et
détacher ainsi, c'est comme souligner. Plus on cherche
à être clair, démonstratif, à communiquer sa croyance,
moins on penche son écriture. Car elle se déforme inutilement en s'inclinant. Et le logicien, l'intellectuel, se reconnaît à ceci qu'il n'admet que des déformations utiles à

---

(1) La force de la croyance est ce que les graphologues confondent
avec d'autres caractères dans l'expression de *clarté d'esprit*. Et, de
fait, on ne croit et on ne fait croire fortement qu'à ce qu'on saisit et
fait saisir clairement. Il est à remarquer que les signes de la *clarté*
ou de la *confusion* d'esprit sont de ceux qui trompent le moins en
graphologie.

la commodité de sa main sans être trop nuisibles à sa
lisibilité. C'est un grand signe de supériorité, soit dit en
passant, quand l'écriture, en dépit de mutilations très
fortes qu'elle fait subir au type traditionnel et scolaire
des lettres, dont elle s'éloigne fort, de la suppression
même de quelques-unes d'elles, reste lisible, étrangement
lisible, en vertu d'une corrélation harmonique de ces
anomalies. Les abréviations quasi-sténographiques de
l'intellectuel portent toujours sur la partie accessoire du
mot, la désinence, jamais sur le radical. Ni l'homme inin-
telligent, ni l'homme d'action et de passion, même intelligent, n'ont de ces scrupules instinctifs.

Or, si la croyance est un état statique, le désir est un
état dynamique, et, comme tel, s'exprime, non par la
tranquille lucidité, par la solidité lente, mais par l'activité intense de l'écriture, par sa rapidité ou pour ainsi
dire par sa quantité de mouvement. D'ailleurs l'expression
graphique du désir est bien différente, suivant qu'il se
condense en volonté ou se répand en passion, et l'écriture du passionné est autrement agitée que celle du des-
pote. Celle-ci est plus anguleuse, celle-là plus fluxueuse.
Mais l'une et l'autre sont d'ordinaire plus penchées, et
toujours plus liées, moins sobres, moins lisibles que
celles des théoriciens ou des dogmatiques. Le dogma-
tisme est conservateur des formes, il interdit les fiori-
tures, il a l'orgueil calme, et, avant tout, veut la clarté.
Rassemblez les lettres des philosophes de votre connaissance (je songe à beaucoup que je n'ose nommer) et com-
parez-les à ce merveilleux autographe de Bismarck que
je trouve dans le livre de M. Louis Deschamps (p. 78) (1),

(1) *La philosophie de l'écriture* (Alcan, éditeur, 1892). Cet ouvrage se recommande, entre autres réels mérites, par une bibliogra-
phie abondante et consciencieusement faite.

à celui de Gambetta que reproduit Crépieux-Jamin (p. 67),
à celui de Napoléon, bien connu, tous indéchiffrables.
Autant ces dernières écritures sont *mouvementées*, autant
les premières sont relativement *formées*, même dans
leurs déformations. Les premières sont tout autrement
nettes que les dernières : si celle de Gambetta reste claire
malgré sa luxuriante végétation de jambages, n'est-ce pas
Parce que cet impérieux et cet ambitieux était aussi un
convaincu ? Et remarquez que la plupart de ces écritures
d'ambitieux ou d'agités sont plus penchées, je le répète,
que celles des logiciens et des philosophes, des poètes
même et des romanciers à tendances dogmatiques et systématiques, tels que Victor Hugo et Zola. D'où l'on devrait conclure que Bismarck et autres étaient plus tendres que le poète des *Contemplations*, s'il n'était vrai
qu'on s'est mépris, je crois, sur la signification précise
de l'inclinaison des lettres (1). — Comparez la grande,
droite, lapidaire écriture de Victor Hugo (2), d'une beauté
toute morphologique pour ainsi dire, à celle de Lamar-
tine, ce rêveur mollement penseur, mais prestigieux en-
traîneur et charmeur de foules. Celle-ci n'est pas scripturale, ciselée, arrêtée, comme celle-là (3), elle est coulante
et fluide, sans relief, couchée comme une moisson mûre
sous le vent, et belle de son seul élan rapide. Elle est
faite aussi d'éléments plus rectilignes, moins arrondis,
car la rapidité du mouvement, ou son intensité, veut la

(1) L'écriture de Jules Ferry (p. 81) semble faire exception. Elle est
redressée, détachée. Aussi est-elle d'un dogmatique avant tout, d'un
entêté si l'on veut, volontaire par ténacité d'idée, non par fougue de
tempérament.

(2) Victor Hugo, il est vrai, a deux écritures, dont l'une, très cursive, répondant à l'homme d'action et d'agitation qui était en lui, est
penchée et liée.

(3) Les deux se voient dans Crépieux-Jamin (p. 317 et 71).

ligne droite (1), comme la forme nette *circonscrite* veut des lignes courbes plutôt ou du moins des droites qui ferment ou tendent à fermer un espace. Toute en lignes droites aussi, mais bien plus grandes et plus dures, en éclairs réguliers et précipités, est la fulgurante écriture de Bismarck, dont la comparaison avec celles d'Hugo, de Wagner, de Rubens, est instructive et confirme, ce nous semble, notre manière de voir (2). — Une écriture très arrondie indique invariablement la faiblesse et l'indécision du vouloir, mais non de l'intelligence. Voyez l'écriture de Raphaël.

En deux mots et pour me résumer, l'écriture des intellectuels ou des croyants se reconnaît à ses lettres relativement closes, de tracé circulaire ou carré (ou triangulaire) *arrondi ou équarri* ; et l'écriture des volontaires ou des passionnés, à ses lettres relativement ouvertes, liées par un tracé d'un caractère *ondulatoire ou vibratoire* (car tout mouvement est rythmique).

La savante et belle *Histoire de l'écriture dans l'antiquité* par M. Philippe Berger (Imprimerie nationale, 1891) est pleine d'enseignements indirects pour les graphologues. J'y vois notamment que les Phéniciens, en adoptant et perfectionnant l'écriture cursive des Egyptiens, ont eu un penchant prononcé à la pencher. Au contraire, les Grecs, plus tard, en recueillant l'écriture phénicienne, qu'ils ont si esthétiquement refondue à leur image et

----

(1) Elle n'a pas la grâce de celle d'Alfred de Musset, qui est mouvante aussi, mais combien plus voluptueusement !

(2) L'écriture (fascinatrice) de Mirabeau (p. 88) n'est pas penchée, malgré la violence de sa passion ; et elle est admirablement formée et incrustée : on y sent avant tout le sceau de l'intellectuel. Mais, comme celle de Bismarck, elle est fortement liée, pressée et massive et non moins, mais verticalement, mouvementée. Si l'on veut sentir la différence et la distance de Mirabeau à Gambetta, qu'on rapproche leurs deux écritures.

ressemblance, l'ont redressée. Si l'on considère que les
Grecs étaient avant tout des théoriciens et les Egyptiens
des dogmatiques, tandis que les Phéniciens, fort peu intellectuels, étaient des praticiens, de conquérante avidité, on verra peut-être dans cette double remarque une
illustration historique de ce qui vient d'être dit. L'alphabet phénicien, dit M. Berger, a subi entre les mains des
Grecs d'autres transformations non moins significatives.
« Ce travail d'adaptation peut se résumer en trois mots :
les Grecs ont retourné l'alphabet phénicien ; ils l'ont re-
dressé ; enfin, par une véritable création, ils en ont tiré
les voyelles. » Il en faut chercher la cause « dans le sens
artistique des Grecs et dans l'admirable *clarté* de leur
langue sonore qui ne pouvait se contenter de l'écriture
composée exclusivement de consonnes, que les Phéniciens avaient lancée dans le monde».—Je ne puis résister
au désir de citer, à ce propos, un phénomène graphologique
des plus curieux que le même livre met en relief. Les Hé-
breux ont eu, successivement, deux écritures puisées à
deux sources distinctes : la première, d'origine phénicienne
à ce que l'on croit, a été, en tout cas, profondément transformée par le génie de ce peuple original et est venue
aboutir, en son évolution libre, à l'alphabet samaritain.
La seconde, d'origine araméenne sans le moindre doute,
a évolué plus tard non moins librement et a produit ce
qu'on appelle l'*hébreu carré*. Or, il est remarquable que
l'hébreu carré présente avec l'alphabet samaritain une
similitude *physionomique* que la dissemblance de leurs
traits rend plus frappante. Rien ne montre mieux, dit
M. Berger, « l'influence du génie d'un peuple que son
écriture... Quand on compare une inscription samaritaine
à une inscription en hébreu carré, on sent sous la différence profonde de leurs formes un *esprit commun*, si

bien qu'à première vue on est tenté de les confondre et qu'on y reconnaît deux écritures sœurs ». N'est-ce pas remarquable ? Plus loin, l'auteur généralise sa pensée (p. 366)... « Les peuples façonnent l'écriture à leur image ; si bien qu'un alphabet, en passant dans un nouveau milieu, prend le caractère du sol où il se trouve transplanté, et qu'ainsi des écritures très diverses d'origines finissent par avoir un air de parenté qu'elles n'avaient pas primitivement. » D'où il suit que chaque peuple a traité l'alphabet phénicien (ou tout autre) pour former son alphabet propre, de la même manière libre et originale dont chaque individu, dans chaque peuple, traite l'alphabet national ainsi formé : simple thème de ses variations, simple canevas de ses broderies, type toujours arbitraire, mais dont la fixité traditionnelle et conventionnelle est précisément ce qu'il y a de plus propre à mesurer son originalité par la liberté avec laquelle il s'en écarte et l'ingéniosité avec laquelle il la plie à sa forme, la marque à son effigie. Aussi y aurait-il à essayer une graphologie collective, nationale, comme complément et contrôle de la graphologie individuelle.

Mais revenons à l'hébreu carré. « On croit voir, dit M. Berger (p. 204), dans cette écriture anguleuse et massive, qui se replie sur elle-même et s'immobilise dans des caractères stéréotypés, la tendance de l'esprit juif à se fermer au monde extérieur et à reproduire avec une fidélité méticuleuse jusqu'à l'aspect de ses *livres* saints, mais aussi la grandeur, la constance et la *foi inébranlable* de ce peuple, qui a été le véritable représentant de la religion dans l'antiquité. » Il s'agit ici, remarquons-le, d'une écriture sacrée ou officielle, d'origine lapidaire, à laquelle s'est opposée en tout pays et en tout temps une écriture *cursive*. Or, dans son ensemble, le groupe des écritures cursives, en Egypte, en Grèce, en Chine, partout, se distingue du groupe des écritures lapidaires, par son caractère mouvementé et mal formé, ondulatoire et non clos (1), par son inclinaison relative et ses inégalités nerveuses. C'est que l'écriture lapidaire est essentiellement *enseignante*, dogmatique ; elle sculpte pour l'éternité des principes, ou des informations, ou des lois, qui sont moins considérées comme des ordres que comme des vérités solennelles. Mais l'écriture cursive est pratique, active, elle sert de véhicule aux passions, aux volontés, aux affaires, infiniment plus qu'aux pensées. De là le prestige sacré des inscriptions dans l'antiquité, sur la pierre, la brique, les rochers, le bronze ; un caractère d'infaillibilité s'y attachait. Il en reste quelque chose dans le singulier respect qu'inspire encore à l'homme du peuple un texte imprimé, fût-il un journal d'annonces. La

(1) En Chine, à côté de l'écriture *carrée*, il y a le *tsao*, écriture cursive qui a servi de modèle au peuple japonais, plus actif, plus remuant. Dans le chinois carré, les mots « sont enfermés comme dans une cage ». Notez les transformations que les Phéniciens et surtout les Carthaginois, le peuple pratique par excellence, font subir à l'écriture d'origine égyptienne : le sens de ses transformations est bien marqué dans certaines lettres, le *mem*, le *sin*, etc. (p. 175), qui deviennent de simples *vibrations*, des *ondes angulaires*.— Notez aussi que les lettres *s'ouvrent* pour devenir cursives (p. 215) ; c'est le cas de l'araméen, qui (voir la planche de la p. 217) affecte déjà un caractère *vibratoire* très prononcé.

Autre observation. Il est naturel que, dans les inscriptions, le caractère *clos* des lettres s'exprime bien plus souvent par leur forme *carrée* (ou *triangulaire* comme dans les inscriptions cunéiformes) que par les formes rondes, plus difficiles à tracer. Mais chez les Grecs, habiles ciseleurs, les formes rondes apparaissent. Pour clore les lettres, la plume opte librement entre la courbe et une combinaison carrée ou triangulaire de droites. Elle a le choix aussi pour les ouvrir entre les tracés *ondulants* ou *vibrants*, et sa préférence ici comme là peut servir à marquer le caractère dogmatique ou persuasif de ses croyances, le caractère impérieux ou communicatif de ses désirs.

distinction moderne des caractères d'imprimerie et de
l'écriture manuscrite répond à celle des hiéroglyphes et
des caractères démotiques dans l'antique Egypte. Un
obélisque couvert d'hiéroglyphes devait impressionner un
fellah de Pharaon bien plus religieusement encore qu'une
statue de Dieu : car la statue était un texte clair, écrit
avec le vulgaire alphabet de la forme humaine, et l'obélisque était obscur, énigmatique, indéchiffrable.

La grande distinction qui précède étant établie, indi-
quons au hasard quelques signes plus ou moins certains.
L'écriture *appuyée* exprime à la fois l'énergie affirmative
et l'énergie volontaire habituelles (1). — *S'affirmer* est
une espèce très importante du genre affirmer. Les gens
qui s'affirment ont l'écriture droite et haute, d'un type
grand, sec. — Les écritures amoureuses, tendres, sont
reconnaissables à leurs formes arrondies et gracieuses,
beaucoup plus qu'à leur inclinaison. L'écriture arabe est
droite, mais galante et sensuelle au plus haut degré. La
liaison continue des lettres par le bas est non pas serpen-
tine ni zigzaguante, mais festonnée, et une végétation
de jambages inégaux s'en échappe comme des tiges d'un
rhizome. C'est une calligraphie enjolivée et inexpressive,
d'une grâce d'odalisque. C'est « un motif d'ornementa-
tion plutôt qu'une écriture ».

Si la distinction dont nous sommes partis est fondée,
c'est aux dimensions et aux particularités de la forme des
lettres (hautes ou basses, larges ou minces, espacées ou
serrées, arrondies ou anguleuses, etc.) qu'il faut demander les indications relatives à la manière de croire et de
juger, à l'intransigeance ou à la tolérance de l'orgueil,

____

(1) N'y a-t-il pas quelque rapport entre l'énergie d'un peuple et la
profondeur de ses inscriptions lapidaires ? Celle des inscriptions ro-
maines de la belle époque est remarquable,

de la foi en soi, à la finesse, à la **cohésion des jugements** ;
et c'est d'après la direction de l'écriture (ascendante ou
descendante, fluxueuse ou rectiligne, centripète ou centrifuge) qu'il faut augurer la manière de désirer et de
vouloir, l'humeur joyeuse ou triste, la volonté versatile
ou constante, faible ou ferme, fausse ou franche, l'égoïsme
ou la générosité, etc. Or, l'expérience confirme abondamment cette déduction. Elle a révélé certains signes
qui, avec un assez haut degré de probabilité, permettent
de constituer une graphologie supérieure indépendante
de la diversité des alphabets, et à la fois collective et individuelle, valabl. aussi bien pour la psychologie des
peuples que pour celle des individus. (Deux psychologies,
je tiens à le déclarer en passant, qui n'en font qu'une au
fond, la dernière; car, qu'il s'agisse des foules, des corporations, des églises ou des nations, la psychologie collective, si elle cherche à être autre chose qu'une extension et une projection multipliée de la psychologie individuelle, n'est qu'une chimère ontologique.)

Les signes tirés de la direction de l'écriture présentent
surtout à un haut degré ce caractère de vérité en quelque sorte *absolue*. Avec beaucoup de raison, M. Héricourt a fait ressortir l'importance de la prépondérance
accordée par la main du scripteur, quand il a le choix,
au tracé des lettres *dextrogyre* sur le tracé *sinistro-
gyre* (1) ou *vice versa;* mais il s'est trompé, je crois, en
y attachant une signification principalement intellectuelle.
Sans doute, suivant le sens du tracé, la forme de la lettre
sera modifiée, et, à cet égard, nous sommes renseignés
sur le côté intellectuel, qui est toujours sous l'influence
du côté moral. Mais, le tracé dextrogyre étant *centrifuge*

____

(1) V. Crépieux-Jamin, p. 105 et planches p. 401 et 403.

18

(quand on écrit avec la main droite) et le tracé sinistro-gyre étant *centripète*, la prédilection marquée pour l'un ou pour l'autre a une signification avant tout morale, et qui correspond, en graphologie collective, à celle de la direction générale de l'écriture de droite à gauche (centripète) ou de gauche à droite (centrifuge). Or, il est remarquable que l'écriture centripète est propre aux peuples *subjectifs* en quelque sorte, se faisant le centre du monde et le point de mire de l'assemblée des dieux, immobilisés en leur orgueil national, ne sortant jamais de soi, même dans leurs conquêtes ; et que l'écriture centrifuge appartient aux peuples *objectifs* en quelque sorte, susceptibles de progrès, de désintéressement, de générosité, ou qu'ils l'adoptent à mesure qu'ils s'objectivent et se civilisent davantage, élancés hors d'eux-mêmes à la poursuite de leur ombre idéale. Les Egyptiens écrivaient de droite à gauche, comme les Chinois ; et les Phéniciens, quoiqu'en leur empruntant les éléments de leur alphabet ils y aient introduit tant de simplifications abréviatives, n'ont pas jugé à propos de modifier leur écriture sous ce rapport ; eux aussi, ces marchands pillards, écrivaient de droite à gauche, en ramenant la main vers le corps. Mais les Grecs, qui ont reçu leur alphabet, n'ont eu rien de plus pressé que de le retourner, incomplètement d'abord, de là l'écriture archaïque *boustrophédon* alternativement de gauche à droite et de droite à gauche (1) ; puis tout à fait, et dès lors ils n'ont cessé d'écrire de gauche à droite, — le geste du semeur. Les Etrusques, ce peuple hermétiquement fermé, écrivaient de droite à gauche, et, à leur exemple probablement, les Latins, dans leurs plus anciennes inscriptions, ont écrit de même, mais ils n'ont

(1) Coïncidence singulière : les inscriptions sur bois de l'île de Pâques présentent ce même caractère de transition.

pas tardé, ainsi qu'il convenait aux futurs civilisateurs du monde, à retourner leur modèle étrusque comme les Grecs leur modèle phénicien. On tend à attribuer une origine sémitique aux alphabets de l'Inde elle-même, qui dériveraient de l'alphabet araméen, de souche phénicienne. Aussi les plus anciennes inscriptions du nord de l'Inde, celles d'Açokâ, sont-elles tracées de droite à gauche. Mais les Hindoux, graves, religieux, et, avec cela, idéalistes, généreux, ont profondément remanié à leur image l'écriture des Sémites, et en même temps qu'ils lui ont ôté tout caractère cursif, qu'ils lui ont prêté « un aspect anguleux, roide », ils l'ont retournée aussi. « Au lieu de s'écrire de droite à gauche, les inscriptions indiennes vont de gauche à droite. » L'alphabet indo-bactryan, écrit de droite à gauche, a pendant quelque temps été le rival des alphabets proprement indiers, mais il s'est éteint sans postérité, chose significative. De gauche à droite aussi vont, dès leur plus haute antiquité, les inscriptions cunéiformes des Perses, ce peuple brillant et chevaleresque entre tous... Vraiment. tant de coïncidences ne sauraient être accidentelles, et on aurait beau essayer de les expliquer par des idées superstitieuses attachées à telle orientation, ou par des préférences de simple commodité, il resterait à donner la raison de ces contrastes de superstitions, elles-mêmes nées du caractère des peuples ; il resterait surtout à dire pourquoi les Chinois, les Egyptiens, les Phéniciens, les Etrusques, ont trouvé plus commode d'écrire dans un sens, et les Grecs, les Romains, les Perses, les Hindoux, tous les Européens, tous les civilisés modernes, dans le sens inverse.

Comme la source de la générosité, de l'oubli de soi, de l'objectivité du désir, est dans l'intelligence créatrice, dans la foi inventive, il ne faut pas s'étonner que les signes graphiques du côté intellectuel et idéal (forme caractérisée, carrée, droite, détachée des lettres) se trouvent unis en général à ceux de la volonté généreuse et conquérante. Inversement, il n'est pas surprenant que les signes de la prédominance du côté volontaire et de l'activité pratique (liaison ondulatoire des lettres, mal closes, décaractérisées, inclinées) coïncident avec ceux de l'égoïsme (direction centripète). L'hébreu carré, parmi les écritures sémitiques, fait exception, et cette exception se justifie à merveille par le merveilleux idéalisme du peuple juif allié si étrangement à son *subjectivisme*.

La direction ascendante ou descendante de l'écriture a aussi une signification bien marquée : elle exprime, non pas toujours le penchant à la joie ou à la tristesse, à l'enthousiasme ou au découragement, mais, plus généralement, une tendance à surfaire ou à déprimer, à surfaire autrui ou à se surfaire soi-même, à se déprimer soi-même. Quand les finales des lettres se dirigent en haut, d'un élan d'encensoir, quand les lignes de l'écriture montent aussi, il n'y a pas de doute, on a affaire à un exalté, qui peut être d'ailleurs un optimiste ou un enthousiaste, un vaniteux ou un mystique, ou tout simplement un homme d'une exubérante gaîté ; si les lignes, si les lettres, si le paraphe descendent, cela signifie suivant les cas, c'est-à-dire suivant le *contexte*, pessimisme, dénigrement, découragement, tristesse. Telle écriture descendante de ma connaissance, d'un des esprits les moins découragés et les plus gaillards, fiers et hardis, qui se puissent voir, mais porté à mépriser souverainement beaucoup de choses et même beaucoup de gens, descend d'autant plus que l'écrivain est plus irrité. Les coups de plume *tombent* ici comme tombent les coups de massue sur un adversaire qu'on veut *terrasser*. En somme, l'ascension ou la déclivité de l'écriture traduit, comme beaucoup d'autres traits graphiques, la « cénesthésie » des psychologues. Et, de fait, l'écriture en ses indiscrétions est le rayon Röntgen du tempérament et du caractère tout ensemble.

En finissant, — car il est grand temps de finir, — je dois signaler une des causes exceptionnelles d'erreur que le diagnostic graphologique ne saurait éviter quand par hasard il la rencontre : l'hérédité dans l'écriture. En lisant les *Variations des animaux et des plantes*, de Darwin, j'avais été surpris, il y a déjà longtemps, d'y lire les lignes suivantes (t. II, p. 6 de la trad. fr.) qui sont un démenti si complet, entre parenthèses, de la thèse du darwinien Weissmann sur la non-transmissibilité des caractères acquis. « De quelles combinaisons multiples de conformations corporelles, de dispositions mentales et d'habitudes, l'écriture ne doit-elle pas dépendre ! Et cependant ne voit-on pas souvent une grande ressemblance entre les écritures du fils et du père, *bien que ce dernier ne l'ait pas enseignée au premier ?* Hofacker a, en Allemagne, remarqué l'hérédité de l'écriture ; et on a constaté que les jeunes Anglais apprenant à écrire en France ont une tendance à conserver la manière anglaise. » J'ajoute que, parfois, la ressemblance de l'écriture du fils avec celle du père, sans imitation de celui-ci par celui-là, se produit alors même que le père et le fils ont des natures d'esprit et des caractères très différents. Il m'est arrivé de montrer à deux graphologues successivement l'écriture d'une jeune femme, et l'un et l'autre, après l'avoir étudiée en appliquant les règles de M. Crépieux-Jamin, ont tracé un portrait graphologique qui ne ressemblait pas le moins du monde à cette personne... mais qui, dans les deux cas, se trouvait ressembler étrangement à sa mère, dont elle est cependant à certains égards la parfaite antithèse au moral. Mais, physiquement, la mère et la fille ont beaucoup de traits communs ; elles ont la même coupe de visage, avec une physionomie très différente. — Par où l'on voit que les erreurs même de la graphologie sont instructives.

SYMPATHIE ET SYNTHÈSE (1)

S'il y a une « mêlée sociale », il y a aussi une mêlée
sociologique de doctrines opposées qui se combattent
dans la laborieuse gestation de la science nouvelle des
sociétés. On y peut distinguer deux grandes sortes d'op-
positions doctrinales, inséparables l'une de l'autre : d'une
part, le conflit du naturalisme et de l'idéalisme historique, ce dernier travaillant et parvenant de plus en plus à
se préciser, à se formuler en idées positives, à se dégager
de l'étreinte de son adversaire ; d'autre part, le combat
entre les doctrines qui font de la lutte sous toutes ses
formes, guerre, concurrence, discussion, l'agent principal de l'évolution humaine, et les doctrines ou la doctrine qui tendent et, ce me semble, arrivent peu à peu à
faire prévaloir, comme source cachée mais véritable et
vraiment majeure du progrès, la sympathie et la synthèse, l'amour et le génie, ce que j'appelle, du nom de
leurs effets, l'imitation et l'invention. Occupons-nous
seulement ici de cette seconde sorte d'opposition. A
première vue, on peut dire, superficiellement, que cette
lutte entre le principe de la lutte et le principe de la sympathie, — ou de la *synergie*, pour emprunter à M. Henri
Mazel (2) son néologisme expressif, — est elle-même la
preuve, par son importance, de la fécondité des combats

(1) *Revue Française d'Édimbourg*, 1897.
(2) *La synergie sociale*, par Henri Mazel (Paris, Armand Colin,
éditeur, 5, rue de Mézières, 1895).

et de leur nécessité supérieure. Mais, si l'on remonte à l'origine du principe de la lutte, on sera d'un avis précisément contraire. Celui qui l'a formulé dans notre siècle avec la force magistrale que l'on connaît, celui qui, après l'avoir appliqué au domaine entier des organismes, a suscité de toutes parts son application au monde des sociétés, comment l'a-t-il conçu et forgé avant de s'en servir comme d'un merveilleux outil, d'un talisman, propre en apparence à ouvrir les arcanes de la vie? Est-ce en bataillant, en discutant beaucoup avec ses collègues, en suivant assidûment les congrès et en multipliant les polémiques dans les journaux ou dans les revues, que Darwin a systématisé la concurrence vitale et la sélection naturelle, la bataille pour la vie et la supériorité de ses vainqueurs? Non, c'est dans la plus profonde et la plus silencieuse paix, c'est dans sa cabine à bord du *Beagle*, à travers les îles de corail du Pacifique, dans une longue vie de recueillement et de désintéressement, d'amour passionné de la vérité et de la nature, qu'il a élaboré sa militaire et utilitaire conception de la vie universelle, expliquée par le choc des égoïsmes concurrents. Tous les services — auxiliaires et subsidiaires, je crois, mais en somme incontestables — que pouvait rendre cette notion, grâce à lui, elle les a rendus à la science contemporaine ; et s'il n'avait pas été un des types les plus parfaits de l'harmonie intérieure, de la convergence amoureuse et patiente des efforts dans toute sa vie mentale et morale, jamais sa thèse n'eût pu prendre force, jamais elle n'eût triomphé, même maintenant. Il est donc clair que le principe de la lutte, par sa naissance même, par la manière dont il s'est formé, dont il a grandi, dont il a lutté et contribué en luttant au progrès de la science, s'est lui-même démenti, du moins en tant qu'il s'est pris pour la révélation essentielle, et profonde, de l'évolution vitale ou sociale. Nous le voyons naître et grandir contrairement à lui-même ; et, si nous passions en revue toutes les grandes idées qui ont agité le monde, toutes les innovations qui l'ont transformé, nous verrions que toutes sont nées et ont grandi de même, non de la lutte mais pour la lutte, et par une association, par une collaboration intime, non par un conflit, d'énergies individuelles.

Le grand ancêtre grec de la sociologie, c'est Aristote, qu'on n'accusera pas, je pense, de pécher par excès de sentimentalisme. Son triste passage sur l'esclavage témoigne assez de son positivisme utilitaire. Mais sa largeur d'esprit, çà et là, lui a ouvert le cœur et permis d'apercevoir des vérités aussi simples que capitales. Il est deux pensées de lui qui mériteraient d'être inscrites sur le fronton de la science sociale. « Quiconque, dit-il, a fait de grands voyages a pu voir combien l'homme est partout. à l'homme un être sympathique et ami. » Et ailleurs : « Quand les hommes s'aiment entre eux, il n'est plus besoin de justice. Mais ils ont beau être justes, ils ont encore besoin de l'amitié. » Belle parole que les darwinistes sociaux oublient trop.

Quand ils ne l'oublient pas, ils la combinent étrangement avec des maximes opposées. Spencer a dit que l'une des singularités de notre état social actuel était de juxtaposer la religion de la haine et la religion de l'amour. On pourrait dire de même qu'une des bizarreries de notre sociologie contemporaine est de mêler, d'entrelacer le principe de la lutte et le principe de l'alliance, au lieu de les localiser chacun dans leur domaine et de subordonner, comme il convient, le premier au second. Spencer semble avoir eu une assez claire conscience de cette opposition et s'être efforcé de la résoudre, mais il l'exprime mal, à mon avis, par son antithèse des deux voies, industrielle et militaire, entre lesquelles les sociétés, suivant lui, ont eu à opter dans le sombre carrefour de leur histoire. S'il hait la haine, s'il guerroie vaillamment contre la guerre, il a tort de nier sa contribution accessoire mais nécessaire au progrès, et il lui fait en même temps, sous la forme mitigée de la concurrence — si chère aux économistes, contempteurs de la guerre comme lui — une part exagérée dans les développements de l'industrialisme. La sociologie en cela, sous l'influence de l'esprit darwinien, a rétrogradé depuis Auguste Comte, qui avait marqué en traits ineffaçables le rôle majeur de l'enchaînement et de l'accumulation des connaissances, filles de la méditation et non du combat, de l'amour et non de la lutte, dans la marche ascendante de la civilisation.

On peut, à ce point de vue, comparer utilement les sociologues contemporains. Les uns, comme Gumplowicz, outranciers du militarisme, fondent tout le progrès sur la « lutte des races » et l'extermination ou l'asservissement des races vaincues ; les autres, tels que Durkheim, logiques en sens contraire, n'admettent que des agents essentiellement pacifiques de l'évolution. Ce sont là des exceptions. La plupart des penseurs embrassent plus qu'ils ne concilient les deux extrêmes, et il en est, par exemple M. Kidd, qui, s'inspirant à la fois de ces deux esprits opposés, les poussent à bout parallèlement avec l'illusion de les lier ainsi l'un à l'autre. Rien de plus curieux et de plus caractéristique de notre état psychologique européen, que les efforts de ce sociologue profond et original. Il est religieux, il sent profondément la vertu de sacrifice et d'amoureuse immolation de soi qui est inhérente aux religions et qui est à la base de toute con-

struction sociale ; mais il est darwiniste, et telle est sa foi
au *struggle for life* que c'est, non surtout aux religions, mais
à la lutte pour la vie, au déchaînement des égoïsmes en
conflit, qu'il attribue expressément la naissance et la
croissance même du désintéressement, de la charité, de
l'abnégation. Et, réciproquement, tous les progrès dus au
développement de la bienfaisance, du sentiment désinté-
ressé de la justice, de la bonté, consisteraient, d'après lui, à
« avoir permis au peuple, jusque-là tenu à l'écart du
combat, de prendre part à la lutte pour la vie ». Ainsi,
c'est la bataille qui aurait attendri les cœurs, et l'attendrissement des cœurs aurait agrandi le champ de bataille !
Il y a, d'ailleurs, je m'empresse de le dire, de belles et
fortes pages dans le livre de M. Kidd, et il dit très bien,
hélas ! que, par suite du développement de l'individualisme, le progrès moderne a changé la base de la lutte
pour l'existence : « de moins en moins cette lutte a lieu
entre des sociétés, de plus en plus elle s'engage entre les
individus qui les composent ». Ce que la guerre a perdu,
la concurrence l'a gagné. Mais, certes, si l'évolution
devait s'arrêter là, je ne vois pas trop qu'il fallût la bénir :
le conflit des égoïmes collectifs, qui sont souvent des
héroïsmes, a sa splendeur ; le conflit des égoïsmes individuels, qui le multiplient en l'atténuant, peut avoir son
utilité, mais au prix de quelle laideur et de quelle platitude !

Par bonheur, le darwinisme social est en déclin, et la
nouvelle génération philosophique qui s'élève, en France
notamment, s'en détourne pour s'orienter vers d'autres
idées. Je n'en veux pour preuve que ce titre significatif
donné par un de nos jeunes littérateurs philosophes,
M. Henri Mazel, à son dernier écrit : *La synergie sociale*.
Synergie, c'est-à-dire sympathie forte, convergence éner-

gique des désirs, des efforts, des amours. Voilà l'âme véritable du progrès. Car dire comme M. Gaston Richard, par exemple (1) — encore un jeune, et un jeune de talent — que l'agent principal du progrès est le *régime de la discussion,* de la lutte mitigée, du militarisme verbal et verbeux, autant dire que les agents principaux du progrès des sciences ce sont les congrès et non les laboratoires. Cette « Synergie sociale » est un des livres les plus touffus et les plus intéressants qui se puissent lire, et je n'entreprendrai pas de le faire connaître, ni même de le résumer. Il y a là beaucoup de verve enthousiaste et juvénile, un fourmillement d'idées. Je ne m'attacherai qu'à deux points.

D'abord, entraîné par son adoration de l'amour, l'auteur, en certains passages, rabaisse vraiment trop l'intelligence. Je lui accorde volontiers qu' « il n'y a pas de société sans amour, comme il n'y a pas d'organisme sans sensibilité ; sans faculté d'aimer, le génie lui-même serait vain, car les plus hautes découvertes ne pourraient rayonner de l'inventeur à l'humanité » ; et, complétant à cet égard mes propres idées, ce n'est pas sans raison qu'il ajoute : « En ce sens, on peut dire que les hautes civilisations sont l'œuvre non seulement de l'élite, mais encore de la masse, puisque les conducteurs d'âmes seraient réduits à l'impuissance si ces âmes se révoltaient contre eux par envie ou par haine. » Mais est-ce une raison suffisante d'adopter la hiérarchie suivante : « Après lui (après l'amour), c'est la volonté qui vient par rang d'importance sociale ; *à celle-ci l'intelligence est inférieure :* de deux nations, l'une énergique, l'autre cérébrale, ce sera la der-

---

(1) *Le socialisme et la science sociale* (Félix Alcan, éditeur, 108, boulevard Saint-Germain, 1897).

nière qui mourra... » Ce sera la dernière qui mourra, c'est
bien possible, mais c'est d'elle qu'aura vécu et se sera
nourrie la survivante, simple vulgarisatrice et *applicatrice*
des découvertes de la première. En réalité, M. Mazel se
contredit ici, puisque, un peu partout dans son ouvrage,
il fait tout procéder, en histoire, des cerveaux supérieurs.
Au fond, le génie aussi est amour, il est synthèse, et la
synthèse est la forme intellectuelle de la sympathie. L'idée
géniale consiste à voir la conciliation logique ou finale de
choses qui jusque-là se heurtaient ou se coudoyaient sté-
rilement.

En second lieu, ne sacrifie-t-il pas lui-même, inconsciemment, au culte de la guerre ou du moins de la lutte ?
Il préconise l'amour, la bonté, la sympathie ; mais il est
aussi de ceux, et ils sont nombreux en France en ce
moment, qui se font les apologistes de ce qu'ils appellent
le « caractère ». Retremper le caractère, aguerrir le caractère, infuser du caractère au peuple français, qui, paraît-
il, en est dépourvu, c'est là, suivant certains, la formule
magique de notre prochaine régénération. Et il est des
écoles dont tout l'enseignement se borne à paraphraser
ces banalités, sans en préciser le sens. Il faut pourtant
choisir entre les diverses significations dont ce terme
ambigu, le caractère, est susceptible ; et le malheur est
que, lorsqu'on cherche à combiner les acceptions multiples où il est entendu, on ne parvient, en général, qu'à
cette notion toute négative : avoir du caractère, c'est,
avant tout, n'avoir pas de cœur, ou, si l'on veut, l'avoir
plus ou moins sec, dur, insensible. Le caractère, c'est le
déploiement de la volonté *militante* encore plus que laborieuse. Aussi M. Barrès a-t-il pu voir en Napoléon un
grand « professeur d'énergie », un grand fabricant de
caractères. Et, de fait, quelle nation, plus que la France,

en son quart de siècle d'épopée impériale ou d'élaboration
révolutionnaire, a fait preuve d'admirable vigueur et de discipline du vouloir? Si donc M. Mazel veut avoir le droit
d'admirer si fort l'énergie, et non pas seulement la synergie, ce qui n'est pas du tout la même chose, il doit se
montrer moins sévère pour la Révolution française.
Cependant, les pages qu'il lui consacre sont des plus
fortes de son livre. Mais il s'est quelque peu démenti en
les écrivant.

Je ne veux pas insister sur ces critiques et quelques
autres réserves que j'aurais à faire. J'aime mieux finir en
invitant le lecteur à contrôler par lui-même l'exactitude
de mes observations ; il n'aura pas à s'en repentir.

Octobre 1896.

LA SOCIOLOGIE DE M. GIDDINGS

Les *Principes de sociologie* de M. Giddings, récemment traduits en français par M. Combes de Lestrade (1), après avoir eu aux Etats-Unis et dans tous les pays de langue anglaise, un succès mérité, sont une des meilleures réponses qu'on puisse faire aux détracteurs ou aux dénégateurs de la science sociale. Ce livre est considérable moins par son volume que par le nombre et le poids des idées qu'il remue et qu'il relie, des matériaux qu'il met en œuvre. Parmi ces idées, il en est, et même, si je ne m'abuse, des plus fondamentales, dont l'auteur m'attribue la paternité, et je ne puis dissimuler que le plaisir de voir ma propre pensée repensée par un esprit original, combinée avec d'autres et diversement accommodée, n'est pas étranger au charme que j'ai trouvé à cette lecture. De là mon embarras à louer cet ouvrage autant qu'il conviendrait; et je crois que la meilleure ou la plus convenable manière d'en faire l'éloge, c'est encore d'en rendre compte avec fidélité. C'est ce que je vais tenter, non sans mêler à mes résumés quelques discussions sur les points, peu nombreux, où l'auteur et moi sommes en dissidence.

Je commence d'abord par une remarque de pure forme, mais souvent « la forme emporte le fond ». On peut

(1) Ce livre fait partie de la Bibioth. sociol. internat. dirigée par M. René Worms (Giard et Brière, 1897).

classer les divers esprits d'après la manière dont eux-mêmes sont portés à classer les choses. Les uns, espèce abondante et même encombrante, ont la manie des divisions tripartites : tels Hegel. Auguste Comte, etc. Il faut toujours qu'entre deux termes dont ils perçoivent la différence (par exemple, entre l'état théologique et l'état positiviste, Comte), ils en introduisent plus ou moins raisonnablement un troisième (l'état métaphysique). Ce sont là les esprits *trinitaires*, reconnaissables à un excès d'inutile complexité même quand ils se piquent de simplisme, et à un certain goût de mysticisme même quand ils se piquent de positivisme. Je me méfie beaucoup de cette forme de cerveau. Combien je leur préfère, — et pour cause, — les esprits *dualistes*, portés aux divisions dichotomiques, les plus claires et les plus explicatives qui soient ! Pour l'amour, comme pour la lutte, tout va par paires dans cet univers. Herbert Spencer rentre dans cette catégorie — et c'est peut-être une des causes de son incompatibilité d'humeur et d'idées avec Comte, auquel il n'a pas toujours rendu justice. Enfin, il existe une troisième classe d'esprits qu'on pourrait appeler *carrés*, car ils ne sont jamais contents d'eux-mêmes tant qu'ils ne sont pas parvenus à diviser leur sujet en quatre points, ou quatre termes. Ils voient tout carrément. Cette variété est, ce me semble, assez rare parmi les Occiden taux ; il paraît qu'elle serait plus fréquente chez les écrivains mahométans. Le dogme de la Trinité a bien pu multiplier les esprits trinitaires dans la chrétienté, à moins que ce ne soit l'inverse ; et il se peut bien aussi, malgré l'étrangeté apparente de l'explication, que la prédilection des Arabes pour les classifications quatripartites, tienne, comme on l'assure, « aux quatre piquets de la tente du nomade ».

Quoi qu'il en soit, M. Giddings a, manifestement, l'esprit quadrangulaire, et je le regrette ; mais, par bonheur, quatre est le multiple de deux, et je n'ai pas grand'peine en général à *dichotomiser* ses *tétratomies*, à simplifier ses quadriges en attelages ordinaires. Qu'on lise sa table des matières : elle est caractéristique. Le volume est divisé en quatre livres, dont chacun se subdivise en quatre chapitres, qui eux-mêmes abondent en quadratures d'idées. Mais en réalité le premier livre, relatif aux « éléments de la théorie sociale » qui comprennent : 1° l'idée sociologique ; 2° le domaine de la sociologie ; 3° les méthodes de la sociologie ; 4° les problèmes de la sociologie, est le vestibule du temple, et aurait tout aussi bien pu comprendre 5 ou 6 chapitres que 2 ou 3. D'autre part, le quatrième livre, sur les « lois et causes du processus social », avec sa subdivision quatripartite non moins arbitraire, a un sujet non pas distinct de celui des livres II et III, mais le même, seulement présenté par son côté-cause. Il s'oppose à l'ensemble de ces deux livres comme la cause à l'effet, comme la loi au phénomène et forme ainsi avec eux une vraie dualité. Et, à un autre point de vue, les livres II et III, l'un ayant trait à la structure sociale, l'autre à l'évolution sociale, constituent un couple non moins naturel, qui est, à vrai dire, la grande division de la sociologie.

Si je prends à part ces deux livres fondamentaux, je constate que leurs deux subdivisions en quatre termes se correspondent terme à terme, le premier au premier, le second au second, etc., mais je ne tarde pas non plus à m'apercevoir que, dans les deux, le premier et le troisième termes sont unis par un lien profond, ainsi que le deuxième et le quatrième. En effet, ce que l'auteur, dans le livre sur la structure, appelle la *composition* sociale n'est que la suite et le développement de la *population sociale*, de même que ce qu'il appelle la *constitution* sociale et oppose très justement à la composition, est un effet de l'*esprit social*. Pareillement, dans le livre sur l'Evolution, l'*association ethnogénique*, la nationalité, dérive de l'*association zoogénique*, de la peuplade animale, de même que l'*association démogénique*, l'Etat, est le produit le plus pur de l'*association anthropogénique*, de l'agrégation proprement humaine.

En vérité, cet ouvrage en damier, avec ses carreaux si nets, ne rappelle-t-il pas ces villes américaines bâties sur un plan, toutes carrées, aux rues coupées régulièrement à angles droits ? C'est à croire que M. Giddings, qui est de New-York, les a prises inconsciemment pour modèles, comme l'arabe écrivain les « quatre piquets de la tente ». Mais, comme on le voit, sous cette symétrie artificielle, il est facile de retrouver des divisions dualistiques fondées sur la nature des choses. Ce premier petit reproche n'a donc pas lieu de nous arrêter plus longtemps.

I

Occupons-nous d'abord du premier livre, ou plutôt, dirons-nous, du livre préliminaire. Comme nous, M. Giddings entend psychologiquement la sociologie, malgré la part très large qu'il concède aux influences de race et de climat. Avant tout, le sociologue doit être psychologue. « La psychologie est la science des associations d'idées ; la sociologie est la science des associations d'esprits. » Il combat l'idée de l'organisme social, de « l'analogie biologique si rabattue. » Certainement, « en certains points fondamentaux (p. 60), l'organisation sociale ressemble à l'organisation vitale, mais, dans tout ce qui motive l'expression de M. Spencer — évolution *super-organique* —

elle a son caractère spécial et ne peut se classer parmi les organismes. » Non moins juste est la critique de la division ordinaire en *statique* et *dynamique* sociales ; la statique fait partie de la dynamique. Puisqu'on a voulu interpréter mécaniquement, comme ailleurs biologiquement, la sociologie, où il s'agit de « logique sociale » et non de mécanique, au moins aurait-on dû adopter des expressions correctes et opposer la statique à la *cinématique*, non à la dynamique.

Peu importe au fond. Ce qui nous intéresse davantage, c'est la notion du fait social essentiel, élémentaire, caractéristique. A mon avis, c'est un rapport inter-psychique qui, suivant qu'on le regarde par sa face objective (scientifiquement plus maniable et plus nette) ou par sa face subjective, apparaît comme *imitation* ou comme *sympathie* innée, suggestibilité, sociabilité. Est-ce aussi l'avis de M. Giddings ? Pas tout à fait, mais il s'en faut de bien peu ; car, si, malgré le large et habituel emploi fait par lui du principe de l'imitation et de ses lois, il croit devoir donner au groupe social un lien autre que l'ensemble des similitudes imitatives qu'il renferme, en réalité, ce lien, « la conscience d'espèce », dit-il, n'est guère, à bien entendre cette expression assez impropre, que la face subjective du fait dont je viens de parler. Cette soi-disant « conscience d'espèce » — d'espèce sociale, bien entendu, et non physiologique — c'est ce que j'appellerais plutôt la sympathie sociale, autrement dit le sentiment précis des limites du groupe social. Mais est-il vrai que ce cercle social n'existe et n'est limité que par la conscience nette, ou même vague, qu'on en a ? Ne peut-il pas s'étendre, ne s'étend-il pas souvent, bien plus loin que les individus qui y sont compris n'en ont le sentiment ? C'est par leur mise en relation et en contact qu'ils apprennent à reconnaître leur *identité spécifique*, c'est-à-dire leur similitude non pas précisément de traits corporels mais d'idées, de croyances, de mœurs, de langage, toutes ressemblances formées par des millions et des millions de propagations imitatives. Auparavant, cette identité « spécifique » existait bien, mais ils ne s'en doutaient pas. Aucun des chrétiens du moyen âge ne savait jusqu'où s'étendait la chrétienté. — Ce que je m'empresse de reconnaître, c'est que, à partir du moment où deux hommes viennent à avoir conscience de leur identité sociale, cette identité se précise et s'accentue singulièrement. M. Giddings a donc eu raison de mettre en lumière l'importance de cette conscience-là, qui, pas plus que la conscience individuelle, n'est un simple épiphénomène... Il a ainsi très heureusement complété, plutôt que contredit, ma manière de voir.

Oui, cette conscience sociale est importante, même dans ses erreurs. Car elle se trompe fréquemment, et c'est ce que notre auteur oublie de dire. Sans compter qu'elle se contredit parfois. On peut à tort se croire compatriotes sociaux, se sentir tels, quoiqu'il n'en soit rien. Les sujets d'un immense Empire, tel que l'Empire romain, pour avoir revêtu un même uniforme de civilisation superficielle, adopté les mêmes formes de luxe, construit partout les mêmes amphithéâtres, les mêmes thermes, les mêmes temples, se persuadent trop vite qu'ils sont tous compatriotes sociaux. Un choc de barbarie, qui les disjoint, suffit à dissiper leur illusion, d'ailleurs bienfaisante et propre à réaliser à la longue l'union imaginaire qu'elle affirme. C'est un rêve fécond, une foi qui crée son objet. — Mais, en général, c'est plutôt par défaut que par excès que s'abuse la foi dont il s'agit, et ce sont là ses erreurs les plus déplorables, source de tant de crimes et de douleurs, de guerres et de catastrophes. La similitude sociale, en effet — toujours mélangée, bien entendu, de beaucoup de différences — va beaucoup plus loin, d'ordinaire, que la conscience qu'on en a. Dès maintenant, tous les peuples européens sont baignés dans une même civilisation romano-chrétienne, ouvrent les yeux au même soleil scientifique, aux merveilles d'un même art, et ils sont bien éloignés de se sentir déjà liés par cette grande communion sociale.

C'est surtout dans les classes inférieures de la société que s'observe cette étroitesse persistante de la « conscience d'espèce » ; celle-ci, chez elles, ne s'élargit que lentement, à l'exemple des classes supérieures, qui les devancent constamment dans la voie de ce progrès capital. Et, à ce propos, j'ai une petite critique à formuler contre une distinction des classes proposées par notre auteur. Il en compte quatre, naturellement, et les distingue d'après la force et la précision de la conscience sociale en chacune d'elles. Mais, est-il vrai, comme il le prétend, que le maximum d'intensité de ce sentiment majeur soit inhérent à l'élite, au groupe généreux et dévoué des « aristes » comme diraient nos jeunes moralistes, et que, en descendant l'échelle, on voit s'affaiblir, s'effacer, s'évanouir ce sens des limites du cercle social ? Non, l'inverse est plutôt vrai. Les classes éclairées, accusées en tout temps, et non toujours à tort, d'être cosmopolites et internationalistes de cœur, sont celles où ce sens spécial est le plus émoussé, où la conscience d'espèce a le moins de netteté parce qu'elle a le plus de largeur et s'étend sans cesse, en une indétermination salutaire, en une confusion propice aux extensions graduelles et contagieuses, au delà du champ patriotique où celle des classes inférieures reste jalousement fermée.

Sans ce caractère émoussé, mal déterminé, qu'elle présente en hant, elle ne serait pas indéfiniment extensible et susceptible de s'élargir peu à peu, jusqu'en bas. — Il n'est pas vrai, non plus, que, dans les classes criminelles, justement appelées par Giddings anti-sociales, la conscience d'espèce fasse défaut. Elle comprend, il est vrai, un tout autre groupe que celui des honnêtes gens, mais, dans le milieu des professionnels du crime ou du délit, elle est fort nette. C'est donc, non d'après le degré de netteté de cette conscience, mais d'après l'étendue et la nature du groupe auquel elle s'applique, que se mesure la moralité, la *socialité* des individus.

Autre chose, en somme, est la socialité, autre chose est la conscience qu'on en a, et qui est si souvent trompeuse, si rapidement changeante, toujours factice à quelques égards. Au point de vue théorique, où nous nous plaçons, il importe moins de savoir si cette conscience d'espèce — disons plutôt de clan, de parti, de classe, d'église, de nationalité, de civilisation commune — est ou n'est pas, que de savoir comment elle s'est formée, par quelle suite et quelle accumulation de petites assimilations imitatives, et pourquoi elle est telle et non autre, pourquoi elle s'attache de préférence tantôt aux similitudes religieuses, tantôt aux similitudes politiques, morales, économiques, esthétiques, linguistiques. Autant d'ordres différents de similitudes, en effet, autant de différentes « consciences d'espèce », et c'est une erreur de supposer implicitement qu'il n'en existe qu'une seule. Rien de plus multiforme et de plus multicolore que cette notion. Le sentiment de la confraternité et de la solidarité qu'elle implique naît en nous des motifs les plus divers, à la vue des signes les plus variés. Il faut se garder de confondre le sentiment de confraternité de classe, que

suggère la communauté des travaux, des mœurs, des
besoins, parmi les ouvriers ou les paysans d'un continent
à travers les frontières qui les séparent, avec le sentiment
de la confraternité patriotique qui lie en gerbe les classes
quelconques d'un même pays, ou avec le sentiment de
la confraternité religieuse qui, au moment d'une « guerre
sainte » fusionne en cette patrie des âmes, l'islam ou la
chrétienté, tous les adorateurs d'un même Dieu sur
toute la surface de la terre.

Notons aussi le caractère en partie artificiel de cette
conscience collective. Quelle que soit la catégorie de similitudes qui la suggèrent, il s'agit toujours d'une ressemblance impure, imparfaite, plus ou moins mélangée
de différences. Or, c'est par des degrés insensibles que la
part des ressemblances va s'accroissant et celle des différences s'atténuant ; mais c'est brusquement que le poids
des premières l'emporte un beau jour, fait pencher la
balance de son côté et détermine une conscience de solidarité confraternelle et exclusive qui, la veille encore,
hésitait à se déclarer. La démarcation nette des patries,
des États, des classes, et aussi bien des religions, est une
discontinuité fictive substituée à la continuité ou à l'*im-
précision* naturelle des cercles sociaux fondus les uns dans
les autres comme ceux de l'arc-en-ciel. C'est ainsi que
le langage — si l'on me permet ce rapprochement — dé-
coupe en phrases et en mots discontinus le flot continu
de nos perceptions et de .nos idées, met en mosaïque
cette peinture. De là les illusions d'optique mentale attachées à la parole et fécondes en métaphysiques. La parole
nous individualise nos idées en les détachant, et leur
prête un faux air d'êtres réels. De même, en creusant un
fossé, qui devient facilement un abîme sanglant, entre le
compatriote et l'étranger, souvent presque aussi sem-

blables l'un à l'autre que les compatriotes entre eux, la conscience d'espèce nous exagère et dénature la réalité de l'agrégat social, qu'elle détache en un isolement apparent ; et d'elle est née la conception de l'organisme social, dont le miroitement illusoire a égaré les plus profonds esprits.

C'est à des signes extérieurs toujours plus ou moins conventionnels, à des particularités du vêtement ou des manières, que ce sens particulier, ce flair subtil et délicat, reconnaît qu'on est du « même monde ». Et ces signes, assez souvent trompeurs, comme lorsqu'un espion étranger est accueilli en frère sous l'uniforme national ou parce qu'il a l'accent du pays, sont toujours très inégalement sûrs. Les plus sûrs, chez les animaux et aussi chez les hommes primitifs, sont tirés du toucher et de l'odorat. Les chiens se flairent, les fourmis se palpent. Les hommes, plus crédules aux indications des sens supérieurs, se font de la vue et de l'ouïe un tact et un odorat à distance (1). D'où une bien plus grande faillibilité de leurs jugements à cet égard.

Je ne puis donc apercevoir aucun avantage, je ne vois que des inconvénients, à donner pour point de départ à la sociologie la conscience d'espèce, interprétation subjective des liens sociaux, et non l'imitation, fait objectif, tisserand caché et silencieux de ces liens. Ce n'est pas que l'importance de cet agent continuel et profond soit

---

(1) Mais regarderons-nous, avec M. Giddings, le baiser comme une survivance de l'antique et animale exploration tactile du congénère ? J'y verrais plutôt l'effet que la cause de la conscience d'espèce, ou, pour mieux dire, de la sympathie. La sympathie, comme l'amour, se révèle par sa tendance à se rapprocher de plus en plus, jusqu'au contact. Le baiser, en simulant ou exprimant ce mutuel désir de rapprochement, est, non pas la découverte de la raison d'être amis ou alliés, mais le sceau d'une alliance ou d'une amitié déjà reconnue.

méconnue par notre auteur (1). L'imitation est, dit-il quelque part (et je cite ce passage entre mille), le procédé de socialisation le plus subtil et le plus efficace. « Il (ce procédé) crée un langage commun, des manières de penser communes, et de communes façons de vivre. C'est lui qui, peu à peu, fondra tous les éléments exotiques des Etats-Unis dans un type américain persistant.» (p. 106). « L'imitation est le grand facteur social de la vie économique. » Et, à plus forte raison, de la vie esthétique. « Si l'on retirait de la vie sauvage ses fêtes et ses danses, il y resterait peu d'activité sociale. La danse est, à l'origine, la dépense d'un surcroît d'énergie, aussi spontanée que les gambades des animaux ; mais, à la différence de celles-ci, ce plaisir humain est vite soumis à des formes conventionnelles. L'imitation cause cette transformation » (p. 113). « Elle harmonise une population et *élargit la conscience d'espèce...* » (p. 108). Notons que la conscience d'espèce résiste souvent, ou plutôt résiste toujours, sous la forme d'un patriotisme étroit ou d'un sectarisme intolérant, aux élargissements de lien social que le rayonnement imitatif tend constamment à étendre hors frontières.

Mais une objection m'est faite : l'imitation, me dit-on (p. 98 et s.), ne saurait être le trait distinctif du fait social, ni l'agent caractéristique du lien social, car elle a lieu

---

(1) Il sait très bien que les similitudes d'origine imitative sont le fondement de la conscience d'espèce. Par exemple, dans son chapitre sur l'*Evolution anthropogénique*, il montre très bien comment la formation du langage, cause et effet de l'association, — du langage, collection d'échos, produit imitatif par excellence, — a contribué principalement à provoquer la conscience d'espèce. — Bien mieux (p. 116), il lui attribue la conscience même que l'individu acquiert de sa personne propre. « Cette conscience est un effet de ses observations, de son imitation d'individus pareils à lui-même ».

entre adversaires qui luttent ensemble, même à main armée, aussi bien qu'entre compatriotes et collègues. « Quand deux hommes se battent, chacun d'eux copie instinctivement les coups de l'autre. Si deux armées guerroient, chacune répète beaucoup des manœuvres de l'autre… On voit clairement à présent pourquoi l'imitation ne peut pas être regardée comme le phénomène social caractéristique, *quoique facteur de toute activité sociale*. L'imitation est une part du conflit primaire entre des animaux ou des hommes qui luttent à mort, aussi bien que du conflit secondaire qui continue parmi les animaux ou les hommes unis par des relations sociales » (1). Je suis d'autant plus surpris de cette objection que M. Giddings considère la lutte, même guerrière, comme un des plus puissants moyens de socialisation. Or, en dépit de ce que j'ai pu dire ailleurs contre les préjugés belliqueux, il n'est pas possible de nier, malheureusement, que la guerre soit un des débuts les plus fréquents de l'amalgame des peuples, le prélude sanglant de leur fusion en une même société, empire gigantesque ou fédération internationale. Mais pourquoi en est-il ainsi, si ce n'est parce que, même en se combattant, les peuples se copient, et surtout parce que ce mutuel emprunt des armements et des tactiques les conduit à s'en faire beaucoup d'autres, et de plus importants, en fait de mots, de droits, d'idées, de connaissances, de mœurs ? Le *conflit primaire*, c'est-à-dire

(1) Giddings entend par *conflit primaire* le choc de deux masses, de deux corps, de deux esprits qui sont encore extérieurs l'un à l'autre, mais qui, par ce choc même, parviennent souvent à s'intégrer. Il entend par *conflit secondaire* les rivalités, les luttes intestines qui suivent cette intégration et qui, malgré elle, continuent sous des noms nouveaux la guerre antérieure, transformée et singulièrement atténuée en concurrences de tout ordre. — Il y a peut-être ici un écho des idées développées par M. Noricow dans son bel ouvrage sur les *Transformations de la lutte*.

antérieur à la socialisation, se rattache intimement au *conflit secondaire,* postérieur à la socialisation, lequel en est la suite adoucie ; et, si le rôle joué dans ce dernier par l'imitation réciproque des concurrents contribue à resserrer entre eux le lien social, on peut dire, au même titre, que, dans les rapports des belligérants, il sert puissamment à le faire naître. Conclusion : l'imitation est si bien le fait social caractéristique que, même dans les luttes entre sociétés, ce qu'il y a de social ou de socialisant est imitatif.

II

Mais c'est assez discuter, revenons à notre compte rendu. Je n'ai pas la prétention cependant de résumer en quelques pages un si substantiel ouvrage, et, laissant de côté beaucoup d'aperçus intéressants, je vais me borner à quelques points principaux, relatifs à la *structure* et à l'*évolution* des sociétés.

A la *structure* d'abord. A cet égard, l'auteur distingue, avec une finesse judicieuse, la *composition* et la *constitution* sociales. En d'autres termes, il ne veut pas que l'on confonde deux sortes de liens et de groupements sociaux qui, bien que tressés ensemble depuis les plus bas degrés de l'association, ne cessent jamais d'être distincts parce qu'ils émanent de deux principes différents, le principe physiologique de la propagation de l'Espèce par la génération et les solidarités naturelles qu'elle crée, et le principe psychologique du développement de l'Esprit social par des causes proprement sociales. « Par exemple, le groupe domestique est à la fois une famille et un ménage. Comme famille, il est une unité de la composition sociale. Comme ménage, c'est une association économique, destinée à se procurer la nourriture, à fabriquer des étoffes et des outils, et, par suite, une unité de la constitution sociale. » En somme, cela signifie que toute société vraie a un fondement vital, nécessaire, mais subordonné au déploiement spirituel qu'il supporte.

M. Giddings insiste avec raison, comme Auguste Comte, sur la sociabilité innée des animaux dans presque toutes les espèces. Les espèces sociables ne sont pas une exception, comme on le croit généralement ; elles sont plutôt la règle, si l'on a égard aux obstacles qui fréquemment s'opposent à la réalisation sur une grande échelle de leur tendance générale vers la vie rassemblée. Les espèces carnivores seules semblent tendre à l'isolement, mais peut-être (p. 186) ont-elles commencé par être sociales et n'ont-elles perdu qu'à la longue cette aptitude ? Qui sait si, chez le tigre et le lion, la sociabilité ne s'est pas atrophiée par force, comme la vue chez les animaux troglodytes, faute d'emploi possible ? Obligés à vivre d'une vie dispersée pour satisfaire leurs appétits — car, vivant en troupes, ils feraient fuir très loin autour d'eux leur proie et mourraient de faim — ils ont peu à peu pris goût à la solitude et à la férocité.

Quoi qu'il en soit, chez la plupart des animaux, sinon chez tous, la multiplication des individus par la génération forme ou tend à former une « population », sorte de foule pré-sociale en quelque sorte mais qui deviendra sociale et humaine à mesure qu'un esprit collectif suscité par elle se sera affirmé dans son sein par un embryon de langage et viendra proposer des buts conscients aux groupements instinctifs. Cette population, continuant à s'accroître en vertu de son principe naturel, même après l'apparition d'un esprit social en elle, se présente composée de clans-hordes, de tribus, de peuplades, de nations, « groupes qui se ressemblent plus entre eux (dans cer-

taines limites) que ne se ressemblent entre eux leurs éléments individuels » (1) ; et ses progrès sont parallèles
(ce que l'auteur omet de noter) à ceux de la « constitution
sociale » qui, substituant ou superposant à ce damier de
groupes pareils un faisceau d'*associations à but* « plus
dissemblables entre elles que leurs membres ne le sont
entre eux »; embrasse toute la population dans une immense coopération. « La grande association à but de la
société civilisée, c'est l'État », complément en quelque
sorte de la *nation* proprement dite.

Toute population tend, physiologiquement, à s'accroître suivant une progression géométrique ; elle est arrêtée
par les ressources du sol — ou plutôt, étant données ces
ressources, par l'état de ses connaissances. « La *découverte* de ressources plus larges » qui lui permet de nouveaux accroissements, produit exactement le même effet
(l'auteur l'oublie) que la découverte de moyens nouveaux
d'utiliser les ressources existantes. Il n'a garde d'ailleurs,
comme une fraction de l'école de Le Play, d'attribuer au
territoire d'une population le rôle de facteur prépondé-
rant qui déterminerait souverainement la structure et
l'évolution de la société. Il a égard au « surplus d'énergie » que laisse disponible la satisfaction donnée au besoin de subsistance. Cet excédent s'emploie d'abord en
une natalité plus abondante, qui accroît la densité de la
population, puis en émigrations qui l'essaiment. Il arrive très souvent, bien plus souvent qu'on ne le suppose,
et dans les sociétés humaines, même primitives, et dans
les sociétés animales, que des bandes d'émigrants venus

______

(1) « Par exemple, le père, la mère et l'enfant, dans tout type
donné de famille, sont plus différents que deux familles du même type.
Les habitants d'une ville quelconque se ressemblent moins entre eux
que deux villes voisines quelconques. »

de points éloignés, de même espèce mais non parentes, convergent et se rencontrent en certains sites privilégiés, de fertilité singulière, et s'y associent en une « congrégation » naturelle. Il ne faudrait donc pas croire que ce ramassis d'émigrants de tous pays dont les villes américaines, surtout celles de nouvelle formation, donnent le spectacle, soit un phénomène unique, un produit singulier de notre siècle. « A l'état sauvage (p. 38), il y a toujours un afflux de toutes les directions vers les meilleurs endroits de chasse et de pêche. » De là, beaucoup de guerres meurtrières mais aussi force alliances inespérées, cimentées par des mariages et fondées sur des simulacres de parenté. « Probablement, de toutes les congrégations, la plus remarquable est celle, énorme, qui réunit les oiseaux et les animaux émigrants dans les hautes latitudes septentrionales durant le bref été arctique. »

Je passe, à regret, beaucoup de considérations intéressantes. Mais je dois noter la manière dont l'auteur définit l'Esprit social. Il a su éviter ici l'écueil ontologique ou mythologique. L'esprit social, dit-il, « est plus que tout esprit individuel ; cependant il n'existe que dans les esprits individuels ». Il est « la logique sociale dans sa plus haute manifestation ». Le moi social s'incarne toujours dans un esprit individuel momentanément illustre. Il y a une mémoire sociale ; mais c'est tout simplement le trésor des traditions incessamment grossies par des apports nouveaux (1). Il y a une volonté sociale, simple

______

(1) Au lieu d'étudier, comme je l'ai fait, l'alternance de l'*imitation-coutume* et de l'*imitation-mode,* Giddings s'occupe plutôt de leur combinaison qui est si souvent féconde — quand elle n'est pas destructive. — Bien entendu, il ne veut pas qu'on se fasse une idole ontologique de la tradition. « Le professeur Durkheim, dit-il, p. 139, se trompe en

orientation des volontés individuelles qui s'entre-sugges-
tionnent sous la suggestion dominante de meneurs. Il y
a même une volonté des foules, sociétés embryonnaires
et amorphes. Sur l'action des puissantes individualités,
sur l'erreur de croire à la spontanéité des masses mou-
vantes qui ont faussement l'air d'être acéphales, citons
ces remarques fort justes : « Si républicaine dans son
esprit que puisse être une communauté, si intelligents
que soient ses membres, l'opinion publique y est conduite, en quelque mesure, par des esprits influents...
C'est pendant l'agitation anti-esclavagiste que la Presse
est devenue aux États-Unis un organe important de
l'opinion publique. La conviction populaire que la Presse
a désormais submergé toute influence individuelle sous
le déluge quotidien de ses opinions impersonnelles, est
certainement erronée. La Presse a produit son maximum
d'impression sur l'opinion publique lorsqu'elle a été le
porte-voix d'une personnalité remarquable — un Gar-
risson, un Greeley, un Bowles, un Curtis. De plus, le
public ne se rend pas compte que, derrière le rideau,
dans les bureaux des journaux, l'homme à idées, ignoré du
monde, est connu de ses camarades et imprime son individualité sur leur cerveau et leur ouvrage. »

Mais, en avançant dans la lecture de cet ouvrage, on
ne laisse pas d'être surpris de la part vraiment insuffisante qui y est faite aux religions. Elles n'y sont presque
jamais mises à leur rang (1) ; ou bien elles interviennent

disant qu'ils (les produits des traditions) sont des réalités objectives
indépendantes, parce qu'ils peuvent être écrits ; la page écrite n'a pas
de sens si on la sépare de tout lecteur vivant. *Mais à tout instant
ils existent dans une multitude d'esprits en action réciproque,
et, par suite, sont pour chaque esprit aussi objectifs que subjectifs.* »

(1) Voici l'ordre hiérarchique des associations *particulières,*

d'une manière assez inattendue, comme lorsque, par
exemple (p. 278 et 297), le protestantisme, dans la large
acception du mot, est considéré comme une phase nécessaire, et nécessairement progressive (p. 301), des sociétés. Ce n'est pas que l'auteur, éclairé comme il l'est,
méconnaisse jamais explicitement la fécondité sociale du
sentiment religieux ; il sait bien son importance à la
première phase de l'évolution sociale, mais il le cantonne
là, et, même dans ce domaine, le juxtapose au militarisme comme s'il jugeait les deux rivés l'un à l'autre. Ils
sont plutôt rivaux.

Je veux bien que la parole soit née en partie de la
mutuelle excitation des cerveaux par les jeux et les fêtes,
ordinaire sujet de réunion des jeunes animaux ; j'admets
que le langage et la curiosité se sont stimulés l'un l'autre, en relation de génération réciproque et incessante.
Mais une large part revient aussi, dans la formation du
langage, à l'influence religieuse. N'oublions pas le caractère hautement mythologique ou tout au moins animiste
des fictions essentielles de la Langue, qui est une continuelle personnification ou divinisation de l'inanimé.—
D'autre part, n'oublions pas non plus le caractère super-
stitieux de l'obéissance primitive aux chefs, le caractère
de plus en plus rituel et sacré de la coutume et de la loi
à mesure qu'on remonte plus haut dans le passé, enfin
le caractère industriel prêté par les primitifs à l'accomplissement des rites religieux, des sacrifices notamment,
regardés par eux comme le plus productif des travaux...
Mais à quoi bon chercher à démontrer l'importance poli-

d'après Giddings : 1º politiques (clubs, comités de partis) ; 2º juridiques ;
3º industrielles ; 4º religieuses. Ainsi, les Eglises viendraient après les
partis et les syndicats ouvriers. Voir aussi p. 230.

tique, juridique, économique des religions dans l'histoire
de l'humanité ?

M. Giddings simplifie un peu trop, comme beaucoup de
sociologues, cette histoire. Pour lui, la civilisation a trois
stades (ici il devient *ternaire*) : un premier stade militaire, autoritaire et théocratique ; un second libéral, juridique, aristocratique (protestant aussi, dans le sens de
criticiste); un troisième, économique, moral, démocratique. La famille civilisée se transforme en même temps
que la société civilisée et traverse aussi trois phases :
1° la famille religieuse et despotique ; 2° la famille « ro-
mantique », instable ; 3° la famille éthique et stable, qui
sera, paraît-il, celle de l'avenir — quoiqu'il n'y paraisse
guère pour le moment à voir monter lamentablement la
courbe du divorce... — Je ne discuterai pas cette loi des
trois états, visiblement inspirée par celle de Comte avec
laquelle elle s'accorde assez bien pour le fond des idées.
Si on cherchait à l'appliquer en dehors de l'histoire, et
de l'histoire moderne, des peuples occidentaux, on aurait
de la peine. Comme toutes les lois d'évolution historique,
elle a le grand et capital défaut d'être un itinéraire réglé,
à une seule voie, voie bien étroite, où le train social
serait forcé de rouler. N'est-il pas visible qu'à chaque pas
de son chemin chaque nation se trouve dans un carrefour
de routes divergentes entre lesquelles elle doit faire son
choix — librement, diront les uns — différemment,
dirai-je plutôt, pour attester cette diversité de nature,
qui, pas plus pour les nations que pour les individus,
n'est accidentelle, mais leur est essentielle, et jaillit en
eux d'une source profonde, du fond même de leurs éléments tumultueux et cachés? Si l'on considère l'ensemble
de toutes les routes *possibles* des évolutions historiques,
on voit qu'elles forment une ramification touffue à partir

non pas d'un seul mais de plusieurs points de départ.
C'est un réseau arborescent en quelque sorte, où il y a
certainement des degrés d'élévation très distincts et superposés, mais des itinéraires multiples pour monter de
l'un à l'autre ; des itinéraires toujours susceptibles d'être
abrégés, mais non toujours d'être suivis en sens inverse.

La série à trois phases, dogmatisée par M. Giddings,
a donc le grand défaut d'être uniforme pour toutes les
sociétés, et d'être unilinéaire. En Chine, et ailleurs, un
développement industriel considérable ne s'est-il pas
produit, sans avoir été précédé d'une phase « libérale et
protestante » ? Aux États-Unis, la troisième phase, démocratique, n'a-t-elle pas apparu dès l'origine ? L'auteur
admet que cette troisième phase comporte une bifurca-
tion : les sociétés industrielles peuvent évoluer soit en
ploutocraties, soit en démocraties athéniennes. Comment
ne voit-il pas que les autres phases aussi peuvent être
bifurquées, ou *trifurquées ?* Quelle place fait-il à la
phase socialiste, phase non nécessaire à coup sûr mais
certainement susceptible d'être traversée par certains
groupes sociaux ?

Je ne veux pas insister sur ces objections. J'aime mieux
signaler l'intérêt que présentent les pages consacrées à
la théorie du clan, point obscur du problème ethnologi-
que (1). Il est difficile de comprendre et que le clan soit
né de la tribu et que la tribu soit née du clan. L'exogamie du clan est, suivant l'auteur, la cause de cette ob-
scurité. Mais peut-être a-t-il tort de ne pas tenir compte
ici de l'endogamie de la tribu qui, en s'opposant à l'exo-

---

(1) Au sujet du *matriarcat*, l'opinion exprimée est très judicieuse :
« La vérité semblerait être que la famille primitive peut avoir été fondée sur la puissance masculine et que cependant la parenté s'est
comptée par la femme ». Il n'y a là nulle contradiction.

gamie du clan, l'éclaire aussi bien et lui est corrélative. N'y a-t-il pas toujours, et nécessairement, un cercle relativement petit de personnes avec lesquelles il est plus ou moins interdit de se marier, et un cercle relativement grand où le *jus connubii* est circonscrit? L'effet de la civilisation est de rapetisser de plus en plus le cercle exogamique qui, en remontant très haut, est le clan, composé de familles soi-disant parentes, et d'agrandir sans cesse le cercle endogamique, jusqu'à l'étendre sinon à toute la population humaine, du moins à celle des nationaux ou des compatriotes sociaux. L'exogamie, commune au clan et à la famille (car la pratique de l'inceste n'a jamais été qu'exceptionnelle, limitée à des familles dynastiques et réputées divines, Pharaons ou Incas), est ce qui me donne lieu de penser que le clan dérive de la famille, réellement ou fictivement. On conçoit, dans cette hypothèse, que l'exogamie essentielle au groupe familial se soit étendue à un groupe de familles jugées parentes à tort ou à raison, tandis qu'on ne concevrait pas, dans l'hypothèse du clan né de la tribu par fractionnement de celle-ci, que l'endogamie de la tribu se fût convertie, dans le clan, en exogamie, c'est-à-dire que des groupes habitués de tout temps à pouvoir librement se marier entre eux se fussent soumis un beau jour à l'interdiction arbitraire et tyrannique de s'allier.

La sympathie, naturelle à l'homme comme à tous les animaux supérieurs, fait que, de tout temps, il a cherché à embrasser un plus grand nombre de ses semblables dans le lien solide qu'il sentait l'unir à quelques-uns. Ce lien, à l'origine, était surtout la parenté, beaucoup plus qu'une communauté d'intérêts qui, en réalité, faute de division de travail, était très restreinte. Aussi devait-on s'efforcer d'étendre la parenté le plus loin possible, par l'adoption, par le *totémisme* (le totem étant un ancêtre surnaturel, supposé commun) et de l'entretenir avec soin par des récits généalogiques souvent légendaires, puisqu'elle était le seul espoir de la sociabilité progressive. Vain espoir, cependant. Par bonheur, la communauté d'intérêts a été se développant, non pas fictive mais réelle, et susceptible d'unir en faisceau des masses d'hommes bien plus étendues. Mais plus haute encore et plus profonde, est l'union humaine due à la communion des cœurs dans des sentiments identiques, à l'unanimité patriotique ou religieuse des aspirations qui subordonne la mutuelle assistance des individus, chacun travaillant pour le but d'un autre, à leur coopération supérieure en vue d'une fin commune, aimée au point que tous se dévouent et parfois se sacrifient à elle. L'*unisson* des vœux, des idées, des efforts, a plus d'importance sociale que leur *harmonie*. C'est dire que la fameuse division du travail n'est pas le fait capital et culminant de l'association proprement humaine. L'art même, à défaut de la religion et du patriotisme, a plus d'efficacité en cela que l'industrie et le commerce. Les fidèles mélomanes de Bayreuth ont beau être divisés de race et de nationalité, ne se rendre aucun service les uns aux autres, ils n'en forment pas moins, aussi longtemps que dure leur pèlerinage esthétique et même après, un groupe social intense, tandis que les Chinois et les Anglais commerçant ensemble dans un port, même après des années de rapports d'affaires, ne feront jamais une même « société ».

CRIMES, DÉLITS, CONTRAVENTIONS (1)

*Y a-t-il lieu de maintenir dans la législation pénale la
division tripartite en crimes, délits et contraventions ?
Dans la négative, quelle simplification convient-il d'apporter à cette division ?*

La question de savoir s'il y a lieu de réformer ou de
maintenir la division tripartite que notre législation pénale établit entre les crimes, les délits et les contraventions, ne présente pas, il faut le reconnaître, un intérêt
majeur. C'est l'avis de M. Alimena, qui nous apprend
cependant que cette question, à l'époque où a été voté le
dernier Code pénal italien, a soulevé une discussion des
plus vives. Mais pourquoi l'éminent criminaliste ajoute-
t-il que la division bipartite en délits (entendus au sens
générique du mot) et contraventions est plus scientifique?
Je crains qu'il n'ait en cela cédé lui-même à l'influence
d'un certain courant législatif de date assez récente qui
peut être regardé comme une simple réaction contre une
tendance antérieure de tous les Codes européens à se
modeler sur notre Code de 1810. Longtemps, en effet, ce
modèle a régné en Europe. Il n'est pas jusqu'au Code
prussien de 1851 qui, s'inspirant du nôtre, n'ait divisé la
criminalité en trois étages superposés, et il est à remarquer que le Code pénal allemand actuellement en vi-

(1) Rapport au Congrès pénitentiaire, 1895. — Cette étude ne peut
avoir d'intérêt que pour les criminalistes. Je me crois tenu, en conscience, d'avertir le lecteur qui ne serait pas criminaliste ou juriste de
l'aridité du sujet traité.

gueur persiste à adopter cette distinction, assez grave présomption en faveur du caractère rationnel de celle-ci. Le Code autrichien de 1852 l'adopte aussi, mais en la modifiant assez profondément. Bien entendu, on la retrouve dans le Code roumain et dans les anciens Codes hollandais, espagnol, italien même, à l'exception du Code toscan. Au contraire, le nouveau Code hollandais, et le Code italien de 1889, ont introduit la division bipartite et, en apparence, il en est de même du nouveau Code espagnol qui commence par ne reconnaître que la dualité du délit et de la contravention; seulement, il subdivise ensuite la première espèce de méfaits en deux variétés, délits *plus graves* et délits *moins graves*, ce qui nous ramène à la division tripartite, appliquée du reste expressément par cette législation à l'échelle des peines (1).

(1) Ont adopté encore la division tripartite plus ou mois calquée sur celle de notre Code de 1810 : le Code sarde de 1847, le Code du Grand-duché de Luxembourg, le Code belge de 1867 (actuel). C'est d'autant plus à noter, en ce qui concerne ce dernier Code, qu'il a été rédigé sous une inspiration générale nettement hostile à notre législation pénale. En Suisse, il faut distinguer la loi fédérale et les lois cantonales. La division tripartite est visible dans la première et dans presque toutes les autres. Dans le canton de Fribourg notamment, la division est poussée à tel point, que les trois étages d'infractions y sont traités séparément et successivement, tandis que, chez nous, les crimes et les délits, quoique distingués, sont traités ensemble. Le Code hollandais de 1886 n'admet en principe qu'une division bipartite. Mais, en fait, ses commentateurs sont obligés de distinguer les *grands* et les *petits* délinquants. Dans le Code danois de 1866, la division tripartite existe, mais sans une portée pratique suffisante; elle s'entrevoit, mais confusément, dans la loi suédoise en vigueur (1864). La division anglaise des infractions en trois classes, *treasons*, *felonies* et *misdemeanors*, ne correspond pas à la nôtre, car elle est fondée sur la nature des méfaits, plutôt que sur leur degré de gravité. Cependant, les *treasons*, qui sont des délits politiques, ont commencé par être considérés comme beaucoup plus graves que les *felonies*, et

Ce n'est pas arbitrairement que cette division s'est présentée à l'esprit du législateur français de 1810. A peu près partout, et dans tous les temps, chez les peuples qui commencent à se civiliser, la criminalité se divise ou tend à se diviser de la sorte, et cette similitude est, je crois, du nombre de celles qui se produisent spontanément, sans nulle imitation parfois de peuple à peuple.

D'après Thonissen « il y avait en Egypte trois classes de tribunaux échelonnés dans un ordre hiérarchique très bien combinés : dans chaque commune populeuse, un tribunal composé de magistrats locaux pour les *contraventions* légères ; au chef-lieu de chaque nome, un tribunal composé de juges royaux, pour les *délits* d'un caractère plus dangereux ; dans la capitale du royaume, une Cour suprême statuant sur les crimes les plus graves et exerçant la juridiction d'appel ». En Palestine, si l'on en croit, dit l'auteur cité, le témoignage unanime des rabbins, il y avait aussi trois classes distinctes de tribunaux : 1° un tribunal de 3 juges, dans les bourgs, pour les petits délits — lisez contraventions — qui n'entraînaient que le fouet et les peines pécuniaires ; 2° dans les villes, le tribunal des 23, pour les délits d'une gravité supérieure, passibles même de la peine capitale ; 3° enfin, à Jérusalem, le grand sanhédrin, composé de 70 membres, pour certains crimes hors ligne. Notons que c'étaient principalement des crimes collectifs, par exemple, des crimes

les *misdemeanors* dans leur ensemble sont moins graves que celles-ci, comme le prouve le fait que, à leur égard, la mise en liberté sous caution ne peut être refusée par le magistrat instructeur, tandis que, à l'égard des deux autres classes de délits, elle peut l'être. Mais la division, au point de vue de la gravité, serait plutôt bipartite en principe ; on distingue les infractions légères que les juges de paix peuvent juger sommairement et celles qu'ils doivent renvoyer à une juridiction supérieure (*indictable offense*) (Tous ces détails sont empruntés au bel ouvrage de M. Von Listz sur la législation pénale comparée.)

commis « par la totalité ou la majeure partie d'une tribu » ou bien « l'apostasie d'une ville entière ou de la majeure partie de ses habitants ». Il faut y ajouter l'adultère et la fausse prophétie. Dans l'Inde antique, une distinction analogue s'entrevoit à travers les lignes du Code de Yajnavalkya, postérieur à celui de Manou. « Pour l'injure, verbale ou non, les dommages causés aux bestiaux, aux plantations, aux cultures, la loi ne connaît qu'une peine, l'amende graduée suivant la gravité du fait commis ». Ce sont là, à peu près, nos contraventions. « Les peines corporelles sont réservées pour le meurtre et le vol. » Ce sont là les délits des temps barbares, le meurtre alors n'étant pas réputé plus odieux que le vol, dans la plupart des cas, et quelquefois même étant jugé moins punissable. Enfin « les crimes contre le roi ou contre l'Etat sont punis de mort ». Voilà les vrais crimes. Bien mieux, dans l'Amérique ancienne, chez les Aztèques et les Incas, la même distinction se fait jour. Au Pérou, on distinguait assez nettement trois degrés dans les infractions : les grands crimes tels que le sacrilège, la sodomie, le blasphème contre le soleil, l'adultère, l'homicide ; les crimes moindres, par exemple, le défaut d'arrosement des terres ; en dernier lieu les peccadilles légères. Au Mexique, la division est plus nette et s'accentue par une division correspondante des juridictions. En Chine, elle s'exprime aussi. La bastonnade y est réservée aux contraventions et aux délits, avec cette différence, d'après Letourneau, que, pour les premières, elle s'exécute par le petit bout du bambou « ce qui n'est presque pas considéré comme une peine », tandis que pour les secondes, elle a lieu par le gros bout, peine vraiment sérieuse. Quant à la peine de mort, elle frappe les crimes.

Après ce coup d'œil jeté sur des peuples étrangers à

notre civilisation, il semblerait naturel de penser, *a fortiori*, que les législateurs de l'antiquité classique, d'où nous procédons, présentent la même analogie avec la nôtre. Il est cependant bien plus malaisé d'y retrouver la superposition de ces trois étages de méfaits. Elle y est masquée par la complication des juridictions hétérogènes, par la spécialisation et le morcellement des tribunaux. Dans toute l'Europe du moyen âge, il en a été de même (1). A Athènes, l'Aréopage connaissait des meurtres volontaires ; le tribunal des Ephètes, des meurtres involontaires ; et le tribunal des Archontes, des petits délits. L'héliée était un grand jury qui, en matière criminelle, ne jugeait guère que les crimes politiques. Les contraventions étaient réprimées, suivant leur nature, par des magistrats spéciaux : les surveillants des marchés, les inspecteurs des chantiers, les préposés à la police des rues, etc. L'équivalent de tous ces fonctionnaires, sous des noms différents, existait à Rome, où la justice était divisée entre le Sénat, qui jugeait les crimes les plus graves, les *quæstiones,* sortes de jurys spéciaux, et les magistrats divers qui tous joignaient à leur pouvoir exécutif particulier, comme nous dirions maintenant, un certain pouvoir judiciaire. Notre ancienne France présentait la même confusion volontaire des deux pouvoirs. Dans la Rome primitive, on ne voit pas trace de la distinction qui nous occupe, pas même de celle entre les méfaits volontaires et involontaires, et cette confusion se retrouve chez la plupart des peuples naissants. Mais, ce qu'il est intéressant de remarquer, c'est que, au fur et à mesure de ses progrès, par la force des choses, la lé-

(1) Au fond de la distinction féodale des haute, moyenne et basse justice, on retrouve ou on finit par retrouver vaguement notre trinité criminelle.

gislation romaine des derniers temps de la République et
de l'époque impériale distingue nettement trois catégories d'infractions. D'une part, chaque magistrat avait le
droit de réprimer, administrativement en quelque sorte,
non judiciairement, toute inexécution de l'un de ses ordres. La peine était une amende *(mulcta)* ou une correction physique appliquée séance tenante par les licteurs.
En Allemagne, les agents de police ont de même le droit
d'infliger de légères amendes. A cette répression administrative, qui frappe des faits le plus souvent analogues
à nos contraventions, s'oppose la répression judiciaire.
Mais celle-ci est de deux sortes à Rome, l'une agissant
au nom de la société, l'autre à la poursuite des particuliers ; la première réservée aux crimes, aux délits graves ;
la seconde applicable aux délits réputés de gravité
moindre. Les *crimina* étaient jugés par les *quæstiones
perpetuæ*, tribunaux permanents et très spécialisés. Il y
en avait trois pour trois variétés d'homicides : *quæstio
de sicariis, quæstio de veneficiis, quæstio de parrici-
diis*, etc. Un citoyen se portait accusateur au nom du peuple. Plus tard, il fut remplacé par la *cognitio* du magistrat, origine de notre procédure criminelle inquisitoriale.
Les *delicta privata* étaient, par exemple, le vol, la violence, l'injure ; la partie lésée les poursuivait elle-même
devant le juge ordinaire. La différence entre le crime et
le délit était déjà si bien sentie, quoique mal exprimée,
que le casuiste chrétien, fils du juriste romain, la lui a,
je crois, empruntée en opposant le *péché mortel* au *péché
véniel.*

En somme, si imparfait que soit resté le droit criminel
de Rome comparé à son droit civil, il n'en a pas moins
été conduit implicitement par son développement naturel
à des distinctions dont quelques criminalistes contem-

porains contestent en vain le caractère rationnel. Ce qui
est irrationnel, c'est le fondement qu'on a souvent donné
à ces distinctions nécessaires, quand, au lieu d'avoir
égard aux conditions psychologiques et aux conséquences
sociales des diverses catégories de méfaits, on ne songe
à les caractériser que par la nature infamante ou non, et
plus ou moins afflictive, de la peine qui les frappe. Encore est-il juste d'ajouter que l'arbitraire de ces définitions légales est plus apparent que réel, puisque le législateur, en établissant l'échelle des peines, s'est
préoccupé, avant tout, nous le savons, des considérations
morales et utilitaires dont il s'agit.

Demandons-nous cependant, après ce court préambule
historique, quelles devraient être les bases d'une classification vraiment philosophique. La division des tribunaux peut être conçue à une foule de points de vue différents. On peut, si l'on veut, diviser les juridictions
d'après le sexe et l'âge des inculpés : un tribunal spécial
pour les femmes, un autre pour les mineurs. Mais à
quoi bon ? On peut les diviser d'après la classe sociale à
laquelle appartient le coupable : Officialités, Conseils de
guerre, Hautes-Cours, juridiction spéciale pour les délits
des magistrats. Le mouvement démocratique tend à
supprimer ces distinctions. On peut diviser aussi les tribunaux d'après le groupe social intéressé à la répression :
tribunaux domestiques, tribunaux de la cité ou de la
commune ou du fief, tribunaux du roi ou de l'État. Cette
division elle-même va disparaissant. On peut enfin fonder
la division des pouvoirs judiciaires sur la nature de la
criminalité : tel corps judiciaire étant affecté aux offenses
contre la vie, tel autre aux offenses contre l'honneur, ou
contre les biens, ou contre l'ordre public. Et toutes ces
divisions ont été essayées ou pratiquées. Mais elles ont

disparu ou sont en déclin, tandis que la division fondée
sur le degré de criminalité plutôt que sur la nature du
crime est partout en vigueur.

En premier lieu, une différence bien plus tranchée que
celle qui sépare les délits des crimes, doit être établie
entre les crimes ou les délits et les contraventions. Celles-
ci sont d'ordre à part, comme les courbes statistiques en
font foi. Autant la courbe des crimes et celle des délits,
malgré leur inégalité, se ressemblent par leur physionomie générale et le parallélisme de leurs traits principaux,
autant la courbe des contraventions affecte une allure indépendante de la leur et bien autrement capricieuse. Je
sais que ces caprices trahissent surtout les intermittences
de la répression ; pour n'en citer qu'un exemple, le chiffre des délits de pêche poursuivis (car, malgré la loi, je
me permets d'attribuer une nature purement contraven-
tionnelle à ce méfait fictivement délictueux) s'est élevé
brusquement de plus de 6.000 de l'année 1890 à l'année
1891, et cela tient simplement à ce qu'une circulaire sur-
venue vers la fin de 1890 a stimulé efficacement le zèle
des gardes-pêche. Cela ne veut nullement dire qu'en
1890, il y ait eu 6.000 délits de pêche de moins réellement
commis. Mais, souvent aussi, et bien plus souvent en fait
de contraventions qu'en fait de délits et surtout qu'en fait
de crimes, la production même du méfait est influencée
par la connaissance qu'on a du plus ou moins de zèle des
agents chargés de la réprimer ; en sorte que le nombre
des contraventions réellement commises est soumis lui-
même, aussi bien que celui des contraventions poursui-
vies et punies, à des fluctuations assez brusques. Et ces
mouvements de hausse et de baisse, par le caractère superficiel et artificiel des causes qui les provoquent, diffèrent profondément des mouvements de la grande et de la

moyenne criminalité, qui sont dus à des causes naturelles
ou sociales à coup sûr plus profondes.

Il n'est donc pas douteux que le législateur civilisé doit
séparer nettement les contraventions des autres catégories
d'infractions pénales. Personne, que je sache, n'a proposé
ici de ressusciter la thèse des stoïciens, suivant lesquels
c'était une grande erreur d'établir des degrés de gravité
entre les fautes, attendu qu'il n'y a pas de milieu entre
se conformer ou ne pas se conformer à la règle, et que,
par suite, l'auteur d'une peccadille est coupable au même
titre que l'auteur d'un crime réputé capital. Mais ce
n'est pas seulement une différence de degré, c'est une
différence de nature que nous remarquons entre les faits
appelés ou méritant d'être appelés contraventions et les
faits appelés on méritant d'être appelés crimes ou délits.
Les premiers sont de deux sortes ; ils consistent : 1° soit
en actes nuisibles, très nuisibles même, mais involontaires ou inconscients et frappés comme tels d'une punition légère qui est censée devoir servir de *memento* pour
l'avenir ; 2° soit en actes volontaires et conscients. mais
fort peu préjudiciables à autrui, ou, s'ils sont préjudiciables, exempts de tout blâme moral. Ce dernier trait est
la caractéristique générale des actions contraventionnel-
les : il leur est essentiel de n'être jamais déshonorantes,
si graves que soient leurs conséquences et leur châtiment.
Mais, malgré ce caractère commun, les deux catégories
de contraventions que nous venons de distinguer n'en
sont pas moins profondément différentes, et il n'est pas
permis de les confondre. La première, à notre avis, devrait disparaître du Code pénal et ne donner lieu qu'à des
réparations civiles : si grave que soit un préjudice non
intentionnel, non volontaire, la peine qui le frappe, si
légère qu'elle soit, est aussi injuste qu'inutile : injuste,

parce qu'un acte non voulu émane bien de la personne physique, mais non de la personne psychologique et sociale de l'agent ; inutile, parce que l'office de moyen *mnémotechnique* qu'on prête à la répression en cas pareil est purement illusoire. Les homicides accidentels, par suite — qualifiés homicides par imprudence, pour donner une ombre de justification aux poursuites dont ils sont l'objet — devraient n'avoir rien à démêler avec les tribunaux correctionnels ou même de simple police. Il appartient aux seuls tribunaux civils de statuer sur leurs conséquences.

Il y a des actes à la foi intentionnels et gravement nuisibles, qui pourtant ne déshonorent en rien leurs auteurs aux yeux de l'opinion actuelle : tels sont les duels, telle est aussi la *vendetta* dans certains pays. Dirons-nous que ces actes sont des délits ou des crimes? Mais, en les accomplissant, le prétendu coupable n'a fait qu'obéir à la sourde et irrésistible sommation du milieu social, survivance déplorable du passé social; les punir après les avoir commandés, c'est de la part de la société, représentée par son gouvernement, une inconséquence criante. D'autre part, les laisser se propager sans nulle répression, c'est un danger public. Que faire ? Les considérer comme des espèces de contraventions, par hasard? Ce serait ridicule. De tels faits déférés à un juge de paix ! Il est manifeste que la nécessité d'un tribunal spécial, destiné à éclairer l'opinion et à préparer ses rectifications futures sans la heurter de front dès à présent, se fait ici sentir.

Il ne reste donc à inscrire en tête des contraventions que les infractions intentionnelles, mais de trop faible importance pour mériter d'entacher l'honneur. Ce sont de beaucoup les plus nombreuses, et leur nombre pour-

rait facilement être grossi aux dépens de celui des délits :
l'audience correctionnelle gagnerait à s'alléger, par
exemple, des soi-disant délits de pêche et de chasse, et de
certaines scènes de pugilat rustique qualifiées coups et
blessures, qui ne sont pas plus graves que les voies de
fait, les injures verbales, ou même certaines contraventions à la police du roulage, jugées en simple police. Ce
transbordement aurait peut-être, en outre, cet excellent
effet de relever l'importance, sinon le niveau, de ce dernier tribunal. Ce relèvement s'impose d'autant mieux que
le progrès de la civilisation a pour effet, par la réglementation croissante, de multiplier les variétés de contraventions, au sens indiqué ci-dessus, beaucoup plus que les
espèces d'incriminations délictueuses et surtout criminelles. Sans doute, il crée sans cesse de nouveaux crimes :
à l'homicide, seul crime connu des sauvages les plus
abaissés, il ajoute, après l'invention du feu, l'incendie ;
après l'invention de l'écriture et de la monnaie, le faux
et la fausse monnaie ; après l'invention des explosifs, les
explosions de dynamite, etc. Mais un moment arrive où
il simplifie, bien plus qu'il ne la complique, la liste des
crimes. Il l'épure, en faisant descendre peu à peu, du rang
des crimes au rang des délits, par la correctionnalisation
légale d'abord, judiciaire ensuite, ou en éliminant tout à
fait du domaine pénal, certains actes, tels que la sorcelle-
rie, le blasphème, l'adultère, le vol. Au contraire, la liste
des contraventions s'enrichit toujours, et il n'est peut-être
pas d'indice plus sûr de ce qu'on appelle *le progrès*. Quant
aux enrichissements que reçoit aussi la liste des délits
proprement dits, si l'on y regarde de près, on verra
qu'en réalité, sous le nom de délits, on a créé le plus souvent de nouvelles contraventions, par exemple les infractions à la loi sur la conscription des chevaux. D'autres

fois, mais rarement, de véritables délits nouveaux ont
apparu. Je note de nouvelles incriminations très légitimes
de ce genre dans l'avant-projet du Code pénal suisse (1) :
« article 143. Celui qui aura sciemment exposé des hommes ou des animaux au danger de contracter une maladie
contagieuse sera puni de l'emprisonnement jusqu'à cinq
ans. » Mais aussitôt, voici qu'une nouvelle contravention
apparaît comme corollaire : « Celui qui, par sa négligence, aura exposé des hommes et des animaux au danger de contracter une maladie contagieuse sera puni de
l'amende jusqu'à 2.000 francs. » Le législateur helvéti-
que, on le voit, n'y va pas de main morte et atteste vigoureusement de la sorte sa foi aux théories microbien-
nes à la mode, dont il est assez curieux de noter déjà le
contre-coup sur la législation pénale. Le même document
incrimine, en outre, plusieurs nouveaux délits, dont
quelques-uns sont des crimes et d'autres de simples contraventions, contre les chemins de fer et les bateaux à
vapeur, contre le télégraphe et le téléphone. Ce qui est
manifeste, ce me semble, c'est que, pour un nouveau
genre de crime ou de délit véritable que l'invention des
chemins de fer, par exemple, a fait naître, elle a enfanté
dix ou vingt sortes de contraventions nouvelles, qu'il
importe au plus haut degré de réprimer sans cependant
leur attacher artificiellement un caractère déshonorant
qui répugne à leur nature.

La distinction des contraventions étant ainsi justifiée,
il nous reste à examiner ce qu'il y a de fondé dans celle
des crimes et des délits. Observons qu'on franchit, en
fait, la barrière qui sépare les crimes des délits, bien plus
souvent et plus facilement que celle qui sépare les délits
des contraventions. Le parquet correctionnalise fréquem-

(1) Traduit par Alfred Gautier — Bâle et Genève — 1894.

ment les crimes, parce que la plupart de ceux-ci ont
leurs correspondants atténués dans la liste des délits;
mais il est très rare qu'il transforme les délits en contraventions, car il n'est presque pas de contraventions qui
correspondent à des délits dont elles seraient l'équivalent
mitigé. Plus fréquente est la transformation d'un fait
délictueux en simple litige ; on *civilise* de la sorte beaucoup de délits d'escroquerie et d'abus de confiance mal
caractérisés. Il est à noter que le parquet, qui correctionnalise si aisément les crimes, ne *criminalise* jamais
ou presque jamais les délits. Je dis presque jamais, car,
en réalité, dans quelques réquisitoires introductifs, on
attribue parfois à certains abus de confiance qui paraissent simples, le caractère d'abus de confiance qualifiés,
malgré la faible probabilité de cette circonstance aggra-
vante, parce que, si on ne la relevait pas, sauf à l'écarter
plus tard, on n'aurait plus le droit de les poursuivre,
comme déjà couverts par la faible durée de la prescription correctionnelle. Mais, à ces quelques rares exceptions
près, on peut dire que la transformation légale ou judiciaire des crimes en délits, à notre époque, est un changement *irréversible*. Il y a cependant force vols simples,
commis par des professionnels, qui devraient être *cri-
minalisés* par la loi elle-même, car ils sont plus graves
que bien des vols qualifiés.

Dirons-nous que le progrès constant et continu de la
correctionnalisation révèle une tendance générale à supprimer la barrière séparative des crimes et des délits et à
confondre ces deux compartiments de méfaits en un seul ?
Non, il a plutôt pour effet d'accentuer cette distinction,
de mettre en plus haut relief les faîtes culminants de la
criminalité. Si l'on cherche à analyser les mobiles qui
poussent les parquets à correctionnaliser de plus en plus,

on découvre à ce courant sans cesse grossissant des
sources multiples : d'abord, le besoin chaque jour mieux
senti d'échapper à la compétence du jury, de rétrécir son
périlleux domaine : puis un air de gravité moindre attribué à certains faits qui jadis auraient paru plus graves,
mais à certains faits seulement, tels que les actes d'immoralité, et nullement aux odieux attentats contre la vie
humaine, qui, au contraire, grandissent d'autant aux
yeux de tous ; enfin, le penchant des membres du ministère public, encouragé par les Parlements et les circulaires ministérielles, à faire le plus d'économie possible sur
les frais de justice, des économies même qu'il me sera
permis de juger à présent excessives et abusives. On ne
les obtient, en effet, qu'en substituant à la procédure
lente et coûteuse des affaires d'assises, où l'instruction
officielle notamment est de rigueur, la procédure rapide
des affaires correctionnelles qu'il est loisible de ne pas
confier au magistrat instructeur, qu'en réalité on lui
confie de moins en moins, et où, par suite, il est si facile
d'économiser l'argent du Trésor que, en quelques années, la moyenne des frais, par tête de prévenu, est des-
cendue de 22 francs à 13 francs. Avantage, il est vrai,
acheté un peu cher, si, comme je le crois, il a contribué
à produire l'augmentation considérable des affaires de-
meurées impoursuivies à défaut de preuves suffisantes.
En somme, on voit que, parmi ces causes diverses de la
correctionnalisation, il n'en est aucune qui implique
l'inopportunité de distinguer deux degrés de criminalité
et le caractère irrationnel de cette distinction. Pourquoi
deux degrés seulement ? peut-on demander. Et il est certain que, du plus abominable des parricides au plus inof-
fensif des maraudages, il y a une infinité de degrés intermédiaires. Mais c'est précisément pour cela que, ne

pouvant pas les spécifier tous, et ne voulant pas néanmoins les confondre absolument, le législateur a dû se borner à une seule démarcation, artificielle mais pratique. Est-ce qu'après tout, l'artificiel, quand il est pratique, c'est-à-dire adapté aux besoins sociaux, n'est pas ce qu'il y a de plus essentiel à la vie sociale, de plus rationnel même et de plus logique?

Cette découpure, du reste, est beaucoup moins arbitraire qu'elle n'en a l'air; et cette vérité apparaîtrait bien mieux si, comme il convient, la liste des crimes était simplifiée, allégée de tout ce qui l'encombre inutilement. Quelle nécessité y a-t-il de maintenir, *de nos jours*, au rang des crimes, les attentats aux mœurs autres que le viol, et la plupart des vols qualifiés, et les incendies volontaires inspirés par la cupidité, qui n'ont fait courir aucun risque aux personnes? C'est la récidive de ces faits qui seule devrait peut-être avoir pour effet de les *criminaliser* par exception. Le crime par excellence, c'est l'assassinat, comme le délit par excellence est le vol. Cette dualité se ramène à celle de la cruauté et de l'improbité. N'y a-t-il pas là une différence de nature, jointe à une différence de degré ? A un autre point de vue, le *crime* est ce qui produit, ou tend à produire, ou est réputé produire, une alarme et une indignation générales ; le *délit*, ce qui ne produit habituellement qu'une alarme et une indignation locales ; la contravention, point d'indignation du tout et presque point d'alarme. Chez les barbares, la plupart des faits que nous appelons crimes ne donnent lieu qu'à une alarme toute locale et n'indignent personne, parce qu'il s'agit presque toujours de faits de meurtre ou de pillage par *vendetta*, dont la répression n'intéresse que les membres d'une famille ou d'un clan. Aussi ces faits qui, dans nos sociétés, parce qu'ici ils ont un autre mobile et une autre nature, alarmeraient autant qu'ils indigneraient tout le monde, sont-ils traités pêle-mêle avec d'autres faits, de vol par exemple, que nous considérons comme un simple délit. Ou plutôt, chez les barbares, c'est le vol qui, étant alarmant et révoltant pour tout le public, est regardé comme un crime, tandis que le meurtre est réprimé avec plus d'indulgence. A cette phase des sociétés, la distinction du crime et du délit est, en apparence, inverse de la nôtre, mais, au fond, elle repose à certains égards sur les mêmes fondements que la nôtre. Aux yeux des peuples les plus barbares, il y a des crimes, tels que la lâcheté devant l'ennemi, la trahison, le brigandage, qui sont réprimés par l'action publique, parce qu'on sent bien qu'ils intéressent le groupe social tout entier.

Ajoutons que la distinction du crime et du délit, ou du moins des méfaits de violence très alarmants pour tous, et des méfaits de ruse et d'astuce, alarmants pour quelques-uns seulement ou beaucoup moins alarmants pour tous, s'est produite bien avant que la notion de contravention ait apparu. Celle-ci est un fruit de la civilisation.

A mesure que les Etats s'agrandissent, et que le champ social dont ils sont les parcelles s'élargit, le nombre diminue des crimes qui causent une alarme et une indignation vraiment générales. Il n'y a plus maintenant que les explosions de dynamite ou les actes de trahison militaire qui aient ce caractère bien marqué. En effet, le risque résultant de l'impunité va s'affaiblissant pour chaque citoyen par suite de l'accroissement des peuples. De là, en partie, l'indulgence croissante de la répression. En revanche, la curiosité dont le crime est l'objet, grâce à l'étendue des informations et aux vulgarisations quotidiennes de la presse, va grandissant ; et aussi bien va se répandant une certaine contagion d'horreur désintéressée, ou, dans le cas de crimes passionnels, de sympathie soit pour le criminel soit pour sa victime, émotion oiseuse qu'il faut bien se garder de confondre avec l'alarme et l'indignation. S'il s'agit d'affaires d'une nature ou d'une couleur politique, plus ou moins empruntée, l'intérêt si vif qui s'attache à leur discussion est d'un caractère plus complexe encore et plus impur. Il y entre beaucoup plus de dénigrement haineux et de mépris envieux que d'indignation et d'alarme sincères. Malgré tout, cette émotion composite, quand elle se généralise, mérite qu'on y ait égard, en réservant une place à part et hors ligne aux affaires qui ont le privilège de la susciter. Aussi, est-il naturel de les séparer des autres au point de vue de l'extradition notamment et de la prescription. Prend-on garde à cela quand on répète si légèrement que la distinction des crimes et des délits n'a aucune raison d'être ? Est-ce qu'on proposerait sérieusement d'étendre le droit d'extradition à tous les faits délictueux, aux simples vols, aux simples outrages à la pudeur, et d'établir une prescription d'une durée égale pour un parricide et pour une grivèlerie ? Dans ce cas, quelle sera cette durée unique : celle des crimes qui s'étendrait aux délits, ou celle des délits qui s'étendrait aux crimes, ou une durée intermédiaire ? Ne voit-on pas qu'il en est des fautes comme des taches et que les plus profondes sont en même temps les plus lentes à s'effacer ? Si l'on se lance dans cette voie, il faut aller jusqu'au bout et déclarer les contraventions elles-mêmes prescriptibles dans un délai égal au précédent et non beaucoup moindre.

Sous d'autres rapports encore, notre division tripartite se justifie. Aux contraventions, évidemment, ne doivent jamais s'appliquer ni la punition de la simple tentative, toujours punissable pour les crimes et quelquefois pour les délits, ni l'annulation du sursis conditionnel accordé au délinquant qui a bénéficié de la loi Bérenger, ni l'inscription au casier judiciaire. Les mêmes considérations montrent la convenance de ne pas confondre les crimes et les délits : distinction qui, du reste, s'imposera nécessairement aussi longtemps qu'on s'obstinera à maintenir l'institution du jury. On ne peut songer à incriminer la tentative pour tous les délits comme pour tous les crimes, il faut donc distinguer ici ; et, quand l'excellente institution de notre casier judiciaire sera battue en brèche, on sera bien obligé de distinguer aussi entre les condamnations légères qui, à la rigueur, peuvent, sans trop de danger, ne pas y figurer ou n'y figurer que pour un temps, et celles qu'il importe essentiellement d'y maintenir inscrites jusqu'à la réhabilitation ou à la mort.

Par tout ce qui précède, nous nous croyons donc autorisé à conclure : 1° qu'il n'y a nul intérêt rationnel à effacer notre division tripartite et qu'il y a un intérêt pratique à la conserver, à moins que, après l'avoir supprimée en apparence, on ne la rétablisse en réalité sous des noms différents ; 2° mais qu'il convient de simplifier beaucoup, pour l'épurer, la liste des crimes en grossissant d'autant celle des délits, et d'épurer aussi cette dernière en rejetant beaucoup de prétendus délits parmi les contraventions ; 3° qu'enfin il y aurait lieu, inversement, en cas de récidive, de criminaliser certains délits.

TABLE DES MATIÈRES

www.ingramcontent.com/pod-product-compliance
Ingram Content Group UK Ltd.
Pitfield, Milton Keynes, MK11 3LW, UK
UKHW020725120726
13693UKWH00001B/167